ホスピタル修道騎士会が築いたクラック・デ・シュヴァリエ城（シリア）

聖痕を受けるフランチェスコ（ジョット画。13世紀。アッシジ、サン・フランチェスコ教会）

中公新書 2467

佐藤彰一著

剣と清貧のヨーロッパ

中世の騎士修道会と托鉢修道会

中央公論新社刊

はじめに

「この地上のエルサレムには血の川が流れる。なんとなれば誤り多き民が斃《たお》れるから。嗚呼《ああ》！　エルサレム。／かくて神殿の床は死にゆく者の血で飾られる。嗚呼！　エルサレム。／彼らは地獄の業火に焼かれ、我らは神の祝福を受け喜ばん。悪を為《な》せし者どもは朽ち果てるから。嗚呼！　エルサレム。／襲いかかりし者は罪ありて、逐《お》われしユダヤ人は嘆き悲しむ。キリストたる神がそれを保持するから。嗚呼！　エルサレム。／神により眠りを覚まされし獅子《しし》が出《い》でたる洞穴に栄光あれ」

　これは一二世紀中頃に作られたとされる『エルサレム占領の物語』の一節である。長々と三五連にわたって続く血腥《ちなまぐさ》い戦いがもたらす死は、歴史家フィリップ・ビュックによれば死と血糊《ちのり》の美学として、キリスト教神学が照射する聖なる暴力における恐怖と美の具現、すなわち「崇高」なるものとして意味づけられた。エジプト学者であり一神教の専門家であるヤン・アスマンは、「根源的な暴力は一神教に内在する潜勢」であると述べているが、それは不可避的に非対称の倫理構造をはらんでいる。すなわち自らの暴力は「正当」であり、敵手の暴力は「裏切り」であるとみなす思考である。本書は十字軍運動の落とし子とも言うべき騎士修道会についての考察から始めるが、のちに見るように運動の初期の卓越したイデオローグであった、聖ベルナールの説教に見え隠れするのは、まさしくこの論理であり、時を経て現代に出現したイスラーム原理主義の論理構造もこのおぞましい倫理的非対称性によって特徴づけられているのではなかろうか。

本書はキリスト教修道制の歴史を論ずることを主眼としているので、イスラームについてそれとして論ずることはしていないが、キリスト教徒の正当化論理は、イスラームの「ジハード」と表裏の関係にあったことを絶えず留意することにしよう。

本書が目的とするもうひとつの対象は托鉢《たくはつ》修道会である。取り上げるのはフランチェスコ会とドミニコ会、そしてベギン派という、一一世紀に始まる異端運動の余燼《よじん》のうちに胚胎《はいたい》した組織である。十字軍運動を通してイスラーム教徒がキリスト教徒の敵手として焦点化されるにつれて、キリスト教徒の側も以前にもまして、宗教実践の面でのラジカル化が進展した。この傾向は十字軍遠征の効果だけではなく、キリスト教異端の洗礼を浴び、信仰を根源的に探究することの成果でもあったことを見落としてはならない。

聖フランチェスコが展開した「使徒的生活」とは、まさしくキリストが生きた時代の信仰生活のありようへの回帰の模索であり、単純にキリストの生を真似《まね》ること、すなわち「イミタチオ・クリスティ Imitatio Christi」とは、神としてのキリストと一体化しようとする指向において、一神教としてのキリスト教の根源への回帰と意味づけることは、あながち牽強《けんきょう》付会とも言えないであろう。

本書は一二世紀に期せずして出現した、これまでの修道制そのものの歴史からは生みだされるはずのない、しかしながらより広い歴史の視点に立つならば、歴史の行路が何ほどかそれらの誕生を準備した、それぞれ異質な二つの修道組織についての考察である。

急ぎ指摘しておかなければならないが、一二世紀を境にして旧来の修道院が姿を消したわけではない。ベネディクト戒律を規範とする大修道院、クリュニー、シトー両派の修道院など以前からの修道院は、映画『大いなる沈黙へ』に記録されているグルノーブル近くのグランド・シャルトルーズ修道院のように、のちのちまで存続した。イングランドでは、一六世紀にヘンリー八世の命令により修道院が解散されるまで命脈を保った。フランスでは大革命による修道院財産の国家による没収などにより、その歴史は一旦《いったん》停止した。しかしさまざまな紆余曲折《うよきょくせつ》を経て、グランド・シャルトルーズ修道院や、ブルターニュ半島にあるランデヴェネック修道院、ノルマンディ地方のサン・ワンドリーユ修道院のように現在でも修道士が修行生活を継続している例も少なくないのである。

*

本論に入る前に、無用な誤解・混乱をあらかじめ避けるために、一点だけ、本書で論ずる騎士修道会と、国王や君侯に奉仕するいわゆる世俗の「騎士団」との差異について指摘しておかなければならない。

一四世紀以降になると騎士修道会は、しだいにその勢いを弱めてゆくが、フランス国王フィリップ四世美王の使嗾《しそう》のもとにテンプル騎士修道会が一三一二年に廃止されたのを除けば、消滅した主要な騎士修道会は存在しない。その点を踏まえたうえで事態の推移をあとづけるならば、中世末期の社会的危機のなかで、貴族の戦士としての価値と理念もまた色褪《いろあ》せてゆく。これに対して徐々に足場を固めつつあった王権は、自らの威信と権力を光輝あるものとすべく、国王、君主に奉仕する集団として騎士団を創設した。こうした純然たる世俗の騎士団の最古の例のひとつがカスティーリャのスカーフ騎士団である。またおそらく最も有名な事例が英国のガーター騎士団であろう。このほかブルゴーニュ大公国の金羊毛騎士団などもわりに知られている。フランス国王ジャン善良王が一三五〇年に創設した星斗《せいと》騎士団は、五〇〇人のメンバーを擁した。

近代に入るとたとえばフランスのように中世に起源をもつ騎士団に代えて、国家国民への功績を評価して騎士に登用するレジョン・ドヌール騎士団のような組織を新設したり、ガーター騎士団（イギリス）を功績主義の騎士団に編成替えしたりする事例が見られるようになる。ちなみにホスピタル騎士修道会に淵源《えんげん》をもつマルタ騎士団や、現在ウィーンに本拠を置くドイツ騎士団は、いまや世俗的な慈善団体として活動している。

要点は一四世紀以降に歴史に登場する世俗の騎士団と、本書が考察の対象にする騎士修道会は別物であるということに留意してほしいということである。

目次

はじめに　i

第一章　十字軍遠征と騎士　1

1　発端　2

ビザンティン皇帝からの使者　帝国側の思惑　エルサレム王国誕生　贖罪としての十字軍　騎士修道会の出現――テンプル騎士修道会　ホスピタル騎士修道会　ドイツ騎士修道会　イベリア半島の騎士修道会

2　騎士とは何か　13

社会の三機能論　戦士から騎士へ　フランク国家の戦士層　騎士身分の成立　聖ベルナールの『新しい騎士を讃えて』　殺人ではなく悪の誅殺である……

第二章　騎士修道会の戒律　21

1　戒律の系譜　22

聖ベネディクトか聖アウグスティヌスか　テンプルの会則　ホスピタル騎士修道会規則の集成作業　ドイツ人の東方進出と布教　『ドイツ騎士修道会の書 Ordensbuch』　イベリア半島の騎士修道会と戒律　シトー派の『決議事項 difiniciones』

2　戒律の内容　32

二つの戒律の冒頭　テンプル騎士修道戒律の非体系性　騎士の礼拝や騎士の受け入れ　祈り・衣服・食事

3　テンプルの慣習律と会則　40

総長の出陣　従軍司祭と団員の過ち　無所有観念の徹底　軍旗はためくところ

4　騎士修道会の特権　46

教皇権にとっての騎士修道会　教皇による教会法上の特権　破門と埋葬特権　十分の一税の免除

第三章　国際金融と所領経営——テンプルとホスピタル騎士修道会——　51

1　騎士修道会の組織様式　53
騎士修道会の中枢　中間審級の厚み　指令区と会館
2　所領の形成と経営　58
騎士修道会への寄進者　寄進の動機　寄進されたもの　所領の経営様式
3　騎士修道会と為替技術　64
アマルフィ商人の東方への進出　ジェノヴァ商人とヴェネツィア商人の浸透
聖地における活動の財源　キプロスでの借金をパリで清算する　ジャン・
ド・ジョワンヴィルの証言　貨幣の流通速度のもつ隘路　テンプル騎士修道
会とフランス王国財政
4　テンプル騎士修道会の終焉　71
反攻計画――「ゲリラ戦」か「総力戦」か　騎士修道会の統合問題　テンプ
ル騎士修道会の最期　弾圧の動機　受益者ホスピタル
第四章　国家としての騎士修道会――ドイツ騎士修道会――　79
1　北方の異教徒の世界へ　81

ドイツ騎士修道会の活動空間　異教徒の習俗　改宗者の棄教　一二二六年のリミニ金印勅書
2　日常の構造　88
騎士修道会への加入　加入資格　騎士修道士の活動分野　修道会組織のハイアラキー　地域管区、参議管区、指令区
3　征服地の開発と経済組織　97
「処女地」プロイセンの開発　土地の配分　農業と牧畜　修道会工房の手工業生産　修道会貨幣の造幣　商業と交易のネットワーク　窮迫する財政
4　ポーランド王国の封臣へ　106
リトアニア大公国との戦い　ヨーロッパ貴族の「プロイセン遍歴」　タンネンベルクの戦い　宗教改革と世俗化

第五章　レコンキスタの旗の下に――イベリア半島の騎士修道会――　113

1　イベリア土着の騎士修道会　115

イベリアの騎士修道会はイスラームに学んだのか　カラトラーバ防衛　新たな騎士修道会の発足　霧に包まれたアルカンタラ成立の歴史　カセレス兄弟団からサンチャゴ騎士修道会へ　星辰騎士修道会

2　騎士修道会と社会　123

聖地への誘い　一三世紀中葉の変化　霊的オーラの翳り　十字軍税の創設　修道会加入の動機　弛緩する修道会兄弟団の絆　モラン・ペレスの場合　ドミニコ会の台頭

3　所領経営と植民　132

イベリアのコマンドリー（指令区）　さまざまな所領の形態　指令の交代　財産目録の作成　牧畜経済の役割　稀薄な人口と植民活動

4　海外進出と騎士修道会　140

アラゴン連合王国の地中海進出　「地理上の発見」への貢献と植民地支配の先兵――ポルトガル　騎士修道会がもたらしたもの

第六章　ヨーロッパの都市化と富の行方――托鉢修道会の出現――　147

1　異端と使徒的生活　148
至福千年のインパクト　さまざまな異端の様相　カタリ派異端の登場
使徒的生活（ウィタ・アポストリカ）

2　都市社会の生成と増大する軋轢　154
「都市の復活」か連続的発展か　通商圏の拡大と輸送技術の進化　都市の成長――フランスの場合　都市社会の様相　高まる社会的緊張と不和

3　貨幣使用の浸透　162
一二世紀以前の貨幣使用をめぐる研究動向　新たな銀鉱山の開発と流通量の飛躍的増加　都市・貨幣・托鉢修道会

第七章　聖フランチェスコの革新――　169

1　聖フランチェスコの「生成」　170
フランス贔屓の金持ち息子　文学と騎士道への憧れと挫折　「転換」の刻
家族と世俗の紐帯の切断　悔悛者フランチェスコと教皇インノケンティウス三世

2　霊性と思想の独自性　180
フランチェスコの新しさ　斬新な福音手法　絶対的無所有と貨幣への不信　感性の領野　「平和」の思想　学識
3　修道会の展開　192
教皇公認以後の「貧しき人」　公認された会則　西ヨーロッパにおける初期の展開　聖フランチェスコ伝写本の新発見

第八章　異端告発と学識者──ドミニコ修道会の役割────201

1　カレルエガの子　202
イスラーム支配の軛からの離脱　教会学校の生徒ドミニクス　オスマ聖堂参事会の気風　カタリ派異端との遭遇
2　托鉢修道会への道　210
ラングドック地方での福音活動　プルイユ修道院の創建　ドミニコ修道会の誕生　拡散する修道会　ドミニクス、フランチェスコに会う　一二二〇年のボローニャ総参事会　托鉢原理の採用　ドミニクスの死と列聖

3　修道会の構造と特徴　221
組織運営の仕方　聖務日課と典礼　教育と大学　ドミニコ修道会の展開

第九章　修道院の外で——ベギン派が映すもの——227

1　聖と俗の狭間で　228
叙任権闘争のパラドクス　「ベギン beguine」とは何か　ベギン派に加わること　ベギン女性の社会的出自　ベギン女性の収入源　托鉢修道会との関わり

2　ベギン女性の思想と霊性　240
女性が聖人となることの困難さ　中世後期の変化　内面的生への傾斜と連帯　神秘主義の潮流　ベギン女性の「結婚の神秘」　『神性の流れる光』　プロテスタンティズムの水脈

おわりに　251
修道生活の弛緩と頽廃　自発的な改革の努力

あとがき　　　　278
参考文献　　　273
事項索引　　262
人名索引　254

第一章　十字軍遠征と騎士

騎士修道会の起源は異教徒に対する征服戦争に求められる。だがすべての騎士修道会が聖地エルサレムでの戦いに馳《は》せ参じたわけではなかった。イベリア半島の騎士修道会は、教皇により公式に聖地での戦いに参加することが禁じられた。イベリアの地はイスラーム勢力へのレコンキスタ（再征服）運動の主戦場であり、まずは故郷での異教徒駆逐の戦いに専念するようにとの意向によるものであった。またドイツ騎士修道会のように、はじめはテュートン語（ドイツ語）話者である巡礼者を保護する組織として聖地で活動しながら、早くにリヴォニア、ポンメルン、エストニアなどのバルト海沿岸地方で、異教徒であったプロイセン人の征服と、ドイツ人の植民を主要な事業とするようになる組織もあった。

そうしたことから本書の考察の対象は、近東諸地方だけでなく、イベリア半島やバルト海地方にもおよぶのである。

1　発端

ビザンティン皇帝からの使者

一〇九五年の春三月、時あたかもイタリア北部の都市ピアチェンツァで教皇ウルバヌス二世の臨席のもとに、公会議が開催されていた。この会議の場に、ビザンティン皇帝アレクシオス一世コムネノスが派遣した使節が来着した。使節の任務は、「異教徒の脅威から聖なる教会を防衛するために」ラテン世界から兵士を派遣してくれるようにと訴えることであった。東方でキリスト教徒が置かれている窮状を訴える使節の言葉に深い感銘を受けた教皇は、さほど間を置くことなく、この年の八月はじめから九月の終わりにかけて、南フランスのヴァランス、ル・ピュイ、ラ・シェーズ・ディユ、サン・ジル、マコン、クリュニー、クレルモンと精力的に勧説に回り、東方の同胞を救うべく出立するよう訴えた。

この旅の途上で教皇は二人の重要な助言者と意見を交換している。ひとりは信仰面の助言を行ったル・ピュイ司教アイマール・ド・モンテイユであり、彼は最近聖地を訪れた経験をもっていた。もうひとりはトゥルーズ伯レモン四世サン・ジルである。こちらは遡《さかのぼ》ること一〇年の一〇八五年から数次にわたり、モロッコからイベリア半島に攻め寄せたムラービト朝の攻撃に対して、カスティーリャ＝レオン王アルフォンソ六世率いるアラゴン十字軍に参加した経歴をもっており、「不信心者」との戦いが、いかなるものかを語ることができる人物であった。

こうしてウルバヌス二世は同年の一一月二七日に、クレルモンでの公会議の席上で、「不信心者」からの聖地奪回と、この地の再征服の意向を公式に宣言し、教皇特使としてル・ピュイ司教がトゥルーズ伯レモンを総指揮者とする遠征軍に同道する旨が告げられ、十字のエンブレムを胸に縫い込んだ兵士は、翌一〇九六年八月一五日にル・ピュイに参集するよう指示された。

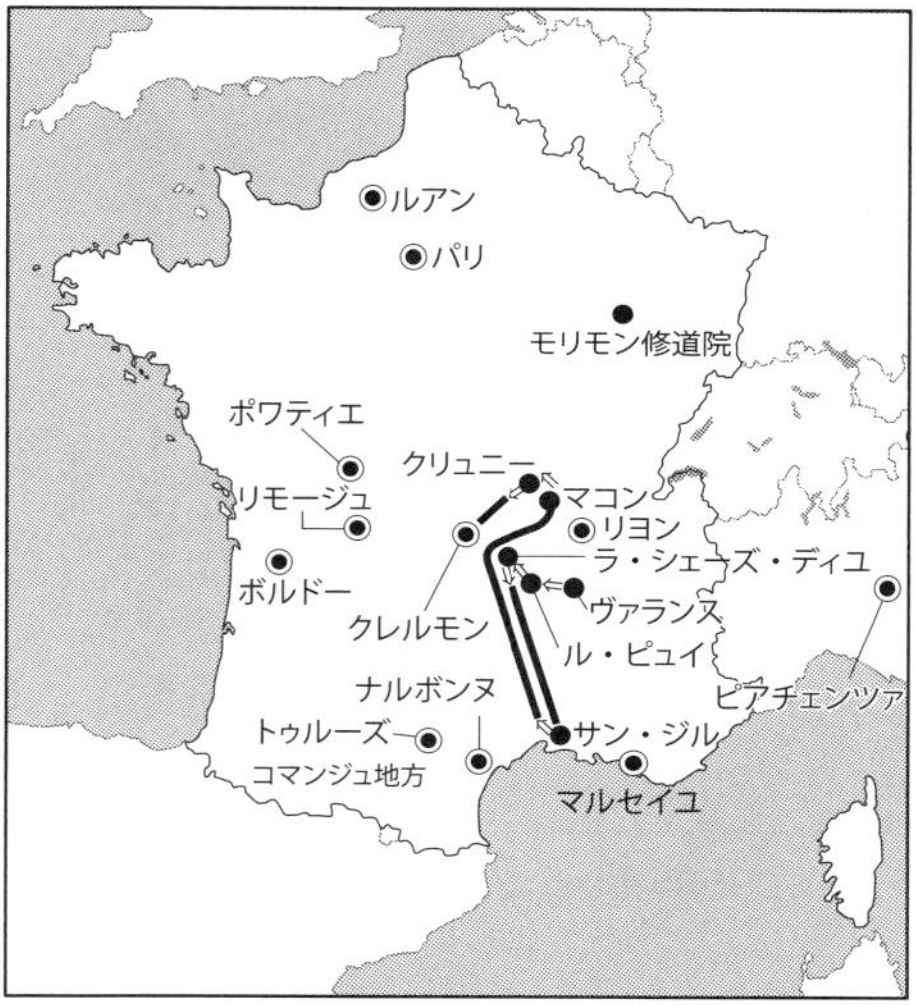

図１－１　教皇ウルバヌス２世の勧説旅行図

帝国側の思惑

右の記述は、第一回十字軍の組織化を説明するさまざまの書物で見られるものだが、このことに関してエルサレムが地理的に属しているビザンティン帝国側の意向について語られることは意外に少ない。

そもそもアレクシオス一世は一〇八一年、謀反に成功して皇帝に登位した人物である。皇帝となったアレクシオスが目にしたのは、トルコ系遊牧民ペチェネグ

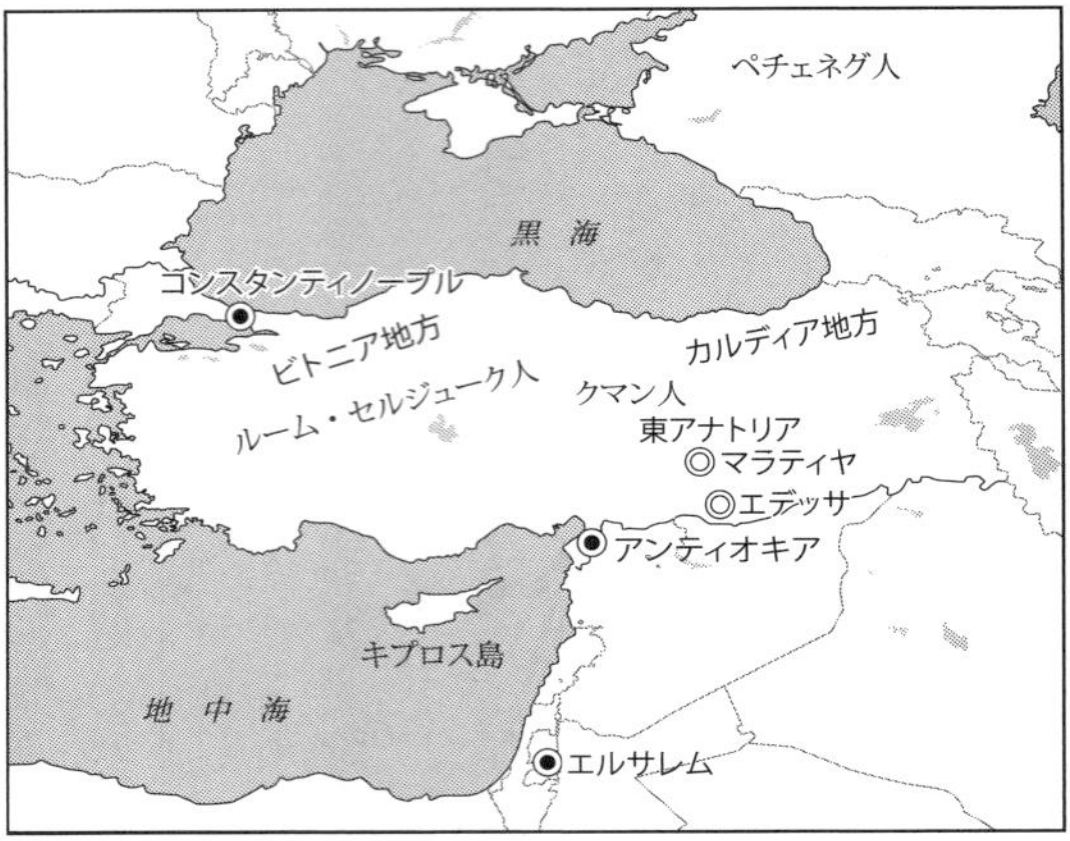

図1－2　1095年頃の近東

人、クマン人の進出、ロベール・ギスカールが率いるノルマン人の侵攻、貴族の度重なる叛乱《はんらん》、国庫の枯渇で弱体化する一方の帝国という暗澹《あんたん》たる状況であった。しかしアレクシオスは明敏な頭脳と支配者たるにふさわしい胆力で、しだいに秩序を回復し、国勢を向上させた。ピアチェンツァの公会議に使節を送り込んだ一〇九五年には、東方キリスト教徒の悲惨な境遇を誇張してまで、ラテン教会の集会に救援の訴えを行う必然性はなかったといってよい。そもそも異教徒によるエルサレム占領は、遥《はる》か六三八年にイスラーム教徒のアラブ人によって開始されてから連綿と続く事態であり、昨日今日に始まったことではなかったからである。にもかかわらず、なぜこの時期にアレクシオスはラテン世界に遠征軍派遣の要請を行ったのか。

そこには小アジアのビザンティン領をめぐる複雑な事情が絡んでいる。国威を回復したアレクシオス一世があらためて小アジアに目を向けると、ビザンティン帝国は黒海沿岸地帯を掌握し、カルディア地方を以前よりも確実に統制した。しかし、東アナトリアの支配に関しては、かつてビザンティン帝国の将軍であったアルメニア人ガブリエルが統治する重要な古都マラティヤ（メリテネ）をめぐって、東方への勢力伸長を目指すルーム・セルジューク朝のクルチ・アルスラー一世との対決は避けられない情勢にあった。

もともと皇帝をはじめビザンティンの人士は「フランク人」騎兵を高く評価し、コンスタンティノープルを訪れる多くのこうした巡礼騎兵を傭兵《ようへい》として徴募するのを、古くから慣《なら》わしとしていた。フランドル伯ロベール一世は一〇八五年から九一年にかけて聖地を巡礼したが、コンスタンティノープルを訪れた折に、皇帝アレクシオスに求められて、五〇〇人の騎馬部隊を派遣したことがあった。

彼らは首都に近いビトニア地方やシリアの都市エデッサに駐屯したが、しばらくしてそれぞれの故郷に帰国すると、この帝国の麗しさと皇帝の寛大な処遇を讃《たた》えたのであった。

このような皇帝の政治的思惑を背景にして、伝え聞いた東方の見知らぬ土地の恵みの大きさが、ラテン世界の人々の夢を掻《か》き立てていたのである。

エルサレム王国誕生

その夢と湧《わ》き立つような熱狂のさまを目撃したボーヴェ地方出身の修道士ギベール・ド・ノジャンは、次のように書き記している。

十字軍遠征に出立するこうした貧しき者たちが、牛の蹄《ひづめ》に馬さながらに蹄鉄《ていてつ》を打ち、これを二輪の荷車に繋駕《けいが》し、荷車には倹《つま》しい家財と小さな子供を乗せている姿を見ることほど、胸に迫る光景はない。こうした人々が行く先々で目にするすべての城、すべての都市ごとに彼らは両手を広げ、目的の地であるエルサレムはまだかと問うたのである。

英国の歴史家A・ジョティシュキーによれば、この第一回十字軍に参加した人々は総数七万人と見積もられている。あらかじめ布告された禁令にもかかわらず、ギベールの言葉にもあるように、家族を同道した貧しい兵士も少なくなかった。この遠征に参加した者たちの約一〇分の一が「騎士」と呼ばれる、乗馬戦闘員であったようである。しかし数千キロにおよぶ戦いと飢餓と疫病の旅の果てに、聖地にたどり着いた者は一万二〇〇〇人ほど、「騎士」は一二〇〇騎程度であったと推測されている。

遠征軍は苦戦の末にアンティオキア（一〇九八年）、エルサレム（一〇九九年）、パレスティナ（一一〇〇年）を占領し、ここにエルサレム王国が誕生した。国王（聖墓守護）には下ロレーヌ大公ゴドフロワ・ド・ブイヨンが即位した。

贖罪としての十字軍

教皇ウルバヌス二世はクレルモンでの勧説のなかで、東方教会がトルコ人の脅威に曝《さら》されていること、キリスト教にとってのエルサレムの神聖性、そして十字軍に参加した者にもたらされる報い、この三つを主要な論点にした。この第三の要素である報酬とは何か。それはこれと関連する教令には、「名誉や富のためではなく、ひたすら献身の心からエルサレムの神の教会を解放するために出発する人にとって、その旅は必ずやすべて贖罪《しょくざい》行為と同等とみなされる」と謳《うた》われていて、贖罪行為としての聖地巡礼という伝統的な観念が、あらためて喚起されていることに注意しなければならない。

ウルバヌス二世は神への愛と、東方の同胞への共感を示すのに必要な何らかの「行動」を願っていた。こうして教皇の要請は、すべてのキリスト教徒にとって義務となり、十字架を自らの肩で担ぎ贖罪を行ったイエスの偉大な手本にならわなければならないとされた。こうした動機づけから、信仰のための戦いという形式の軍事遠征は、武器を手にする人間にとって、贖罪の積極的な実践に変容したのである。こうした「聖戦」にあっては通常の意味での「殺人」は問題にならず、なされるのは「悪の抹殺」なのだということになる。

騎士修道会の出現――テンプル騎士修道会

十字軍部隊の中核を構成した騎兵が懐《いだ》く思想と彼らの行動は、右のような意味で十字軍運動全体の根本的性格を規定するものといえよう。これらの騎士のなかには聖地巡礼の旅のなかで病を得て身動きならなくなった者、あるいは不慮の事故で負傷した巡礼者を看護・治療したり、世話をする騎士仲間が生まれた。ここでは、ひとわたり簡単に主要な騎士修道会形成の経緯を見るだけにして、本格的な考察は次章以下に譲ることにしたい。

さて、そうした騎士兄弟団で最も名高いのが、シャンパーニュ出身の貴族ユーグ・ド・パイアンが数人の騎士を語らって結成した団体である。一一二〇年に彼らはエルサレム主教に、自らの生活を清貧と節制と服従を規範として律し、その身を神に捧《ささ》げる宣誓を行い、はれて修道会を結成したのであった。ときのエルサレム王国の国王ボードワン二世が、聖地を訪れるキリスト教徒の巡礼者を、異教徒の攻撃から護《まも》る任務を彼らに与え、宮殿にある一部の建物を自由に使うことを許した。この建物はアル・アクサと呼ばれたモスク跡であり、伝承によれば古《いにしえ》のソロモン神殿がこの場所に立地していたとされていた。そこからこの修道会の名称テンプル（神殿）騎士修道会が由来したのである。

図1－3　アル・アクサ・モスク（エルサレム）

九年後の一一二九年一月一三日に、トロワ公会議でテンプル団体は正式に騎士修道会として承認され、六世紀にイタリアの修道士聖ベネディクトが創案した古いベネディクト戒律を基本にして、クレルボーの聖ベルナールが練り上げたシトー会派の戒律が与えられたのである。その後まもなくして聖ベルナールが著した有名な著作『新しい騎士を讃えて』は、バッカス賛歌風に禁欲的生活規律と、戦場での勇ましい戦闘との「結婚」を、罪の赦《ゆる》しと魂の救済への新しい道として賞賛している。

ホスピタル騎士修道会

この修道会の起源は、十字軍運動が開始される以前からビザンティン帝国と商取引を行っていたエルサレムに住むアマルフィ商人の活動にあった。彼らは一〇四八年以後に聖母マリアを守護聖人とする修道院を建設し、イタリアのクリュニー派修道士を呼び寄せ、新たに洗礼者ヨハネを守護聖人とする施療院も建設させた。施療院での医療手当の必要から八人の医師が雇われ、巡礼者を中心に高い水準の医療手当が施された。巡礼者の保護と武装修道会との関係は、必ずしも細部まで明らかになっていないが、この組織は一一一三年に教皇パスカリス二世の教皇勅書『敬虔《けいけん》なる騎士誓願の意思をもつ者へ』により、教皇の保護下に置かれた。この修道会がしばしば聖ヨハネ騎士修道会と呼ばれるのは、聖ヨハネ施療院に本拠を置いたからである。

一一二〇年頃に、このホスピタル兄弟団は十字軍兵士と合流し、テンプル騎士修道会をモデルにした軍事集団となった。そして徐々に病者への施療と看護の役割を後退させていく。一一三六年にエルサレム王国に所在するいくつかの城塞《じょうさい》の防衛が託され、一一四四年にはシリアのクラック・デ・シュヴァリエ城（口絵参照）を獲得した。この城はのちに大規模な拡張がなされ、二〇〇〇人の騎士を収容することができる大城として有名となった。一一五四年に教皇アナスタシウス四世により、ホスピタル修道会は施療活動にいそしむ「兄弟」と、武器を取って戦う「兄弟」としての騎士、この両翼によって構成されるホスピタル騎士修道会として正式に発足した。

ドイツ騎士修道会

ドイツ騎士修道会は、「ドイツ人」の古名「テュートン人」から「テュートン」騎士修道会とも称されるが、先の二つの騎士修道会に比べて、比較的遅れて誕生した。一一八九年八月二九日から一一九〇年九月までの一年のあいだのいずれかの日が、その誕生日に想定されている。もとはパレスティナ北部のアッコ（アッカ、アッコン）に、ブレーメンやリューベックの商人たちが組織した施療院にその起源をもち、ここではドイツ語を使用言語とする十字軍兵士の看病や治療にあたっていた。一三世紀前半に成立した『ドイツ騎士修道会創設物語』によれば、一一九七年九月に神聖ローマ皇帝ハインリヒ六世の死を承《う》けて、翌年三月に帝国の多くの有力貴族が聖地にあったこともあり、アッコで帝国集会が開催され、マインツ大司教コンラート、ヒルデスハイム、パッサウ、ハルバーシュタットなどの諸司教、ライン宮中伯ハインリヒ、ブラウンシュヴァイク大公フリードリヒなど神聖ローマ帝国の聖俗エリートが出席し、シュヴァーベン大公フィリップを王に選出した。この集会の席上で、ハインリヒ六世が自らの保護下に置いていたドイツ人のための施療院を、正式に慈善団体から騎士修道会に衣替えする決定がなされた。そして一一九九年に教皇インノケンティウス三世がこれを承認したのである。

この騎士修道会は聖地だけでなく、南イタリアやロンバルディア地方にも修道会領を得たが、その活動の特異な点は、早くからポーランド、シュレジエン、バルト海地方などに目を向けたことである。一二三一年――この年代は第四章で問題になる――にポーランド東部のマゾフシェ大公の呼びかけに応えて、異教徒であったプロイセン人に対する征服戦争を遂行し、征服領域を修道会国家として支配した。

図1－4　ドイツ騎士修道会領とプロイセン・バルト地域

イベリア半島の騎士修道会

スペインの騎士修道会は教皇の意向に従って、聖地ではなくイベリア半島南部のイ

図1－5　イベリア半島のレコンキスタ

スラームと戦うことを自らの役割とした。早くからスペイン諸王は、騎士修道会を対イスラーム戦争で恒常的に戦闘力を提供してくれる組織として重視していた。王たちはテンプル騎士修道会やホスピタル騎士修道会が、イベリア半島にその勢力を定着するよう努力した。

イベリア半島在地の騎士修道会は、テンプル騎士修道会のように、騎士が作った兄弟団から生まれた。カラトラーバ騎士修道会は、カラトラーバ城塞の守護を託されたもと騎士の経歴をもつシトー派修道士が、一一五八年に十字軍兵士を徴募して組織した修道会である。戒律はシトー派の『愛の憲章』を基礎にしていた。

サンチャゴ騎士修道会は、一一七〇年にエストレマドゥーラ地方の都市カセレスを防衛する目的でレオン国王フェルナンド二世の勧めで組織され、のちにサンチャゴ・デ・コンポステラ大司教が自らの大司教座の権益守護の任務をこの修道会に託した。一一七五年に教皇から承認を受け、聖アウグスティヌス戒律を採用した。

アルカンタラ騎士修道会はカセレスの北にあるサン・フリアン・デル・ペレイロで生まれた騎士兄弟団に起源をもち、一一七六年に教皇の承認を受けた。アヴィス騎士修道会は一一六七年頃に、カラトラーバ騎士修道会に属するエボラ（ポルトガル）で生まれた。一二一一年にポルトガルのアヴィスが国王アルフォンソ二世から封地として譲渡され、ここが修道会の本拠となった。騎士修道会の名称アヴィスはそれに由来している。

2　騎士とは何か

社会の三機能論

第二次世界大戦後のフランス中世史研究を牽引《けんいん》したジョルジュ・デュビィは、一九七〇年以来教鞭《きょうべん》をとったコレージュ・ド・フランスでの講義をもとにした『三身分あるいは封建制の想像力か』を、一九七八年に出版した。この書物は一〇世紀から一一世紀初頭にかけて、ラン司教アダルベロンやカンブレー司教ゲラルドゥスなどの教会人が唱えた社会観、すなわち社会は「祈る者」「戦う者」「働く者」、この三つの身分によって構成されているとする理解である。なかにはクリュニー修道院長オドのように、権力者と弱者たる修道士という二身分論を唱える者もいたが、それは周縁的位置しか占めなかった。デュビィの研究の段階ではあまり知られていなかったカロリング朝期に生きたサン・ジェルマン・ドセール修道院の修道士エモンが、その数多くの聖書釈義論の著作において、アダルベロンのような三機能論を唱えていたことを明らかにしたのは、日系フランス人の歴史家スミ・シマハラである。彼女はその浩瀚《こうかん》な学位論文『エモン・ドセール。カロリング朝期の聖書釈義論者』（二〇一三年）のなかで、エモンがすでに社会を人体になぞらえながら、頭部が聖職者をはじめとする口説の人、手は食物を生みだすために労働する者、脚部は社会の安寧《あんねい》のために行動する者の三者によって構成されていると主張していると論じている。

デュビィは先に挙げた研究のもとになった講義の演習の際に、神話学者ジョルジュ・デュメジルを招いて、後者が主張している有名な「三機能体系論」と、中世ヨーロッパの教会人が唱える三機能論との突き合わせというエキサイティングな学問的イベントを行っている。デュメジルの「三機能体系論」とは、単純化していえば、社会は宗教的機能の担い手、戦士機能の担い手、生産機能の担い手の三者から構成されているという社会観であり、これがインド・ヨーロッパ語系統の言語世界に共通して見られる観念であるとする考えである。

デュビィの著書においては、中世の思想と「三機能体系論」との相関関係について、その結論が慎重に留保されている。仮に三機能論を三身分論と言い換えておくと、この三身分のひとつ「戦う者」としての社会的機能を担うのが戦士である。

いま「戦う者」を形容する言葉として戦士という表現を用いた。私としては「戦う者」を表すきわめて一般的な表現として用いたつもりである。一方で「騎士 miles」という言葉は、ヨーロッパ中世の歴史的経過のある段階で出現した独自の身分を表現する言葉であり、これから述べるように、社会のなかで武器を取って戦うことを生業とする人々が、ひとつの身分として社会的な地位を得るにいたる過程についての理解は、歴史家のあいだでもさまざまな議論が戦わされてきた問題なのである。

西暦二世紀頃のゲルマン人社会を記述しているとされるタキトゥスの『ゲルマーニア』に描かれている世界では、戦士集団は「コミタートゥス」と呼ばれるが、これは「従士団」と訳されている。個々の従士を表現する言葉はラテン語で「プエル puer」「クリエンス cliens」、ゲルマン語をラテン語化した言葉「ガシンドゥス gasindus」など多様な表現が用いられるのが常である。

ゲルマン人社会が純軍事社会であり、祭司層を除く自由な成人すべてが潜在的に戦士とみなされたのに対して、ローマ帝国は基本的に武人・軍人と民生を司《つかさど》る役人とは区別されていた。ゲルマン人兵士の帝国軍への徴募が盛んに行われ、帝国領土内にゲルマン部族国家が建国されるという大きな社会変化のなかで、しだいに貴族の平時の服装も、伝統的な寛衣から長いマントを羽織り、幅広の重い革製の軍帯を締め、ズボンを着用するというように変化していった。

ローマ帝国が政治的に崩壊し、フランク国家をはじめとする部族国家が成立した後も、それぞれの王国で、ローマ的な制度や観念は容易に消滅せず、新たな体制に深い刻印を残した。

フランク国家の戦士層

フランク国家で戦士を表現する用語の多様なさまは、以前の時代から引き続き明瞭《めいりょう》である。それはいわば価値中立的に、たんに戦闘するという機能面から特徴づけられる身分として、社会的に確立していなかったことの現れであろう。現実に戦闘する人々の多くは、国家の動員令で徴発された農民であり、これを指揮したのはしかるべき官職を担った役人層であった。ゲルマン時代以来の「従士的」存在は「アントルスティオネス antrustiones」や「レウーデス leudes」などの集合名称で呼ばれ、その役割は必ずしももっぱら戦士的であったというわけではなかった。フランク時代になって表舞台に登場してきた「ヴァッスス vassus」は、のちに封建的主従関係のなかで「封臣」を指す用語として定着するが、フランク時代にあっては下級の戦士層を表現する言葉でしかなかった。

のちに「騎士」を表現するのに広く使われる「ミーレス miles」という言葉も、もとは決して身分的に評価される地位にある「戦う者」ではなかった。そのことは、九世紀のはじめに一代の碩学《せきがく》でカール大帝の師傅《しふ》でもあったアルクイヌスが、「gregarios, id est ignobiles milites 兵士すなわち高貴ならざるミーレスたち」と説明しているところにも表れている。またこの時代に馬に乗って戦う兵士は「カバラーリウス caballarius」であって、ミーレスとは表現されない。

騎士身分の成立

それでは「ミーレス」はどのようにして高い身分として確立できたのか。現在その通説的な説明として受け入れられているのが、ジョルジュ・デュビィが提唱した考えである。デュビィは一〇世紀末から一一世紀にかけてヨーロッパ、とくにフランスで広く展開した「神の平和運動」と呼ばれる社会運動がもたらした意義を重視する。

この時期に領主相互間の武力紛争は流血と混乱・無秩序を引き起こし、ひとり民衆だけでなく領邦君主や教会などの支配勢力にも大きな打撃を与えていた。「神の平和運動」は領主間の実力行使を抑制するために、教会勢力が主導して実施した社会運動である。その一環として、「神の休戦」と称して、木曜日の夕方から日曜日までを、「不可抗にして不可侵の平和」が守られるべき期間として、実力行使を禁ずる期間を設定する施策なども取られた。この禁令違反者は教会による破門の処罰を受けたのである。

そうした動きのなかで、教会人たちはもともと平和の敵であり危険な存在である騎士を、一定の規範に従わせることで「平和運動」に取り込み、その暴力的要素を神への奉仕として性格づける努力を行った。シャルトル司教であったソールズベリのジョンは、その著作『政体論』（一一五九年）において、騎士は聖職者とおなじく二つの要素により、その身分を与えられていると論じ、ひとつは「選抜」であり、もうひとつは「宣誓」であると述べている。そして「ミ

図1－6　聖ベルナールの肖像（フレスコ画）

ーレス」としての宣誓をなさざる者は、武器を携行する権利をもたないと続けているのだが、ジョンがこの議論を展開した時期には、すでに騎士叙任の定式化された儀礼が生まれ、騎士はひとつの身分として成立していた。

聖ベルナールの『新しい騎士を讃えて』

すでに述べたように、一一二九年一月にフランスのトロワで開催された公会議の折に、テンプル騎士修道会は正式に承認されたが、この会議には修道会総長であったユーグ・ド・パイアンが、エルサレム国王ボードワン二世の許しを得て遠路遥々《はるばる》聖地から参加していた。テンプル騎士修道会が発足してから八年の歳月が流れているのに、同修道会の騎士はまだ一四名を数えたに過ぎず、何とかしてこの機会をとらえて騎士の数を増やそうと願っていたのである。教会当局の公認はひとつのチャンスであったが、十分ではない。彼は遠縁にあたり当代きっての雄弁で流麗甘美な文体から「蜜《みつ》の流れる博士」と讃えられていた聖ベルナールに、テンプル騎士修道会の使命を讃える文章を綴《つづ》ってほしいと依頼した。

こうして出来上がったのが『新しい騎士を讃えて』と題する文章である。序文には「キリストの騎士にしてキリストの騎士の総長たるユーグへ。名ばかりのクレルボー院長ベルナール。〝かの人が良き戦いを戦うように〟」との献辞が見られる。「名ばかりの院長」とは、ベルナール自身が大半の時間を旅に費やし、クレルボーの経営管理にたずさわることがなかったことへの、やや自嘲《じちょう》めいた感慨を吐露したものであろう。

殺人ではなく悪の誅殺である……

その文章は十字軍兵士への一種の檄文《げきぶん》であり、そこにはキリスト教徒の立場に立った過激なまでの戦争の正当化の論理が展開されている。少し長くなるが引用しよう。

このキリストの騎士は二重の戦い、すなわち血肉を具《そな》えたものに対する戦いと、天空の霊的な諸力に対する戦いとに従事する、恒久的な十字軍兵士である。この騎士は、左右を守りながら進軍する。胸には鎖帷子《くさりかたびら》を、心には信仰の鎧《よろい》を纏《まと》う。この二つの防具をもってすれば、人間も悪魔も恐れることはない。いざ、騎士たちよ、確信して前進せよ。あなた方の前から、キリストの十字架に敵対するものを不屈の精神で駆逐するのだ。（中略）勇気と力のある男よ、喜べ。もし生き延びれば、貴方《あなた》は主において勝利者であり、死して、主と共にあれば、さらに高められ栄光をうけることになる。もし主のもとで死ぬものが幸せならば、主のために死ぬものはどれほど幸せであろう。ああ、真に聖にして、神を信頼する兵士よ。キリストの騎士は安心して人を殺し、より穏やかに自分も死を受けいれる。死んだとしても、それは自分のためであり、人を殺すのは、キリストのためである。実にかれが剣を取るのは、理由があってのことである。かれは神の奉仕者であり悪をなすものを罰し、善をなすものを祝福する。悪をなすものを殺しても、それは殺人ではなく、そうではなく、いわば悪の誅殺《ちゅうさつ》をなすのである。かれはあくまで悪を行うものに対するキリストの懲罰者、キリスト教徒の守護者である。もし殺されたとしても、もちろん滅びることはなく、その目的を果たしたことになる。かれは神に選ばれたのだ。すべての人に誉《ほ》めたたえられるべき神、その神がかれらの手を戦いに、指を争いに導きたもうたのだ。（稲垣良典・秋山知子訳を一部改変）

このパンフレットはキリスト教徒のあいだで熱狂的な支持を受け、聖ベルナールが勧説し別名「ベルナールの十字軍」とも称される第二回十字軍が出発した一一四七年には、テンプル騎士修道会はパレスティナだけで三五〇人の騎士と一二〇〇人の徒士《かち》を数えるようになっていた。

第二章　騎士修道会の戒律

修道士という存在はもともと俗人身分であった。聖職者とは異なりミサ典礼を行ったり、秘蹟《ひせき》を授けたりする権能をもたなかった。このためにキリスト教の宗教施設である修道院では、典礼執行のために必要な聖職者を確保する観点から、ベネディクト戒律に定めてあるように、院長がしかるべき修道士を選び、修道院付聖職者としたのであった。騎士修道会の兄弟たちは、その職能の面からしても、より本質的に俗人としての性格が濃厚であるのはたやすく理解できることであろう。

その根本性格において戦士である「兄弟団」が、たんなる騎士団ではなく騎士修道会員であり続けたのは、彼らが独自の修道戒律に従って、その生活を律する人たちであったところにある。したがって、騎士兄弟たちがどのような「戒律」に基づいて日々の生活を送ったかを見ることは、騎士修道会と呼ばれる、一見するとこれほど矛盾した歴史的存在がありえようかと思わず嘆息でもしそうな特異な現象が、中世ヨーロッパ社会のいかなる側面を映す鏡であったかを掘り下げていくうえで、欠かせない作業となる。

1　戒律の系譜

聖ベネディクトか聖アウグスティヌスか

一二世紀ヨーロッパでは、クリュニー派でもシトー派でも、修道院の戒律は一日が時課と呼ばれる典礼祈禱《きとう》によって刻まれる聖ベネディクト戒律を基本にしていて、これに会派独自のアクセントをつけて用いていた。これに対して聖堂参事会や律修参事会など、在俗教会での活動の比重が高い人々が服した戒律は聖アウグスティヌス戒律であった。のちに取り上げる、その活動場所がおもに都市であった托鉢修道会は、もっぱら聖アウグスティヌス戒律がその生活規範となった。

この戒律は三九七年頃に、聖アウグスティヌス自らが司教を務めていた北アフリカのヒッポの修道院に対して発した一六条からなる「説諭」を、その実質的な内容としている。聖ベネディクト戒律が全七三条からなる、「~すべし」とか、「~すべからず」のような比較的簡明な文章表現で構成されているのにひきかえ、聖アウグスティヌス戒律は、わずか一六条のなかに聖書の引用が二〇〇を数えるところからもうかがえるように、ある種の「教え」に近い性質のものである。聖ベネディクト戒律で禁欲や服従が強調されるのに対して、むしろ共同体の調和が重視される温和な性格が特徴である。

テンプル騎士修道会が、一一二九年に教皇により公認され、はれて発足した時点で、どちらの戒律を採用したかについては論争がある。宗教典礼や時課の在り方については、ホスピタル騎士修道会もそうであるが、最後の祈禱が九時課（午後三時）で終了する「九時課」制となっていて、これは「オルド・カノニクス ordo canonicus」、すなわち律修参事会のそれ、つまりは聖アウグスティヌス戒律を採用しているように見える。聖ベネディクト戒律は文字どおり「オルド・モナスティクス ordo monasticus」で、終課（午後八時）で終わる「一二時課」制である。

だが、フランスの騎士修道会研究の第一人者のアラン・ドゥミュルジェが指摘しているように、生活を律する規範面から考えると、テンプルではむしろ聖ベネディクト戒律が基本であったように思える。それというのも、初期に成立した部分はこの戒律からの借用が目立ち、なかには字句を丸ごと踏襲している例もある。ドイツの十字軍史の専門家グスタフ・シュニュラーはこの種の規定を三〇条ほど挙げている。

しかしながら、この点はとくに驚くにはあたらない。それというのもテンプルでは戒律の制定にあたっては、クレルボーの聖ベルナールが大きな役割をはたしたからである。シトー会の戒律はすでに指摘したように、聖ベネディクト戒律が基本にあった。

イタリアのテンプル騎士修道会の研究者シモネッタ・チェッリーニは、一九九八年に提出した博士論文において、この問題を最終的に解決したと評価される結論を提示した。すなわち、「戒律のラテン語テクストは、完全に聖ベネディクト戒律に則《のっと》っている。このことはトロワ公会議の出席者たちが、テンプルのために西方の修道院モデルを選んだことを意味する。我々が聖ベルナールの『新しい騎士を讃えて』のなかに見るものは、テンプル騎士修道会の一員を修道士と同一視しようとする意思である」と述べて、騎士兄弟たちに期待された精神の在り方を指摘している。さらに典礼面での聖アウグスティヌス戒律との類似性は、テンプル騎士修道会がその誕生の折に、エルサレムにある聖墳墓教会の聖堂参事会の影響下に置かれたことの名残りであると説くのである。

テンプルの会則

一一二九年のトロワ公会議は、すでに触れたようにテンプル騎士修道会の承認を行ったが、その折には修道会の戒律についても議論が交わされた。すでに創設以来八年の歳月が流れており、当然ながら組織である以上はその運営のために一定の約束事が決められて、それが慣習と伝統を構成していた。こうした要素を一切無視して、戒律や会則を白紙から作るのはさまざまに支障をきたす。

公会議での議論は、すでにある「戒律」と会則を踏まえてなされた。そして戒律に関しては、すでに指摘したような事情が説かれている。こうした経緯から、既存のいわば「原初」戒律と、トロワ公会議での議論から生まれた要素を確実に区別するのは困難である。

修道会はその歴史を閲《けみ》するあいだに、折々の必要と、また将来への展望に応じて、総参事会の決定や慣習法的な「慣習律（ルトレ）」、組織の階級規定などさまざまの項目を加えていった。祝日と断食日のリストは一一三五年に付加された。一一三九年に教皇インノケンティウス二世が発した教皇勅書『全ての完璧《かんぺき》なる賜物《たまもの》』は、騎士修道会が独立の礼拝堂付司祭をもつことを許可した。彼らは騎士団の遠征に従軍し、祈禱や秘蹟の典礼を引き受けた。会員である騎士の階級規定は、第七代総長であったベルトラン・ド・ブランクフォール（在任一一五六～六九）の時代に制定された。その結果テンプル騎士修道会の会則は、一三世紀末には全体で六八六条という膨大な内容となったのである。このうち狭い意味での戒律は、ラテン語版から時をおかず作られたフランス語訳では七六条であった。

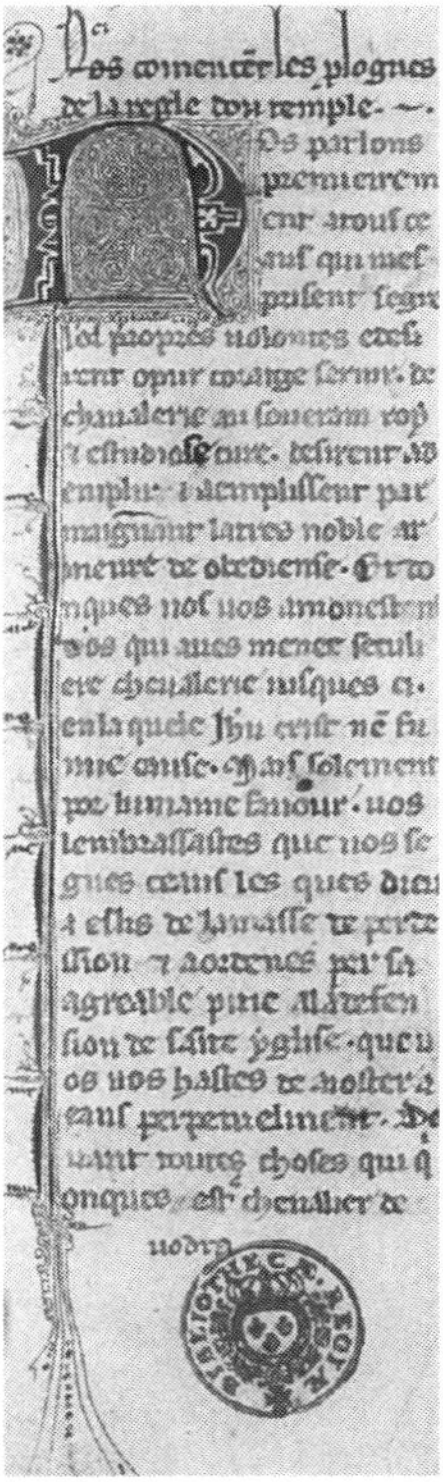

図２－１　テンプルの慣習律（写本）

ホスピタル騎士修道会規則の集成作業

ホスピタル騎士修道会は、テンプル騎士修道会とは逆に、聖アウグスティヌス戒律を自らの規範として選択した。それはこの騎士修道会がもともと病者や弱者の看護と世話を任務としていたところから、容易に理解できることである。すでに触れたように、聖アウグスティヌス戒律の特徴は禁欲や厳格な服従を旨とするよりも、むしろ温和で調和的な共同生活の運営に力点が置かれていて、病者などの世話をする組織によりふさわしかったからである。

狭い意味での「戒律」は初め一五条であったが、のちに四ヶ条が追加されて一九条となった。テンプル騎士修道会の場合とおなじように、ホスピタルの場合もまた、固有の戒律以外に参事会の決定や「慣習律」などが、正式に法の性格をそなえていて、会則をなしていた。それら多様な規定は第三代総長レモン・ド・ピュイ（在任一一二一〜五八）の時代に一応の整理がなされた。右に述べた四ヶ条の追加は、この時期に行われたのである。

新しい規定は、曖昧《あいまい》な定めを詳しく説明したり、口承で受け継がれてきた定めを文字化したり、あるいはテンプル騎士修道会とおなじように、総参事会での決定を新規に加えたりしたのが、その内容であった。違背行為を行った騎士は参事会が審議し制裁を科したが、その判決は法学的な解釈を加えられて一種の決議となり、規定に加えられた。こうした規定は八七項目を数える。ホスピタル騎士修道会には六〇項目の慣習法規（ユザンス）があり、それらは一二三九年頃に文書化された。一二八九年と一三〇三年に、この修道会の一員であったサント・ステファノのグリエルモが、これらすべての規定集成の編纂《へんさん》作業を試み、聖地を出てすでに拠点をロードス島に移していた修道会の大総長ピエール・ドビュッソンは、一四八九年にそれらの雑多な性格の定めを四部門に整理させた。すなわち、「戒律と修道会の起源」「諮問会議と組織」「兄弟団の権利と義務」「内部統治」である。これが基本となって、オスマン帝国に追われて、再度拠点をマルタ島に移動させた後にも、新しい規定が分類され付加された。

ドイツ人の東方進出と布教

聖地でドイツ語を母語とする人々の看病と治療を目的として創設されたドイツ兄弟団は、一一九九年に教皇インノケンティウス三世によりその軍隊化、すなわち騎士修道会への転換を承認された。聖地アッコで開かれた誓願の機会に、軍事活動の面では、テンプル騎士修道会の会則が、そして慈善活動の面ではホスピタル騎士修道会のそれが与えられるという、まことに異例な戒律、会則をそなえることになった。前者に関して、アッコの集会の席上テンプルの大総長がドイツ騎士修道会の初代大総長ハインリヒ・ヴァルポトに、『テンプル騎士修道会戒律集』を手渡したとされている。

ドイツでは一〇世紀末から、ドイツ人の東方への進出が顕著になる。エルベ川から東の地帯はキリスト教化がそれほど進展せず、この地に住むゾルベン人、ヴェンド人、オボドリト人などのスラヴ系の土着の民や、プロイセン人、リトアニア人、リヴォニア人、エストニア人などが異教信仰を保持していた。こうした状況のもとで、神聖ローマ帝国の君侯たちは、この地のキリスト教化のために聖ベルナールにヴェンド地方十字軍の宣伝を依頼し、ベルナールは教皇エウゲニウス三世を動かして、一一四七年四月に教皇勅書『神の御意向』を発させることに成功した。

こうして弾みをつけられた宣教運動と征服であったが、その進展ぶりは芳しくなかった。そのためイベリア半島とおなじく、最初に聖地にあったドイツ騎士修道会に支援の要請が出されたのである。しかるのちに現地で組織されたリヴォニア（バルト海東沿岸地方）の剣友騎士修道会や、プロイセンのドブリン騎士修道会などにも援助が求められたのであった。

『ドイツ騎士修道会の書 Ordensbuch』

すでに触れたように、ドイツ騎士修道会の戒律、会則はテンプルとホスピタルの、もともと性格も目的も異なる二つの騎士修道会のものを継受したとされるが、テンプル騎士修道会のそれが骨格をなしていて、ホスピタルの条項は限定された部分でしか受容されなかった。贖罪に関しては、のちに述べる托鉢修道会の一派ドミニコ会の規定を取り入れていた。もっとも騎士修道会という軍隊組織の特殊性から、体力の消耗につながるような罰則は緩和された形で適用された。

ドイツ騎士修道会の戒律は、序言を除いて三九条から構成されていた。他の騎士修道会とおなじように、折あるごとに戒律や会則の付加を行い、整理も実施したが、一二五一年にその作業は終了した。その後、約二世紀を経て一四四二年にあらためて戒律、会則の見直しが行われた。これは「オルデンスブッフ」、すなわち『ドイツ騎士修道会の書』と称されている。ここには戒律、一二九一年までの総参事会の決議などの会則、一二九一年以後に定められた規定、慣習的な規則（六四条）、儀礼書などが収録されている。

　興味深いのは、このなかにはこの時期のドイツ騎士修道会の現実の活動とは縁遠い規定が、削除されないままに残っていることである。その一例が「ライオン狩り」に関する条項で、その内容からして明らかに聖地での活動の名残りである。フランスの歴史家シルヴァン・グーゲネムは、これを往時の力を失いつつあった騎士修道会の過去へのノスタルジーが、条項削除を思いとどまらせていたためだと見るのである。

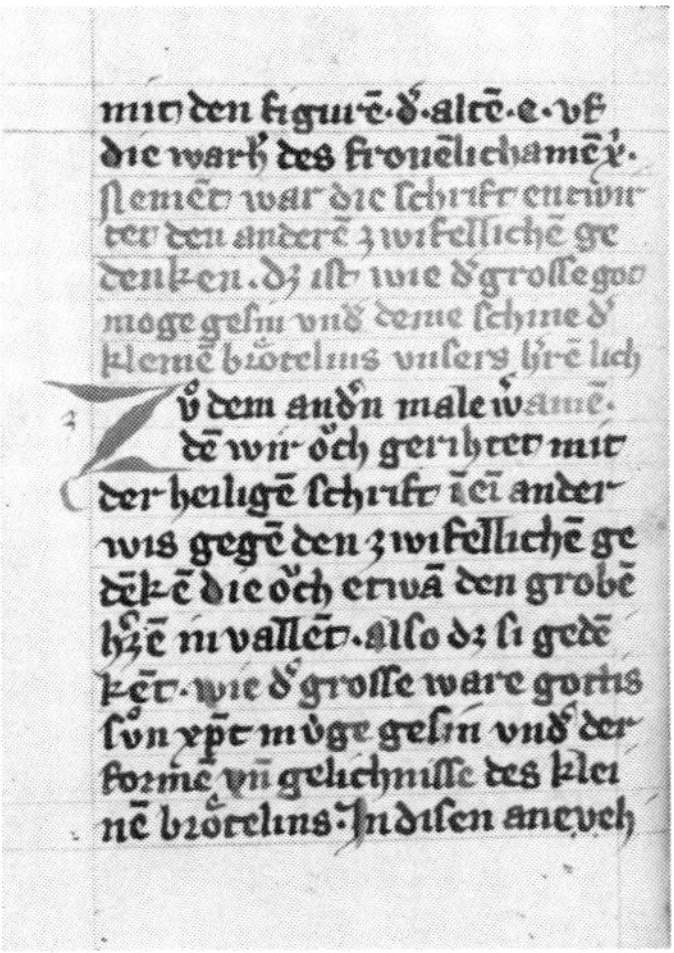

図２－２　ドイツ騎士修道会の書写本の一部（Hermetschwil, Benediktinerinnenkloster, Cod. membr. 68 (formerly in Sarnen, Benediktinerkollegium) f.76v）

イベリア半島の騎士修道会と戒律

スペインでは、アルファマのサン・ジョルディ騎士修道会が聖アウグスティヌス戒律を採用したが、大部分の組織はシトー会が実践していた聖ベネディクト戒律を取り入れ、祈禱に関しては修道院の方式をそのまま踏襲した。

さらに個々に見ていくならば、カラトラーバ騎士修道会はシトー会の戒律を与えられたが、これにカラトラーバの兄弟団の様式にふさわしい独自の慣習を付け加えた。そしてこのように騎士修道会にふさわしく手直しされたカラトラーバの戒律が、アルカンタラやアヴィス騎士修道会と、やがてモンテサや主キリスト騎士修道会にも賦与された。

サンチャゴ騎士修道会の戒律はユニークである。もともとこの騎士修道会は、その名称にもかかわらず聖ヤコブとも、サンチャゴ・デ・コンポステラ巡礼とも無縁であり、南スペインのカセレスで誕生した騎士修道会であった。それがコンポステラ大司教の保護のもとに置かれ、一一七三年に教皇アレクサンデル三世の保護下に入り、一一七五年に同教皇から聖アウグスティヌス戒律を与えられた。大司教管区の司祭はこの騎士修道会の一員とされたが、これは修道会総長がコンポステラの聖堂参事会長を務めると定められているからでもあった。教皇はこの騎士修道会に実にユニークな承認を与えている。それは妻帯の騎士も兄弟団の正式なメンバーに認められたという点である。その教皇勅書は次のように述べている。

汝《なんじ》は自らの財産をもたず、謙遜《けんそん》と調和の心をもって総長に服従し、キリストの教えを説くために己の財産を売り払った使徒を鑑《かがみ》として生きるべきである。（中略）禁欲を守ることができない者は結婚するがよい。だが互いに配偶者たる相手を信じなければならない。……

「相手を信じなければならない」という最後の一節は、「結婚」しながらも、肉体的な関係をもたないことの勧めであるが、それがはたして効力のある戒めであったかどうかは不明である。

シトー派の『決議事項 difiniciones』

イベリア半島のシトー会系統の戒律を奉じた騎士修道会は、総参事会の決議事項を「デフィニシオネス」として会則に組み入れた。シトー会修道院のなかでも古株であったシャンパーニュ地方のモリモン修道院長が、会派の修道院だけでなく、その戒律を採用している騎士修道会を定期的に訪問し、査察と同時に問題事項をめぐって討議し、適切な措置を決定し、それが総参事会で議論のうえ承認された。

一三〇四年と一四六八年のあいだに、カラトラーバ騎士修道会は一五回の訪問を受けた。一四六八年の「決議事項」はとりわけ重要で、六六条項に敷衍《ふえん》された。それはこの年の「決議条項」作成が、この間のすべての同種の事項の精査と綜合《そうごう》作業にまで発展したからであった。

カラトラーバ騎士修道会総長は、アヴィス、アルカンタラ、モンテサなどの各騎士修道会への監督権限をもっていたが、彼はこれらの騎士修道会を順に訪問し、自らの騎士修道会の「決議事項」を公開し、範とするよう促した。修道会のメンバーにとって、戒律とならんで行動規範ともなる「決議事項」の十分な理解は大事であり、カラトラーバ騎士修道会では、これが一年に二度、すべての成員を集めて朗読される慣わしであった。

2 戒律の内容

フランスの中世宗教心性史研究の大家アンドレ・ヴォシェは「西洋のキリスト教は、十字軍の遠征という出来事によって、観想の行動に対する第一義的で、絶対的優位性があったという観念を問い直すことになる」と述べている。こうした心性の転換は、俗人が己のために新しい霊性と禁欲の探究を模索することをともなった。これまで俗人は修道士を手本にして、彼らの行路を踏み分けて完徳を目指し、贖罪を成就するよう諭された。カロリング朝期には、勅令の形でそうした心がけを日々の実践とするよう促されたのであった。

だが教会当局は、先に述べた一一二九年のトロワ公会議において、異端運動の高揚を踏まえ、過激な霊性探究の行動や行き過ぎた禁欲生活にブレーキをかけて、抑制され調和のとれた修道生活にいそしむよう勧告したのである。先のチェッリーニはそうした修道生活を、「反禁欲主義・反ヒロイズム」の律修生活と特徴づけている。騎士修道会の生活もまた、こうした潮流のなかで伝統化されていったのである。

ここでは騎士修道会の戒律の具体的側面を見ていくが、むろん条項一つひとつを取り上げて論じることはできない。また、騎士修道会という高度に軍事的性格をそなえている組織であるがゆえの共通点も少なくはない。これらのことを踏まえて、特徴的と思われる規定を取り上げ、騎士修道会という存在についての理解を深めていきたいと思う。

二つの戒律の冒頭

まずはじめに、テンプル騎士修道会戒律の第一条を見てみよう。

「ここにテンプル騎士修道会の戒律序文が始まる」のあとに、次のように続く。

　第一条。我らはまず秘《ひそ》かに己の我欲を厭《いと》い、純な心根をもって主君に騎士として仕え、服従というこのうえなく高貴な鎧を、熱意をもって永遠に身に纏うことを願うすべての者に訴える。それゆえ我らは、これまでイエス・キリストを心掛かりとすることなく、世俗の騎士の生活において、ただひたすら人への忠勤を励んできたが、神により破滅から救われるべく選ばれし者につき従い、神がその寛大な慈悲により、聖なる教会を防衛するよう命じた者たちに、汝らが永遠に加わるよう勧告する。

これはいかにも聖ベルナールらしい、騎士修道会への参加を呼びかけたアジテーションである。

聖アウグスティヌス戒律の第一条は、これはこれでまことに曖昧模糊《あいまいもこ》としている。こちらはさらに長文であるが、参考までにあえて全文を引用しよう。

第一条。もし真実が過ちを見つけて罰を下そうとするなら、慈悲は真実が罰を与えるべき過ちを見つけるのを望まない。あなた方が私に来てくれるよう頼んだのに、私が行くことをしなかったのは、私の存在は平和と喜びをあなた方にもたらすどころか、むしろ混乱と不和を増大させるだけだからである。実際にもし私の目の前で、私の耳にまで届くほど大きな音声で、あなた方の家を包む混乱が爆発したなら、私の目が証人とならなくとも、どうして罰せずに済まされようか。おそらくあなた方の共同体を揺さぶる混乱そのものが、私が姿を現すことでいっそう大きくなる。それというのも、聖なる戒律の危険な例を作ってしまうのではないかと畏《おそ》れ、私はあなた方が求めることに同意することができないからである。それゆえ私は、自分であれば望まないようなことを、あなた方に見つけ、そしてあなた方はあなた方が望まないようなことを、私に見つけ出すであろう。

この文章はどう見ても戒律の類《たぐ》いというよりは、新たに自身の戒律を作るにあたっての筆者聖アウグスティヌスの意向の表明である。おそらく背景には、アウグスティヌスが司教を務めるヒッポ司教管区で、東方の修道戒律を採用して修行をしている修道院で、戒律解釈をめぐる紛争が起こり、その裁定を依頼されたという事情があるのであろう。アウグスティヌスは彼自身評価もしていない戒律について、その紛争の調停・裁定など真っ平だという気持ちがあったと思われる。その気持ちを第一条において、共同体の温和なハーモニーこそが、修道制の根幹になければならないという自身の存念を聖書の言葉をふんだんに引用しながら展開し、それに代えて自らの構想する新たな戒律はこういうものだ、と提示する心づもりであったと見える。それはようやく第五条にいたって、「修道院で守られるべきものとして、我々が定める戒律は以下の如《ごと》くである」として、およそ戒律の文章とはほど遠い新約聖書的な文体で第一六条まで綴るのである。

テンプル騎士修道戒律の非体系性

あえて長々とテンプル騎士修道会と聖アウグスティヌス戒律の第一条を引用したのは、聖ベネディクト戒律との差異を読者に認識してもらうためである。ベネディクト戒律の第一条（第一章）は次のように始まる。

修道士は、明らかに四通りに分けることができます。第一に挙げられるのは共住修道士であって、彼らは修道院に住み、戒律と修道院長のもとで主に仕えます。第二の分類に属する隠遁者《いんとんしゃ》、すなわち隠修士は修道院で長期にわたる試練の期間を経てきて、修道生活を志した当初の熱意にかられる段階はすでにあとにしています。(以下略)(古田暁訳)

このように、ベネディクト戒律は修道士の概念規定と分類に始まる、いかにも規範的な色彩を濃厚に宿している。それがこの戒律が成立した段階での法学的思考の名残りの反映と解釈できるのか否かは簡単に答えることは難しいが、テンプルのそれが、ベネディクト戒律に見られるような意味での体系性が稀薄《きはく》であることは指摘しておいてもよいであろう。

このことが何に起因するのか、現段階で確たる答えを出すことはできないが、それが騎士修道会という独特な組織の生成過程と在り方とも深く関わっているのは確かである。ここでは、とりあえずそのことを指摘して先に進むことにしよう。

騎士の礼拝や騎士の受け入れ

テンプルの戒律そのものは第九条から開始する。ここでは騎士修道士の神への奉仕のあるべき姿が抽象的に示され、続く第一〇条で、聖地に派遣された騎士修道士が、何らかの理由で聖務に出席できない場合に、「主の祈り pater noster」を朝課に一三回、各時課に七回、晩課に九回唱えることが求められている。

それに続く第一一条では、世俗の騎士がテンプルに参加したいと門を叩《たた》いても、すぐには受け入れてはならず、もし「その意思が神に由来する」ことが確かめられたならば、戒律を読み聞かせたうえで、戒律に従うことを確認し、それが総長の意向に適《かな》い、兄弟たちが受け入れる気持ちを示したならば、テンプルの一員として正式に認められるとしている。これは、ベネディクト戒律にある、新修道士の受け入れと基本的に異ならない定めといえよう。

第一二条は、破門された世俗の騎士の受け入れについての定めである。注目されるのは「海外からの」、つまり海外出身の騎士が想定されていることであり、まずはその破門を管轄の司教によって解除してもらい、しかるのちに修道会に入る意思が強ければ、総長や兄弟団の承認を得て受け入れられること、またそれに続く条項では、いかなる理由があろうと、破門された騎士と交誼《こうぎ》を結んではならないと規定している。

第一四条では、明示的に成人していない子供を騎士修道会に受け入れることの禁止を謳っている。ベネディクト戒律では「幼児献納」は正式の制度として実践されていたが、テンプルの定めではこれを認めていない。そもそもシトー会は伝統的な幼児献納に懐疑的な態度を取っていたが、その影響を受けているテンプル騎士修道会の戒律では、幼児が十全な戦闘能力を持ちあわせていないというところから、これを禁止したのである。

祈り・衣服・食事

騎士修道士の祈りの作法について、きわめて個別的な指令も定められている。第一五条では祈りなどの典礼に際して、過度に長いあいだ起立したままでこれを実践することを禁じている。朝課の祈りで唱われる詩篇《しへん》九五「ヴェニテ」の導入部とともに、これが唱われはじめたなら着席し、心の中で唱えるなり、声低く唱えるなりして他の者の祈りを妨げないよう諭されている。

第一七条から第二二条にかけては衣服、下着、ベッド・シーツ、靴などについての規定が続く。兄弟団員はすべからく単色の衣服を着なければならない。その色とは白または黒、茶色である。ただし修道会は夏の薄い素材の服も、冬服も白色の外套《がいとう》も下賜する。そして、他のなんぴとといえどもこれと同色のマントを着用してはならないとする。そうすれば暗がりで落命しても、その者がテンプル騎士修道会の一員であることがすぐに判明するからである。

第二〇条は、復活祭から一一月の諸聖人の祝日までの東方の暑熱の厳しさを考慮して、それを望む者に麻製の下着を下賜する旨を定めている。第二二条では靴についての指示である。先端の尖《とが》った靴や靴紐《くつひも》の着用禁止が謳われている。その風俗は異教徒の流儀だからというのが理由である。また同条は長髪や過度に丈長の服装も禁じている。

第二三条からは、食事の規定が並ぶ。騎士修道士は一緒に食事をしなければならない。だが何か別の食べ物を欲しいと望むならば、他の会派で用いられているサインに習熟していない者は、静かに個人的に、その要望を食卓係に伝えなければならないと定めている。食事の折の沈黙は修道組織の基本的作法であり、騎士修道会でも同様であった。ここでのサインとは指や手の動きを使ったサインで、これで食卓係に意思を伝えたのである。ちなみにクリュニー派では、

図２－３　３騎士修道会士の武装復元図　左から、テンプル騎士修道会、ホスピタル騎士修道会、ドイツ騎士修道会

指で環を作り親指を立てればパンの所望を意味し、小指を吸う仕草はミルクの、指を嘗《な》めるのは蜂蜜《はちみつ》、手をヒラヒラ動かすのは魚が欲しいという意味であった。

奇妙でもあり、興味深くもあるのが第二五条で、深皿が不足しているという理由で、二人がひと組でおなじ皿から食べるという定めである。こうすれば相手の食べる量を秘かに監視することができて、戦闘集団として致命的な体力不足の原因をもたらす秘密裏の節食や断食を、騎士修道士が実践するのを防いだと思われる。

第二六条は肉食の定めである。一日一食の修道士とは異なり、騎士修道士には昼と夕刻の二度の食事が供された。第二六条は以下のように謳っている。「キリスト聖誕祭、諸聖人の祝日（一一月一日）、聖母被昇天の祝日

（八月一五日）そして一二使徒の祝日（五月一日）を除外して、一週間に三度肉を食することで満足してもらわなければならない。それというのも、肉食の習慣は体に弊害をおよぼすからである。しかし肉料理が控えられる日が火曜日にあたっている場合、翌日はふんだんに肉料理が振る舞われなければならない。そして日曜日にはテンプル騎士修道会のすべての兄弟、すなわち司祭と聖職者を含めて、イエス・キリストの復活を祝い二度の食事に肉料理が供される。それ以外の奉公人、すなわち従者や従卒には一度の食事が供されるが、それでも神に感謝すべきである」。

この最後の部分はやや衝撃であるが、おそらく従者や従卒身分にある者が日に一度しか食事を摂《と》らなかったことを意味しないのではないか。彼らの行動は騎士修道士に比べて比較的自由であり、修道会施設の外で空腹を満たす機会があったと思われる。修道会側が給するのは一度だけであるという意味と考えられるが、それでも彼らが常時空腹状態に置かれていたことは容易に頷《うなず》ける。

3　テンプルの慣習律と会則

慣習律として知られる内容は主として「軍律」のような、軍事・戦闘集団としての法規である。テンプル騎士修道会の戒律全六八六条の大半は、実は慣習律と総参事会で行った決議事項が占めている。前節で述べたのは狭い意味での「戒律」に関してだが、それはすでに指摘したように第七六条で終わり、次の第七七条からは、慣習律と会則のパートが始まるのである。

総長の出陣

第七七条には総長の出陣に際しての構えが定められている。それによれば総長は四頭の軍馬をともなう。供回りの騎士修道士二名と従軍司祭を従える。さらに騎乗はするものの正式な騎士修道士に属さない従者は馬三頭、従卒は馬二頭をともない、小姓は馬一頭で総長の楯《たて》と槍《やり》を運ぶ。小姓は一定期間働けば、もし彼が希望するならば、総長は彼を騎士修道士に任ずることができる。騎士修道会の正式なメンバーになるためには、騎士の家系の嫡出子として生まれていなければならなかったが、総長のもとでの勤務が評価されれば、騎士家系の出自でなくても騎士修道会の成員になることができた。もっとも、総長はそうした例外的引き立てを自制するようにも求められている。

図２－４　テンプルの巡邏隊
２人１組が同じ馬に乗っている

総長はまた蹄鉄師ひとり、サラセン語使い、トルコ案内人、料理人ひとり、二名の歩兵、キャラバン隊に寄託した一頭の駿馬《しゅんめ》をもたなければならないとされている。この駿馬は総長が修道会本拠に帰還したならば、キャラバン隊に返された。だが戦争が続くあいだは総長のもとにとどめ置かれた。ここでいうキャラバン隊とは、オアシスを拠点にする隊商集団であり、砂漠の戦闘で用いる最優秀の、馬体の大きな軍馬の飼育と訓練の専門的知識をもつスペシャリストを擁していたのであろう。

従軍司祭と団員の過ち

一一三九年に出された教皇勅書『全ての完璧なる賜物』は、それまでには存在しなかった新しい聖職者カテゴリーをテンプル騎士修道会のために創り出した。それは兄弟団の一員としての、いわば騎士修道会付の従軍司祭（chapelain）である。慣習律に属する戒律第二六九条によれば、従軍司祭は贖宥《しょくゆう》に関しては直接に教皇に由来する、大司教を凌《しの》ぐ権限と効力を与えられていた。特権的な存在として、最上の衣服を身に纏い、革製の手袋を許され、食卓では総長の隣席を占め、最初に給仕され、最良の料理を供された。彼は告白を聴し、赦免を与えた。しかしこの従軍司祭にも赦免を行いえない五つの過ちがあった。第一にはキリスト教徒男女の殺害、第二は兄弟仲間への暴力の行使、第三は他の騎士修道会派の一員や聖職者への攻撃、第四は他の騎士修道会派へ加入するための兄弟団からの離脱、第五はシモニア（金銭売買）による騎士修道会への加入である。

それではこうした赦免不可の過ちを犯した者たちは、いかなる処罰を受けるのであろうか。

結論をいえば、それはテンプル騎士修道会からの追放である。

第二二四条から第二三二条には、テンプル騎士修道会から追放処分を受ける一連の過誤が列挙されている。最初の第二二四条は、まさしくシモニアによる騎士修道会への加入が規定されている。第二二五条は参事会の議事内容を他に教えた場合。第二二六条は先の五つの過誤の第一に挙げられていた、キリスト教徒の殺害行為である。続く第二二七条は窃盗行為である。この盗みの行為については、関連して別の側面も知ることができる。それは「盗み」とみなされる行為が死後に認定されるときである。

無所有観念の徹底

第三三一条には、他界した兄弟団の一員が残した私物から、銭貨が発見されたときの場合の規定が定められている。私物を所有しないというのが修道士ばかりでなく、兄弟団の規則であったから、銭貨を所有していたということはどこからか盗んだか、あるいは特定の用務のために渡されたものを私的に隠匿したもの、言い換えれば修道会から「盗んだ」ものと解釈された。こうした事態として認定された場合、死者は埋葬の折に「主の祈り」を受けられず、正式な埋葬儀礼も行われない。兄弟団の聖なる墓地ではなく、奴隷とおなじ墓地に埋葬される。

第五五六条には、第三三一条とほとんど重なる規定が定められているが、こちらは処罰がさらに苛烈《かれつ》である。金銭を遺《のこ》して逝った団員は、前掲の条項では兄弟団の墓地には埋葬されないと定められていたが、第五五六条では、死者の遺骸《いがい》は館の外で空腹を抱えている犬に食らわせることとされていて、埋葬後に露見した場合は、その者の遺骸を掘り出してやはり犬の餌食《えじき》とするように定めている。

軍旗はためくところ

テンプルからの追放の理由となる過ちの最後のものは、第二三二条に定める軍旗を放棄した者の処断である。条項は次のように述べている。「第九番目（の過ち）は兄弟団の者が軍旗から離れるか、サラセン人への恐怖から軍旗を放棄して逃亡した者（はテンプル騎士修道会から追放される）」。軍旗は戦場において騎士修道会の存在を示す最も重要なシンボルである。それゆえ軍旗の放棄は、兄弟団からの追放という、最も厳しい処罰が下された。軍旗の放棄にはいたらずとも、軍旗の取り扱いには厳格な定めがあることが、いくつかの条項から知られる。

第一六四条に、総長代理が軍旗を守る事態が生じた場合の構えが、詳しく記されている。総長代理は最大限一〇人まで、軍旗を守る騎士を指名することができ、指名された騎士たちは軍旗を取り囲んで、押し寄せる敵兵を打ち倒さなければない、と定められている。必要に応じてこれら一〇人の騎士のほかに、軍旗の前後左右を防衛する騎士を配置するようにも指示されている。軍旗と騎士との関係は相互的であり、軍旗の存在が団員の士気を鼓舞し、結果として軍旗が騎士たちの命を守ることにもなるという論理である。

第一六八条は、キリスト教徒側が戦闘に敗北したものの、生き残った騎士は軍旗がまだ立っているうちは、宿営地に帰還してはならず、これを破ったものは永遠の追放となると定め、そしてもう援軍は来ないとわかったならば、ホスピタル騎士修道会か、それ以外の修道会の軍旗のもとに合流し、それが打ち倒されて初めて宿営地に帰還できると規定している。

さらに第二四一条と第二四二条にも、軍旗に関する定めが置かれている。前者は軍旗を保持する者が、これを低く構えて、武器のように相手を打つのに使用した場合である。これによって軍旗が損傷を受けなかった場合は、当該の騎士はその僧服を兄弟たちに預け、処分を待たなければならないとされる。つまり一時的に、騎士の資格を失うのである。軍旗が損傷した場合は、僧服を兄弟に預け、入牢《にゅうろう》する。そののち赦《ゆる》されても、二度と軍旗を保持できず、また戦闘の指揮官にも選ばれない。

後者の条項は、上長の許可なしに軍旗を他の騎士に託した者、またその際に敵に取り囲まれておらず、また慣習律で許可されていない場所でそれを行った場合は、おなじように僧服を兄弟たちに預け沙汰《さた》を待たなければならないと定めている。このことにより軍旗が著しく損傷を受けた場合、その者は投獄されるかもしれない。いずれにせよ彼は二度と軍旗を託されず、戦場の司令官にもなりえないと結んでいる。

4　騎士修道会の特権

教皇権にとっての騎士修道会

狭い意味の戒律や会則は、いわば騎士修道会という組織の内部を律する定めであるところから、この組織が社会のなかでどのように処遇されていたかはあまり浮かび上がってはこない。それを示すのは教皇が与える免除特権である。すでに触れた勅書によって、それぞれの騎士修道会は教皇の保護のもとに置かれた。そして「大特権 libertas maior」と総称される権利を与えられた。このことはとりもなおさず、修道会騎士がローマ教皇権力の完全な従属下に入ったことを意味する。保護と従属とは表裏の関係にあった。

だがドゥミュルジェによれば免除特権を全体として賦与するのではなく、のちに述べる「十分の一税」免除のような個別の権利としてこれを与え、そして与えられた特権は教皇が代替わりするたびごとに、あらためて確認をしてもらう必要があった。それだからといって、騎士修道会がこの面で冷遇されたというのではない。ヨーロッパ中世社会において、教皇権力のみならず国王や皇帝が与えた特権は代替わりのたびに、あらためて確認してもらう手続きが至極一般的な方式であった。

教皇権が騎士修道会という組織を厚遇したのは、異教徒との戦争における重要性もさることながら、むしろヨーロッパ社会内部におけるその役割に期待するところが大きかった。すべての聖職者が服従しなければならない司教権力の掣肘《せいちゅう》から、特権を与えて切り離すことによって、教皇は騎士修道会を自らの教会改革を実現するために利用したり、社会を統制する手段として活用したりすることができた。

教皇による教会法上の特権

修道院に与えられる特権は、修道院という組織と修道士にのみ適用されたのだが、騎士修道会への特権は、騎士修道会の兄弟だけでなく、そこに奉仕する者たちと、修道会の保護のもとにあるすべての人々に適用された。その意味では、途方もなく大きな特権であったといえる。

免除特権は以下の三点が基本である。①司教による破門ならびに裁判からの解放、②埋葬教会と埋葬特権、③十分の一税の免除がそれである。

破門と埋葬特権

破門に関する特権の内容は、簡単にいってしまえば騎士修道会の成員と関係者を破門できるのは管区司教ではなく、教皇のみであるというのがひとつの側面である。実はもうひとつの側面があって、それは教区に聖務停止命令（インテルディクティオ）が出されたときも、その管轄下にある騎士修道会では聖務を執り行うことができたことである。

異端運動のなかで聖務停止を宣言されていた地方の小教区などで、騎士修道会は年に一度聖務を実施し、説教を行い、喜捨を集めることが認められた。また教皇庁は騎士修道会に（従軍）司祭、教会、独自の共同墓地を所有する権利を与えた。一一五四年にホスピタル騎士修道会に与えられた勅書『キリスト教徒の信仰心』では、こうした特権が兄弟団のみならずその家族、兄弟団の所有する領地で働くすべての人々、その親族、友人に拡張された。

テンプル騎士修道会も、これと事情はあまり異ならない。貴族にとってテンプルの教会に埋葬されることは、シトー派修道院やドミニコ派教会に埋葬されるのとおなじ栄光を享受することであった。

なかには司教管区全体の小教区権を、騎士修道会が取得するような事例も見られる。テンプルによるスペインのトルトサ司教区がそれである。南フランスのリモージュ地方では、開墾などによりテンプル騎士修道会が二〇以上の小教区を新しく作り出し、小教区教会と司祭の庇護《ひご》者《しゃ》として振る舞ったとされる。もっとも司祭の任命や教会の祝別などは管区司教が実施したようである。

十分の一税の免除

免除に関しては、在俗教会の側からの抵抗が最も強かったのが十分の一税免除である。「十分の一税」とは、簡単にいってしまえば、すべてのキリスト教信徒が、聖務・典礼の実施と、小教区司祭を維持するために、収入の十分の一を教会に納めるものである。その免除は小教区教会の聖職者にとって、死活を制する大問題であった。史料のなかで、最も多くの痕跡《こんせき》を残しているのが十分の一税をめぐる紛争である。

騎士修道会の兄弟たちは、修道士とおなじように教会法上非常に矛盾した境遇にある。彼らはいずれも俗人であるので、俗人として十分の一税を支払う立場にある。むろん修道士一人ひとりは無収入であるから支払いの義務がないが、修道院に収入があり、教皇からの免除特権を与えられていない場合は、現実にはともかく、理論上は支払う義務があった。そうであってみれば、騎士修道会の兄弟たちはなおさらその義務があったのであるが、教皇勅書などによって免除特権が与えられていれば、それを支払わないで済まされたのである。それだけではなく、自らが小教区教会の権利を獲得したところでは、逆に十分の一税を徴収する権利があった。

留意しておかなければならないことは、十分の一税免除の特権は、一気に全面的に賦与されることはなかったということである。教皇庁にとってこの権利は教会運営上あまりに重要な財源であり、在俗教会の財政的基盤を掘り崩すことは避けなければならなかったからである。

一二一五年の第四回ラテラノ公会議は、騎士修道会に一二一五年以前に耕作され、利用された土地についてはその十分の一税を免除した。だがこの公会議以後に新たに獲得された土地は、免除の対象から外された。これは教皇権力の「十分の一税」政策の仕切り直しの一例である。

第三章　国際金融と所領経営——テンプル騎士修道会

一〇九六年に開始され、ほぼ二世紀間にわたり断続的に七次にわたって実施された、西ヨーロッパ諸王国の国王や有力貴族が率いた十字軍遠征の歴史を俯瞰《ふかん》して見るならば、クルド人に生まれたサラーフ・アッディーン（サラディン）による一一八七年のエルサレム奪回こそ、ひとつの画期であり、一二二九年の神聖ローマ皇帝フリードリヒ二世のエルサレム王国の相続人ヨランダとの縁組によって帳消しになったものの、一二四四年にはエジプト・ホラズム連合軍の猛攻により再び征服され、最終的にキリスト教徒側の敗北に終わった。この折のガザ近郊のラ・フォルビでの戦いはテンプル騎士修道会の生き残りは三四八騎のうち三六騎、ホスピタルは三五一騎のうち二六騎、ドイツ騎士修道会にあっては四〇〇騎のうち生存はわずか三騎という惨憺《さんたん》たる有様であった。

その後の事情は一二六八年にアンティオキアを失い、一二八九年にトリポリが陥落し、一二九一年大陸部に西ヨーロッパ勢力がもっていた最後の都市アッコも失われた。そしてこの年、

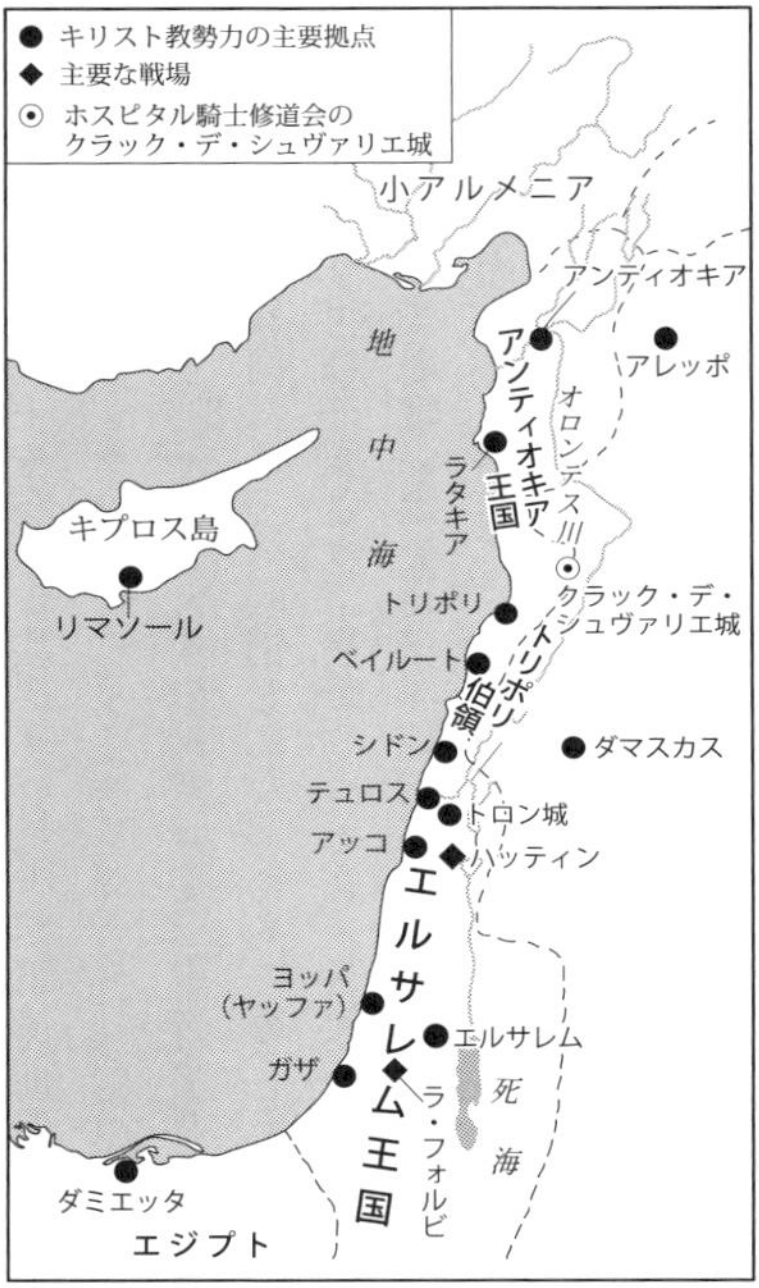

図３－１　近東地方の戦場地図

テンプル、ホスピタル、ドイツの三騎士修道会も追われるようにして聖地を離れ、キプロス島に拠点を移した。一三一四年に修道会が正式に廃止されたテンプルにとって、この土地が終焉《しゅうえん》の地となった。ホスピタル騎士修道会は一三〇九年に、当時ビザンティン帝国領であったロードス島に再度拠点を移し、そののち一五二二年に今度はマルタ島に本拠を三転させ、名前もマルタ騎士団と変えて、ローマを本拠にして現存していることはよく知られている。

ドイツ騎士修道会はキプロス島からヴェネツィアに移り、ここを本拠として聖地とプロイセン地方とをつなぐ架橋の役割を一八年間にわたってはたしたが、一三〇九年に現在のポーランドにあるマリエンブルクを騎士修道会国家の首都とした。

1　騎士修道会の組織様式

騎士修道会の中枢

図3－2　ロードス島　総長の館

ここで簡単にテンプル、ホスピタルの騎士修道会としての組織について説明をしておきたい。単純化していうならば、テンプル、ホスピタル両組織とも中央、中間的な地域管区、そして地方の三層構造をなしていた。

まず中央組織であるが、両修道会の本拠は「本陣 chèvetaine」と呼ばれ、いずれもエルサレムに置かれていた。テンプルはアル・アクサ・モスク、ホスピタルは聖墳墓教会の正面である。それぞれの組織は「メートル」、すなわち総長という役職者によって統治されたが、この職は修道会の団員の選挙によって選ばれた。一三世紀頃から「総長」が「大総長」と称されることもあるが、それは修辞的な言い回しに過ぎず、総長の上に大総長というポストが設けられたというわけではない（ドイツ騎

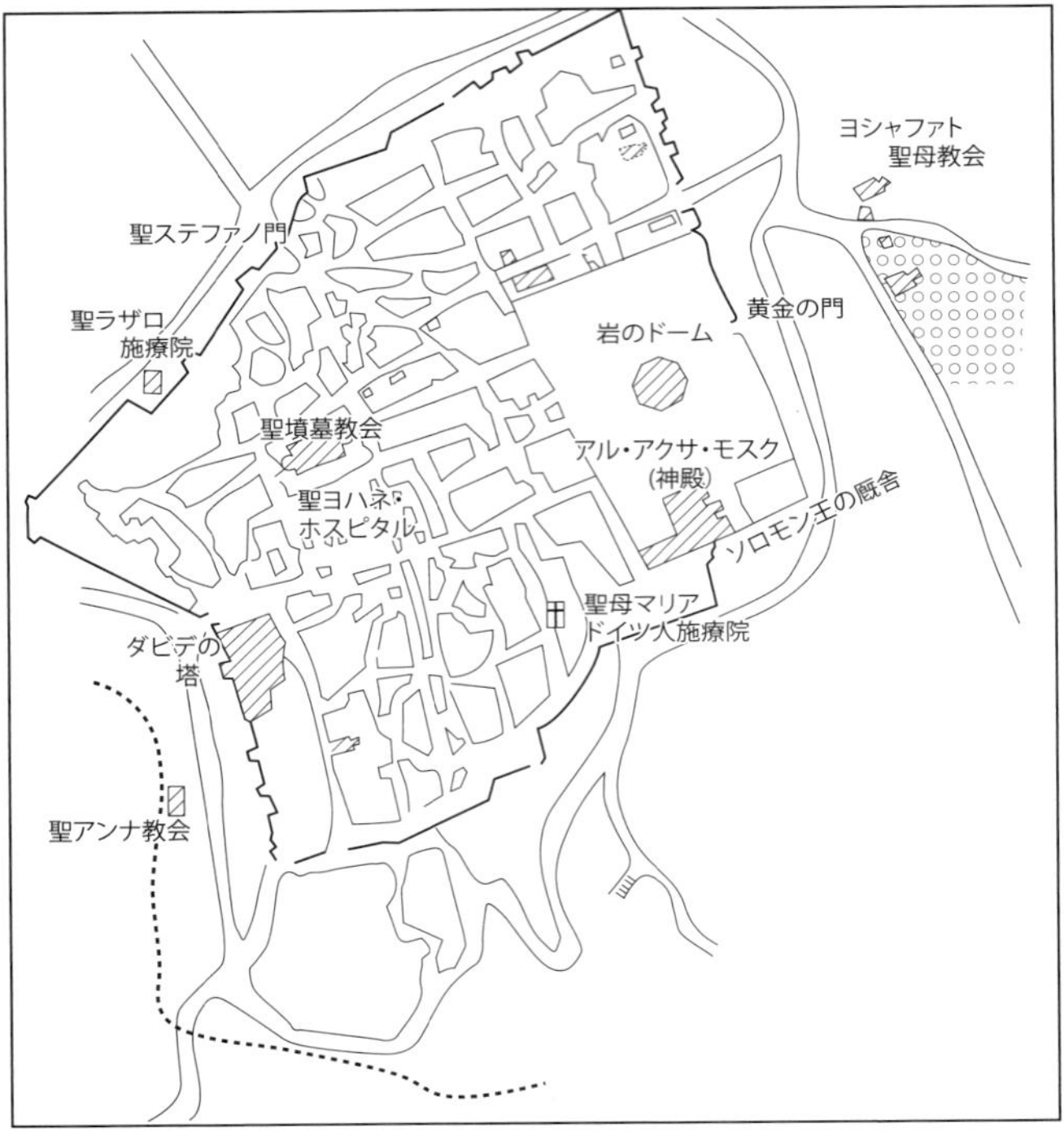

図3－3　エルサレムの市街図

士修道会は例外で総長という役職の上に大総長という最高ポストがある)。テンプルの慣習律にしたがうならば、「マレシャル」という名前の役職は、総長代理である。

修道会を代表するのが総参事会である。総長が決定に際して「修道院 couvent」の意見に耳を傾けなければならないとされるとき、この「修道院」という抽象的な言葉で表現されているのは、総参事会である。その集まりは五年に一度、本陣で開催された。

中間審級の厚み

第二層を構成しているのが地域管区である。この中間的管区の設定が、ひとつのモデルとしてのちに托鉢修道会の組織でも採用されることになる。ドゥミュルジェは、この時代における国家統治の組織原理の進化、精緻《せいち》化との関わりで、こうした騎士修道会で見られた組織化の進展に注意を喚起している。

テンプルではこの中間的審級の管区は「プロヴァンス province」と称された。ホスピタルでは「プリウレ prieuré」と呼ばれた。私は両方とも「地域管区」と称したい。テンプルの地域管区は、オリエントではエルサレム、アンティオキア、キプロス、ギリシアの四管区、西方ではイングランド、ドイツ、フランス、ポワトゥ、オーヴェルニュ、プロヴァンス、ロンバルディア、プーリア、アラゴン、カスティーリャ、ポルトガルの一一管区である。

ホスピタルの場合、オリエントの地域管区は、のちに述べるさらに一段下の管理単位である

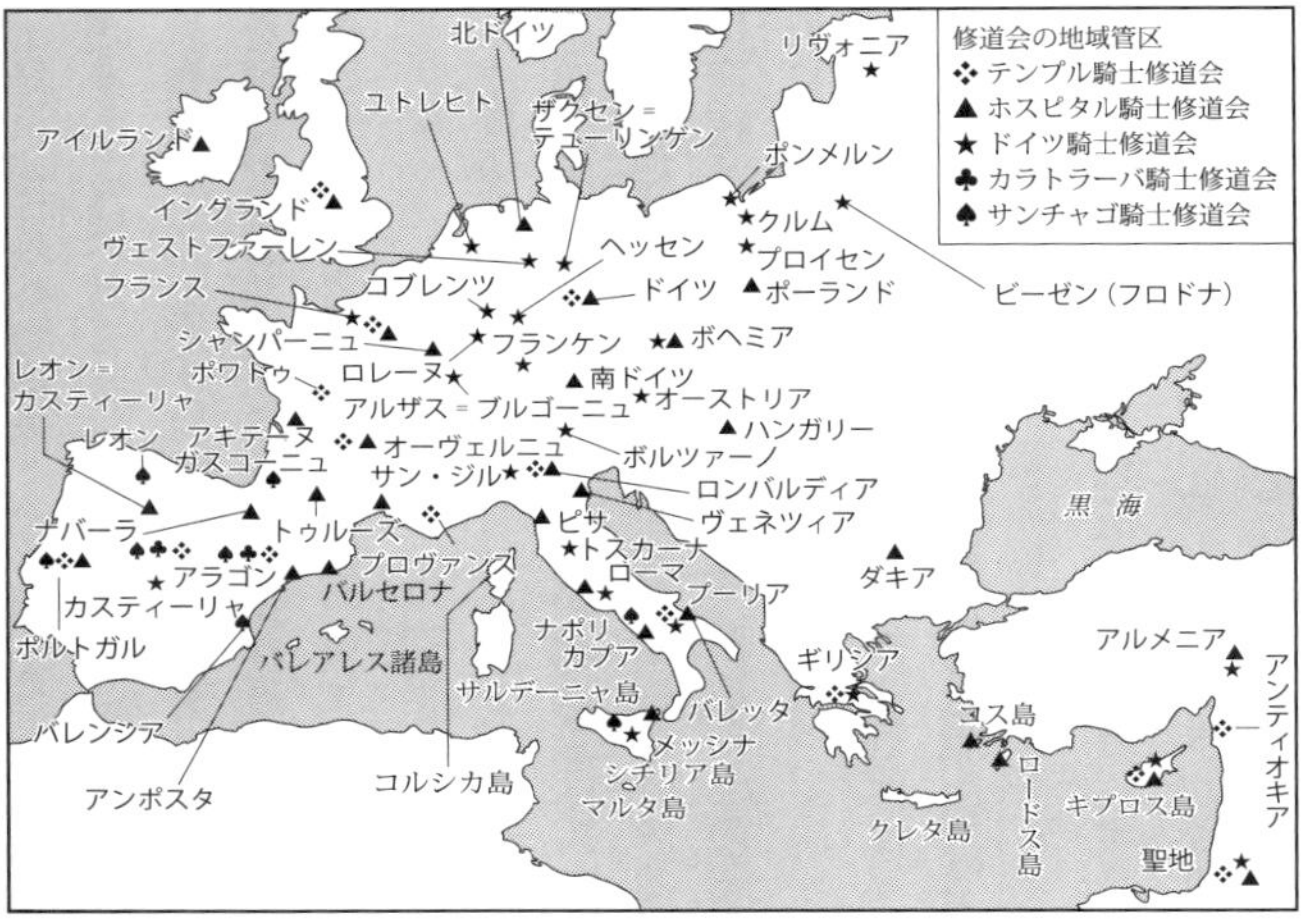

図３－４　騎士修道会の地域管区分布図

「コマンドリー commandrie」と名付けられたものとおなじ呼称が与えられている。これに私は「指令管区」の訳語を与えるが、そうすると聖地指令管区、ロードス指令管区、コス（カルダメーナ島）指令管区、アルメニア指令管区、キプロス指令管区の五管区が挙げられる。西方ではフランス、シャンパーニュ、アキテーヌ、オーヴェルニュ、サン・ジル、トゥルーズ、イングランド、アイルランド、北ドイツ、南ドイツ、ボヘミア、ポーランド、ハンガリー、ルーマニア（ダキア）、ロンバルディア、ヴェネツィア、ピサ、ローマ、カプア、バレッタ、メッシナ、アンポスタ、バルセロナ、ナバーラ、カスティーリャ＝レオン、ポルトガルの二六地域管区が存在した。

指令区と会館

地域管区のさらに一段下に位置づけられるのが、「コマンドリー commanderie」と呼ばれる「指令区」である。これがテンプルおよびホスピタル騎士修道会の三層構造の組織編成の最下部の単位である。もっともひとつの指令区のなかには、複数の会館を含んでいる場合もあった。会館とは「メゾン」と称される地方の農場屋敷である。

一三世紀にマシュー・パリスはその著述のなかで、ヨーロッパ中にテンプルはマナーと称される農場を九〇〇〇、ホスピタルにいたっては一万九〇〇〇所有していたと述べているが、明らかに誇張された数字である。ドゥミュルジェの史料に基づいた試算によれば、テンプルがヨーロッパに擁した指令区は、イングランドに四〇、フランスに六六〇、アラゴン＝カタルーニャに三六、カスティーリャに三二、プロヴァンスに四〇の合計八八〇ほどである。マシュー・パリスが挙げる数字の約一〇分の一ほどであり、おそらくホスピタルの数字もこの比率に相応する数字ではないかと推定される。

図3－5　フランス中部のアルヴィルにあるテンプルのコマンドリーの門

指令区の中心となる会館の構造は、ノルマンディ地方の航空写真を使っての調査によれば、防備を施していて、指令が起居する邸宅、参事会室、農場、礼拝堂などで構成されるのが典型である。各会館には一二名の兄弟団員が帰属し、指令を含めて一三名が、標準的な成員数であった。しかしこれはあくまで標準の数であって、記録を調べると指令ひとりがいるだけのところもあれば、指令を入れて三一人が常駐する会館もあった。それぞれの会館では週に一度参事会が、併設されている参事会室で開かれた。

ノルマンディ地方の例は、会館の所在地が農村部であるのが特徴だが、それが一般的であったわけではない。それが城塞である場合もあったし、パリやバルセロナのそれのように都市のなかに置かれることもあった。また森林や荒蕪地《こうぶち》を開墾して、植民を行ったようなところでは、新設の小教区教会が会館になるような例もあったのである。

2　所領の形成と経営

騎士修道会への寄進者

すでに述べたように、テンプル騎士修道会に入る者が自己の全財産を修道会に寄進することは戒律によって定められていた。騎士修道会への寄進は修道士だけでなく、親類縁者や友人たちも数えられる。その他の俗人や聖職者たちも修道会に土地、金銭、それ以外の財産を寄進した。

寄進者は自己固有の財産を所有するすべての社会層におよんだ。零細なところでは毎年一二ドゥニエ程度の定期金（簡単にいえば毎年の支払い）や、下着やズボン、マント、武器などの動産を寄進の内容とした。またシャンパーニュ地方のバル伯の場合は、バル・シュル・オーブの年市で徴収される通行税一五ポンドを、定期金として寄進した。おなじようにノワイヨンの小領主クレランボーは六〇スーの定期金をテンプルのために設定した。定期金は一度限りではなく、毎年定額が寄進される形式である。

国王の寄進も重要であった。ブロワ伯に生まれたイングランド王スティーヴン二世はテンプルに多くの寄進をしたことで知られているが、対照的にフランス国王の寄進は少なかった。イベリア半島では、王権による寄進はテンプル騎士修道会の指令区（コマンドリー）の形成にとって根本的に重要であった。アラゴン連合王国で形成された三〇を超える指令区のうち、約半数が王権による寄進であった。

寄進の動機

寄進の理由、動機は、究極的に魂の救済と贖宥である。しかしながら、寄進する側の文書にはよりニュアンスに富んだ動機が明らかにされている。ドゥミュルジェは、こうした寄進文書のなかで語られている寄進者側の「希望」に着目して以下の三つの類型に分類している。

①「プロ・アニマ pro anima」、すなわち「魂の救済と贖罪」が目的で、寄進する側がいかなる条件もつけない寄進である。

②「イン・エクストレーミス in extremis」は聖地巡礼のような危険な行為に乗り出す前に、用心からあらかじめ寄進を行っておこうというタイプで、このような形式は多くはない。

③反対給付つきの寄進であり、最も普及した形式である。この種の寄進は売却行為と区別するのが困難である。

①は南フランスのカルカッソンヌに近いドゥザンやブリュカフェル、オーヴェルニュの南に位置するヴィヴァレ地方のように、多くが「会館」の起源となるような基幹施設の事例によく見られる。

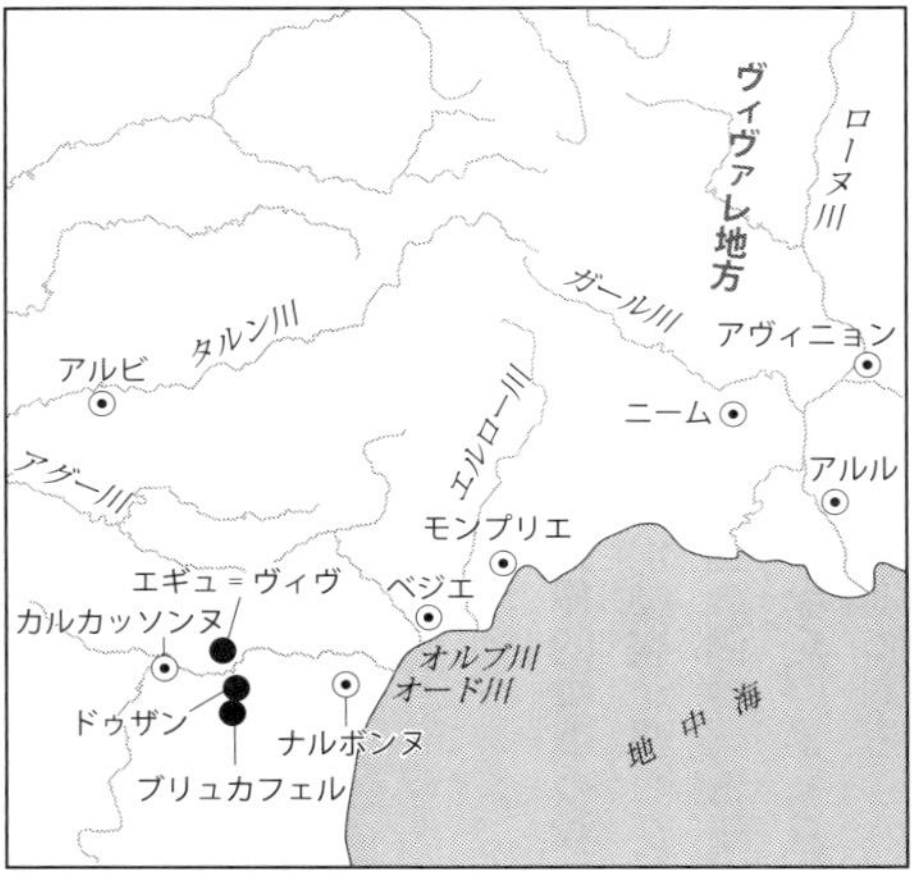

図3－6　プロ・アニマ寄進事例の関連図

③は特定の名称をもたない寄進形態。それというのも寄進を受けた側が、寄進者に反対給付を約束するという形式だからである。例を挙げよう。一三世紀中頃にカルカッソンヌ地方のエギュ＝ヴィヴに住む騎士のレモン・ユーグは、ひとりの男とその子孫、財産をテンプルに寄進しているが、その代償として一二〇スーを受領するのが条件となっている。このような反対給

付がある場合は、当然のことであるが反対給付の価値が寄進財の価値を上回ることがない。なにがしかの「喜捨」の実体が保たれるのが、了解事項であったと思われる。

寄進されたもの

右に述べたように寄進の対象となったのは、土地、動産、定期金など多様であった。この点をもっと具体的に見ておこう。

イングランド王ヘンリー二世は、ルアン近くのサント・ヴォブールのセーヌ川沿いに水車を作ることができるように、一軒の家作と導水路を譲渡した。またアラゴン国王はウエスカ近くのモンソン城を寄進している。騎士のラモン・アト・ダスペトは二人の息子の同意を得て、一一五二年にテンプル騎士修道会に入り、南西フランスのコマンジュ地方にあるモンソネスの会館に起居する修道士に、近くのカネンスの都市と住民を、この地方の高級、中級、下級領主権とともども寄進した。

シャンパーニュでは、シャンパーニュ伯がプロヴァンの年市の商取引から非常に利益の大きな利権を譲渡している。

パリで知られているように、都市内の敷地の獲得や、土地投機などが確認され、農村部だけでなく、不動産の都市的基盤にも怠りなく目を向けていたことを指摘しておこう。

とりわけ所領などの土地寄進によって形成されたテンプルの指令区は、どれほどの密度で分

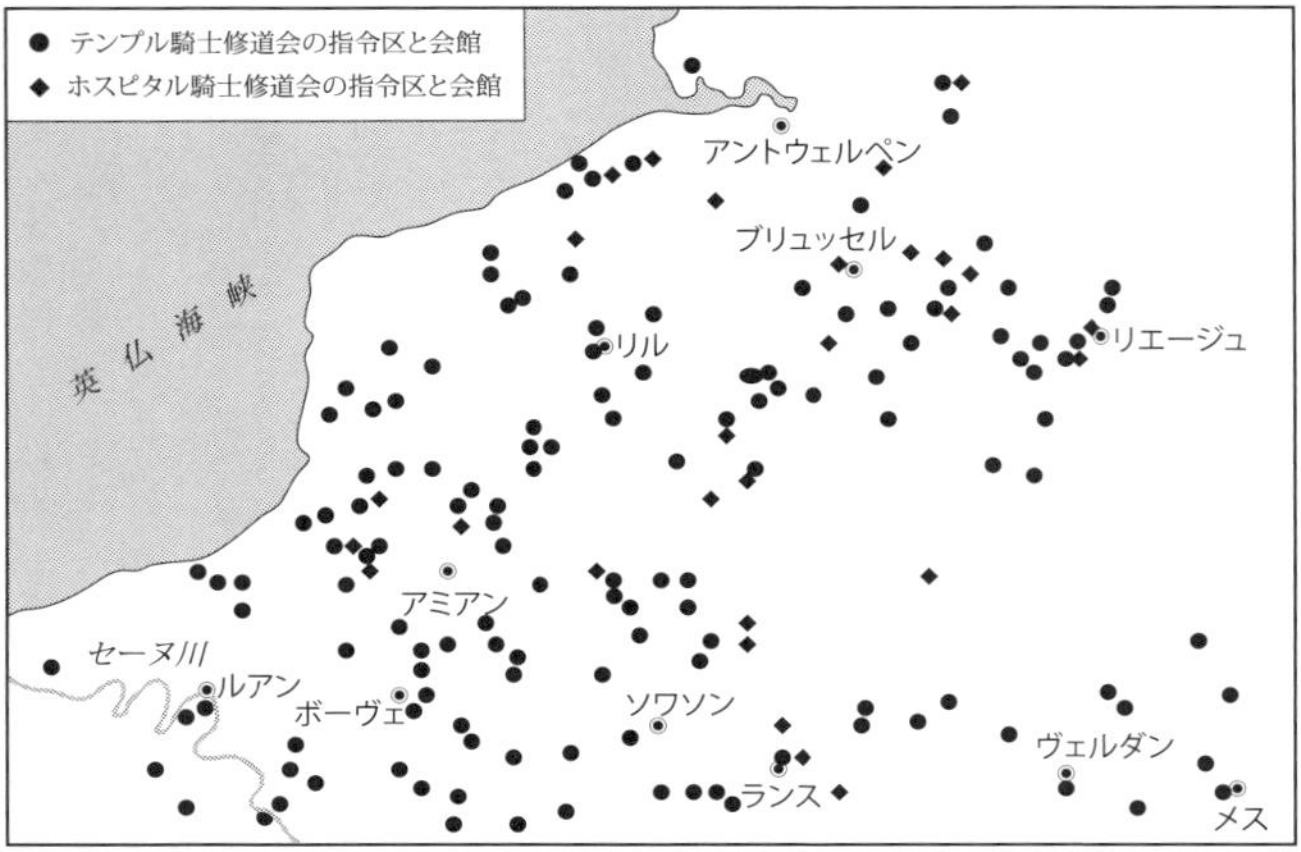

図３－７　ベルギー・北フランスでのテンプル・ホスピタル騎士修道会の指令区と会館の分布

布しているのであろうか。これを示す数字がロベール・フォシエにより、北フランスに関して史料的に確認されている。それによればパリ地方で半径一〇〇キロの範囲内で二五の指令区、トロワ地方ではおなじ広さの空間領域で二〇の指令区、ランス地方では一四の指令区、ブラバント地方ではホスピタルが優勢で、ホスピタルの指令区が一二である。いかに濃密な分布を示しているかがうかがえよう。

所領の経営様式

寄進や購入によって獲得した所領は、さまざまな形式で生産施設としての機能をはたすことになる。この時代にはシトー派修道院の「グランジュ」（納屋）と呼ばれる直接的な経営の方式が、修道院、修道会所領のそれの一般的方式であった。

所領形式としては、純粋に直接に経営する直営地方式、領主が経営の主体だが、耕作は保有農民に委ねられ、彼らは一定の地代を領主に納める方式、そして直接経営を放棄して、土地に定期賃貸借契約を結び、小作人または請負人に貸し出し、一定の賃貸料を収取する方式、この三種類の経営形式があり、「グランジュ」方式は、直営地方式に近い。ただし、保有農民による耕作も含まれていたから、直営地方式の亜種といえるかもしれない。

ところでテンプル騎士修道会は直営地方式であった。むろん騎士修道士が耕作に従事したわけではないから、農業労働の大部分は自家経営を行っていない賃雇用の農業労働者、季節労働者が行った。小麦、大麦などの穀物栽培は相対的に少なく、野菜栽培、葡萄酒《ぶどうしゅ》生産、牧畜などが好まれた。都市の成長と貨幣経済の展開につれて、この種の換金作物がより有益となった。

一三世紀の北フランス（ピカルディ地方）のある指令区の所領は、四分の一が野菜栽培の畑で占められていた。騎士はまた葡萄栽培、つまり葡萄酒生産を好み、シャンパーニュ地方やこれと隣接するソワソン地方では、とくにこの傾向が顕著であった。

牧畜に関していえば、とくに牛馬の飼育は重要であった。すでに指摘したように、騎士修道士の食事には食肉が頻繁に提供されるべきであると、定められており、食肉は聖地に塩漬け肉として送る重要な物資であった。また馬は聖地での戦闘用軍馬の需要が大きく、その飼育は騎士修道会の存在理由と直結する重要事であったことも忘れてはならない。

所領経営で得られた金銭や物資は、後で述べる「レスポンシオネス responsiones」のシステムで、聖地での修道会メンバーの生活と、その軍事的活動を支える手段となったのである。

3　騎士修道会と為替技術

十字軍遠征は西ヨーロッパとオリエントと称された中近東との人間や物資、通信の往来をそれまでに比較して大幅に増加させ、商業取引を活発化させた。この面ではとくにテンプル騎士修道会が卓越した実績を誇った。しかし正確にいっておかなければならないが、巡礼者を除けばそれまで稀《まれ》であった東西の往還を、十字軍遠征がゼロから生みだしたという印象を与えてしまうならば、それは誤りである。東西の往還は、それ以前から活発化する兆しが見えており、遠征はそれを大きく加速させたというのが、正確な状況であった。

アマルフィ商人の東方への進出

最初の十字軍遠征が開始される約一〇年前に、南イタリアのバーリの船乗りが、四世紀中頃に西小アジアはリュキアの主教であった聖ニコラスの聖遺物を持ち帰り、東方とエルサレムへの巡礼熱を一段と高めた。この事件からわかるように、イタリア人の東地中海への進出はすでに定まった趨勢《すうせい》であった。

ホスピタル騎士修道会の起源となったのは、エルサレムに住みビザンティン帝国と取引を行っていた南イタリアのアマルフィ商人たちであったが、彼らのなかでも強勢を誇ったのがマウロ＝パンタレオーネ家であり、この一族はエジプトのファーティマ朝とコンスタンティノープル、そしてアマルフィを三点とする三角貿易を構築していた。アマルフィからは農産物、木材、鉄、奴隷を船載し、アレクサンドリアやフスタート（古カイロ）を目指した。そうした品物はエジプトで胡椒《こしょう》と交換し、その一部を大都会のコンスタンティノープルで売却した。そしてティレニア海に面したアマルフィへ帰る船には、ビザンティン帝国の首都で購入した絹織物や工芸品を積み込んだ。フランスのビザンティン史家M・バラールによれば、南イタリアやヴェネツィア、ローマの古い教会を飾る青銅製の巨大な扉は、東方で製作されたものであった。ギリシアのアトス山に建設されたある修道院の創建者もアマルフィ商人であった。

図3－8　アトス山のシモノペトラ修道院

ジェノヴァ商人とヴェネツィア商人の浸透

ジェノヴァの商人は、当初聖地に向かう十字軍兵士を運ぶための用船で利益を得ていたが、やがてアンティオキア占領作戦に参加して、報償としてこの都市に三〇軒の家屋とバザールを獲得した。シリアのラタキアにも似たような施設と権利を与えられた。さらにはエルサレム王国の征服した諸都市の三分の一で、自由に取引する権利を得た。イタリア人は多くの海港諸都市にコロニーを作ったが、そこでは地租と土地譲渡税が免除された。最後にやってきたヴェネツィア商人は、自分たちのコロニーをエルサレム王国の港や、ベイルート、シドン、テュロス、アッコ、ヨッパ（ヤッファ）に作った。一〇八一年に、ヴェネツィアはノルマン人と敵対したビザンティン皇帝アレクシオス一世コムネノスに味方し、ロベール・ギスカールの攻撃をはね返した。その功績で翌年皇帝から金印勅書を与えられ、帝国全土で関税を免除された。この免除はやがて「ビザンティン帝国とその経済を破滅に導くもの」（バラール）であったとされる。

聖地における活動の財源

テンプル騎士修道会を筆頭とする、西ヨーロッパの騎士修道会の聖地での軍事活動は、何によってまかなわれたか。この問題は十字軍史を研究する多くの歴史家が議論を重ねた大事なトピックである。短期の遠征ならばともかく、約一七〇年にわたって絶えざる軍事活動に従事した西方の騎士修道会が、多額の出費を必要とする騎士修道士の軍団を維持し、その生活をまかなうには莫大《ばくだい》な資金を要したことは容易に理解できよう。

この問題に関する通説的な見解は、騎士修道会が聖地で経営した所領からの収益など、現地での調達はいくばくかの収入をもたらしたが、基本は西方からの「送金」が最も重要な財源であったとするものである。ドゥミュルジェは聖地を「前線」とするなら、西ヨーロッパ本国は「後方」であり、前線と後方との戦略的関係こそが、テンプルをはじめとする聖地の騎士修道会の財源措置を決定したのだという。その後方からの財源供給システムの核となったのが「レスポンシオネス」と呼ばれる仕組みである。レスポンシオネスという言葉はあえて訳せば「保証」あるいは「担保」ということになるが、それは現金の場合もあれば、現地での資金調達の手段となる信用状――現代風にいえば為替手形――の賦与による場合もあったし、所領からの現物供給の場合もあった。すでに述べたイタリアの海洋都市国家の東地中海での活発な商業交易が、そうした信用賦与の方法を大きく発展させていた。テンプル騎士修道会は、そうしたシステムに、自家の資金調達ではなく、おそらく手数料収入を目的として関与している。

キプロスでの借金をパリで清算する

そうした事例として記録に残されているのが、ルイ九世に従い第六回十字軍に従軍し、キプロス島で病死したブルボン伯アルシャンボー九世とともに滞在していた妻ヨランドが、一二四九年に現地のテンプル騎士修道会から行った、シリア金貨で一万ディナールの借り入れである。彼女はその借財を、翌年一二五〇年一月のシャンパーニュ大市のひとつラニーの大市の折に、パリのテンプル会館にトゥール貨で三七五〇リーブルとして返却すると約束した。このシリア貨とトゥール貨の当時の換算率に従えば返却金の額がやや上回るとされる。

この二週間後の五月一二日に、キプロス島のテンプル騎士修道会総長ギヨームは、リマソール（キプロス島）の公証人の前で、「我が兄弟団の同意のもとに」一万ディナールをイタリア商人から借財するとして、このイタリア商人からヨランドに渡す一万ディナールを借り受けているのである。キプロスのテンプルは融通するだけの現金を持ちあわせておらず、このような手続きになったと思われる。ヨランドはテンプルの世評は知っていたが、未知のイタリア商人から直接借財することを厭い、このように複雑なやり方をとったのである。この場合テンプルは一種の保証人の役割を果たしたと推測されるが、この保証行為が無償ではなかったらしいことは、ヨランドがパリのテンプルに返還するトゥール貨での支払いは、保証の手数料を含んだ換算率であったことからわかる。イタリア商人は取引のために西方に向かう計画があり、パリのテンプルでキプロスで貸し付けた一万ディナール相当を回収することになるのであろう。

ジャン・ド・ジョワンヴィルの証言

テンプルの「銀行」活動は以下の七つに大別される。①個人からの金銭および財貨の寄託、②財産管理、③口座管理、④定期金支払い、⑤貸付、⑥供託、⑦現金輸送である。この最後の現金輸送は、西ヨーロッパから聖地までの行路の長さ、陸路、海路を交えての危険が無数にあり、非常に大きなリスクをともなった。

たしかに必要に応じて、巨額の資金を現金輸送することもあった。シャンパーニュ伯家の家臣で、ルイ九世とともに聖地に赴いたジャン・ド・ジョワンヴィルは、ルイ九世の伝記を著している。そのなかで、聖地の港に係留されているテンプル騎士修道会の船に、金貨、銀貨がつまった六〇箱の金庫がしつらえられていたと証言している。だから必要があれば、現金輸送も現実には行った。だが、それ以上に実践されたのが西ヨーロッパでの、たとえばパリやロンドンのテンプル会館への現金寄託と、「為替手形」を通じての聖地での受領、あるいは逆に聖地での寄託、西ヨーロッパでの受領という方式であったとする通説は妥当なように思える。

貨幣の流通速度のもつ隘路

為替手形を利用することの実利的な側面がもうひとつある。それはこの時代の貨幣不足である。この時代に起こった商業交易の急速な進展は、著しい貨幣需要を引き起こしたが、その需要を満たすだけの造幣は、とくに西ヨーロッパでの貴金属資源の不足もあって困難であった。貨幣のエリア間の流通速度は決済の多さに相応して高まるわけではない。マクロに見るならば、西ヨーロッパと聖地のあいだではつねに貨幣総量の面で不均衡が見られたと考えられている。

この隘路《あいろ》をクリアするには、貨幣をなるたけ移動させないで取引を行うことである。地中海の東西のあいだでの支払いの均衡は、商取引の均衡に依存しており、その均衡状態を保つことはなかなか困難である。不均衡の方向性もある。東方との交易で西方が赤字状態ならば、西ヨーロッパはこの赤字を東方の主要な通貨である銀貨を送って穴埋めしてやらなければならない。そうした面倒を避けるためにも、信用手段を用いての決済は望まれる方法であった。

こうした「為替手形」による支払いをホスピタル騎士修道会もおなじように採用していたことは、詳しく紹介することはしないが、一三〇五年のスペインのホスピタルが行った操作に関する記録からも知られる。

テンプル騎士修道会とフランス王国財政

教皇直属の組織ではあったが、騎士修道会の有能なメンバーは各国の世俗権力のために、ことに財政面で奉仕した。すでに述べた東西間の経済関係の知識をそなえ、金融操作技術にも長《た》けたテンプル騎士修道会は、早くからフランス王権にこの面で奉仕していた。ルイ七世（在位一一三七〜八〇）は、顧問であったサン・ドニ修道院長シュジェールに次のように書いている。

> 朕はテンプル騎士修道会の助けなしに、聖地で生存を続けられたか思いもつかない。同修道会は我らに莫大な金額を用立ててくれた。この負債を清算せねばならない。それゆえただちに銀二〇〇〇マルクを返却するように。

ルイ七世は、一一四八年年初、聖地での戦いに敗北して帰国しているが、このシュジェール宛《あて》の書簡は、その折の現地での借財を指しているのであろう。彼は自らが参加したこの第二回十字軍遠征の準備のために、一一四六年にパリのテンプル騎士修道会に王室金庫を寄託している。それは国庫収入すべてではなく王室金庫の収入に限定されたが、その額は莫大であった。

ルイ七世の後継者であるフィリップ二世、ルイ八世、ルイ九世など累代にわたってテンプル騎士修道会は、フランス王家の財政管理を委ねられたのであった。一二八五年にフランス国王に即位したフィリップ四世美王は、即位から一〇年後の一二九五年に、王室金庫の管理をテンプル騎士修道会から取り上げルーブル城に戻したのであった。この行動の背後にあるフィリップの思惑は、やがてテンプル騎士修道会の弾圧へとつながる伏線であった。

4　テンプル騎士修道会の終焉

一三一四年三月のテンプルの総長ジャック・ド・モレーと、その腹心であったノルマンディ管区の総長であったジョフロワ・ド・シャルネーの火刑によってテンプル騎士修道会は、その歴史の幕を閉じた。これから述べるような、「テンプル事件」の経緯の不可解さもあって、古くからさまざまの物語やフィクションの題材となってきた。近年ではウンベルト・エーコの『フーコーの振り子』や、映画にもなったダン・ブラウンの『ダヴィンチ・コード』なども、その謎《なぞ》めいた終焉が醸すオーラを構成上のレバレッジ（梃子《てこ》）として巧みに利用している。

反攻計画――「ゲリラ戦」か「総力戦」か

一二九一年に西欧勢力が聖地＝シリア・パレスティナ地方から駆逐された後に、キリスト教徒勢力が聖地を奪回するための反攻計画を、カタルーニャの大哲学者で騎士のラモン・リュイやシチリア（ナポリ）王カルロ二世は早くも翌年の一二九二年に、またキプロス王アンリ二世とテンプル総長ジャック・ド・モレーおよびホスピタル総長のフルク・ド・ヴィラレは一三〇六年に起草している。

ここからキリスト教徒側の反攻作戦の方法について、二つの構想が浮かび上がってくる。ひとつはキリスト教徒側の海軍力の優位を生かして、エジプトの通商を阻止し、そのうえで地中海東海岸の諸都市に、ゲリラ的な奇襲攻撃を反復して打撃を与え、疲弊させたうえで、総攻撃としての十字軍を派遣するという方法である。これはホスピタル総長の主張であった。

これに対して、テンプル総長のモレーの見解は、エジプトの海上封鎖はおなじだが、初期段階のゲリラ奇襲攻撃は不必要であり、キプロス島を橋頭堡《きょうとうほ》にして、一気に「総力戦」に持ち込むべきであるというものであった。

騎士修道会の統合問題

テンプルとホスピタルの見解の相違は、別の側面でも露《あら》わになっていた。キリスト教徒側では、以前から効果的にイスラーム教徒と戦うために、数ある騎士修道会をひとつに統合すべきであるという意見があった。この考えに関してホスピタルは前向きであった。その理由はホスピタルが軍事作戦だけでなく、巡礼の救護、施療活動も実施しており、戦闘が中心の他の騎士修道会に比べて、活動がより多面的であり、統合の中心となるべき騎士修道会があるとすれば、それは自分たちであるという自負と見通しをもっていたからである。

逆にテンプル騎士修道会のほうでは、おなじ理由から統合のあかつきにはホスピタル騎士修道会が主導権を握るとの展望から、統合に対しては消極的な態度をとっていた。

教皇クレメンス五世は、一三〇六年六月六日付けの書簡で、キプロス島のテンプルとホスピタルの総長に急ぎ西ヨーロッパに帰り、この点について諸侯を交えての調整をするよう求めた。こうしてテンプル騎士修道会の総長ジャック・ド・モレーにとって、再びオリエントに帰任することのない帰還のレールが敷かれたのであった。

テンプル騎士修道会の最期

モレーは一三〇六年末か、翌年の年初にフランスに到着した。ホスピタル総長フルク・ド・ヴィラレは、少し遅れて帰還した。モレーは到着直後に、ホスピタルに関して芳しからぬ風聞が流れていて、国王フィリップ四世美王とその顧問官たちが、これを真剣に受け止めていることを知らされた。だが、モレーを謁見した折の国王にはとくに変わったところはなかった。し

図３－９　ジャック・ド・モレー他の火刑の図銅版画

かし一三〇七年九月一四日付けで、国王フィリップはフランス王国のすべての地方長官（バイイ、セネシャル）に秘かに通達を発して、テンプル騎士修道会の主要メンバーを逮捕するように命じていて、それが一〇月一三日に実施された。むろんモレーもそのなかにいた。テンプル騎士修道会の財産がリストアップされ、国庫に没収された。

フランス国王は迅速に行動した。それというのもテンプルは教皇の直接の庇護のもとにある組織であり、フランス国王といえども簡単に手出しはできない存在のはずだったからである。掛けられた嫌疑はキリストの否定、偶像崇拝、秘蹟の否認、俗人による赦免行為、男色、秘密集会、飽くなき蓄財などであった。訴因には異端的要素が含まれるところから、異端審問で許容されている拷問が審問手法としてとられた。逮捕からほぼ二週間で、モレーを含めて幹部たちは「偽りの」自白を余儀なくされた。そうなれば、教皇にはもう彼らを擁護する余地が残されていなかった。

一三〇九年暮れに、テンプル騎士修道会メンバーの裁判がパリで開始された。ここには教皇特使も派遣されて臨席していた。告発されて法廷に引き出された約六〇〇人におよぶ修道士は次々に自白を撤回し、身の潔白を主張した。パリの審理を統括していたサンス大司教は、同時に国王の顧問官でもあったが、このことに怒り、自白後の再度の否認は再異端（再び異端に陥ったこと）であるという見事な（？）論理により、五四人を火刑に処した。本節の冒頭で述べたように、それから四年後の一三一四年に、テンプル騎士修道会総長とノルマンディ管区総長が火刑に処され、テンプル騎士修道会はその歴史の幕を閉じた。

その後、一三五〇年にフランスのホスピタル騎士修道会が、パリのテンプル本部に拠点を構え、副総長は「テンプルの副総長」を肩書きとしたが、むろんこれはテンプル騎士修道会の役職ではない。

弾圧の動機

国王フィリップ四世が統治したフランスは、この時期統治機構の整備が進み、中世的な統治構造から徐々に近世的なそれに移行していた。大学で法律学を修めた「レジスト」と呼ばれる法務官僚が統治機構に入り込み、より合理的な統治が行われつつあった。のちに「国家理性」と称される観念が、現実の政治に影を落としはじめていたのである。

こうした状況のなかで、すでに一世紀以上にわたりフランス王家の財政を運営してきたテンプル騎士修道会は、いわば国家の中の国家のように王領地にも匹敵する所領を擁し、国王を凌ぐ莫大な財源を所有する組織であり、歴代の王権が王室財政の管理を託してきた巨大組織であった。国家理性に覚醒《かくせい》したフィリップにとって、どうしても自らの足下に屈させなければならない存在であった。

フランス王権は財源の枯渇のために、一三〇六年にはユダヤ人を追放して財産没収を行い、その後にもロンバルディア人たちから財産没収を実施していたから、動機としてはその延長線上にあったものと見てよいであろう。

受益者ホスピタル

フランス王権は、しかしながらテンプル騎士修道会の財産をすべて自らのものとしたわけではない。ことにその所領は膨大に過ぎて、これをことごとく管理するのは一朝一夕にしては不可能であった。そこで登場するのがホスピタル騎士修道会である。教皇クレメンス五世は一三一二年五月一二日に教皇勅書『あらかじめの措置として』を発し、テンプル騎士修道会財産をホスピタル騎士修道会に移管することを公式に表明した。ドゥミュルジェはこの措置により、ホスピタル騎士修道会の財産は二倍ないし三倍に増加したと推計している。北フランスにあるホスピタルの指令区一〇六のうち、六八はもともとテンプルが所有していたものであったという。もっともイベリア半島では、諸国王の簒奪《さんだつ》によって、ホスピタルに渡ったテンプルの財産はわずかでしかなかったが。

前の勅書から数えて一〇日後の二二日には、クレメンス五世は新たに勅書『声高らかに』を発布し、「当面の措置」としてテンプル騎士修道会の廃止を公式に宣言した。フランス王権の圧力のもと、テンプルを見捨てることにしたのである。

第四章　国家としての騎士修道会——ドイツ騎士修道会

一三世紀初頭のドイツ騎士修道会の所有地は、アッコを中心にテュロス、ヤッファ、アンティオキア、トリポリなどのわずかな土地にとどまったが、第五回十字軍遠征の折の、ダミエッタ占領（一二一九年）で名を挙げ、その後の捕虜になったり、負傷したりした貴族の救出作戦の成功で、この修道会はますます勇名を馳せることになった。遠征軍の一員であったオーストリア大公レオポルトは、大総長ヘルマン・フォン・ザルツァが以前から獲得したいと願っていた、アッコの北東に広がる「王の城」と呼ばれていたエデッサ伯ジョスラン三世が所有する広大な領地を購入するための、財政的な援助を行っている。

第五回十字軍の盟主であったフリードリヒ二世は、すでに述べたように一二二五年にエルサレム王国の王冠を戴《いただ》いていたが、一二二九年にエジプトのスルタン、アル＝カーミルと条約を結び、一〇年間だけエルサレムの都を手に入れた。クルアーン（コーラン）の教えでは、「不信心者」と和平、休戦を結ぶことができるのは最大限一〇年と定められていたからである。

フリードリヒ二世はこの年に、「異教徒が到来する前に、かつてドイツ人がエルサレムの都市に所有していた施療院」を、ドイツ騎士修道会に下賜した。これは象徴的な意味で重要であった。この施設の獲得により、ドイツ騎士修道会はテンプルやホスピタルと肩をならべる地位を聖地に築いた。大総長ヘルマンの野心は聖地にとどまってはいなかった。すでにアルメニアやギリシアに手を伸ばし、ペロポネソス半島の西部に四つの所領を得ていて、それらは以後三世紀にわたりドイツ騎士修道会の支配下に置かれた。

フリードリヒ二世はシュタウフェン朝の皇帝であり、シチリアで生まれ育った人物として知られているが、ドイツ騎士修道会は一一九七年にパレルモのシトー派修道院を獲得し、その後もフリードリヒの恩恵に浴し、パレルモやバレッタに家屋や不動産を下賜されたり、あるいは定期金の賦与を得たりして厚遇を受けている。彼らは合計で一五の指令区をシチリア島に構築した。

すでに一二〇七年にシュヴァーベン大公フィリップは、ドイツ騎士修道会が帝国内に所有する財産を自らの保護下に置き、さらに帝国内で自由に所領を取得する権利を認めていた。フリードリヒ二世はアーヘンで神聖ローマ皇帝として戴冠《たいかん》した翌年の一二一六年の暮れに、ドイツ騎士修道会大総長ヘルマン・フォン・ザルツァをニュルンベルクで最初に謁見し、たちまち肝胆相照らす仲になったとされる。その協力関係は大総長が他界する一二三六年まで続いた。

1　北方の異教徒の世界へ

ドイツ騎士修道会の活動空間

最初にドイツ騎士修道会が東方への進出をはたし、それから約三〇〇年にわたってその歴史を刻むことになる地理的枠組を説明しておこう。

この地域はポーランド北部に、いわゆるバルト三国（リトアニア、ラトヴィア、エストニア）を加えた空間である。エルベ川以東のフィンランド湾にかけての広大な土地は、土着の異教徒の世界であり、キリスト教の布教がいまだこれといった成果を上げていない空間であった。この地域に住む人々は言語的に三つに区分される。ひとつはゾルベン人、オボドリト人、ヴェンド人などのスラヴ系の民族、ついでプロイセン人、クール人、ラトヴィア人、ジェマティヤ人、リトアニア人などのバルト系の民族、三番目はリヴォニア人、エストニア人などのフィン・ウゴール系の民族である。このうちスラヴ系の民族は、西暦一〇〇〇年以前の西欧の記録にも登場するが、これ以外の民はローマ教会のポーランド布教の努力もあり、宣教の兆しはあったものの、西ヨーロッパの人々の視界には入ってこなかった存在であったといってよい。

もともとこの地のキリスト教化の先兵は、ドミニコ会やフランチェスコ会などの托鉢修道会であった。だが、ドイツ騎士修道会が宣教を旗印に、その実、領土的野心にかられて本格的に支配に乗り出すことにより、プロイセン、バルト海南岸地域のキリスト教化は、暴力と流血の悲惨な様相を呈することになる。

異教徒の習俗

一口に異教崇拝というが、それは具体的にどのような内実のものなのであろうか。二つの記録がその具体的な姿を示してくれる。ひとつは一二四九年二月七日に、ドイツ騎士修道会とキリスト教の改宗者たちとのあいだで結ばれた約定であり、ここから異教の習俗として禁止されるべき儀礼を読みとることができる。

もうひとつの記録は、デュイスブルクのペーターが一三三一年に書いた『プロイセン地方年代記』である。

それらによれば死者の埋葬は、火葬と土葬とが混在していたようである。土葬の場合は死者が愛用した乗馬用の馬や武器、それにときには従者も埋葬された。馬や人間の場合は一種の殉死である。こうした儀礼は、人々のなかで黄泉《よみ》の国が、この世の写し絵として観念されていたことをうかがわせる。さらに復活の意識も読みとれるとする論者もいる。

死者、なかでも部族長のような社会的威信を帯びた人物が死去し、馬に跨《また》がって天国を目指して駆け上っていく黄泉の国への騎馬行は、ゲルマン世界やバルト海地方の葬送儀礼に見られるトピックとされる。前述のペーターは葬送を取り仕切る異教の祭司が、死者が天上の黄泉の国で狩りをするヴィジョンについて参列者に語るさまを、次のように皮肉まじりに描写している。

彼らの祭司は天に向かって眼を見開き、死者が天上に向かって昇っていくと虚言を弄《ろう》する。死者は馬に乗り天に向かう只中《ただなか》で、光り輝く武具で身を飾り、片手に投網を握りしめ、大軍の先頭に立って、あの世に進み行くと。彼らはこのような、あるいは類似の虚言で人々を惑わしながら、異教の儀礼を続けるのだ……。

プロイセン人のもとでは、収穫期に神々への感謝の念を込めて動物の供犠も行われた。彼らは文字を知らず、計算は木片に刻み目をつけたり、縄に結び目を作ったりして行うという。社会制度は一夫多妻で、売買婚が行われ、とくに痛ましいのは、ときおり女子の嬰児《えいじ》殺しが実践されていたという証言である。もっとも、このような証言がどれほど正確なものかを確かめるすべはないが。

改宗者の棄教

すでに触れたように、一〇世紀末のポーランド王国の成立以来、幾度かにわたってプロイセン地方の改宗はポーランドから試みられた。ボヘミア出身の聖アダルベルトは九九七年にプロイセン伝道のなかで斃れた。彼は東方へのキリスト教布教にとくに熱心だった教皇シルヴェス

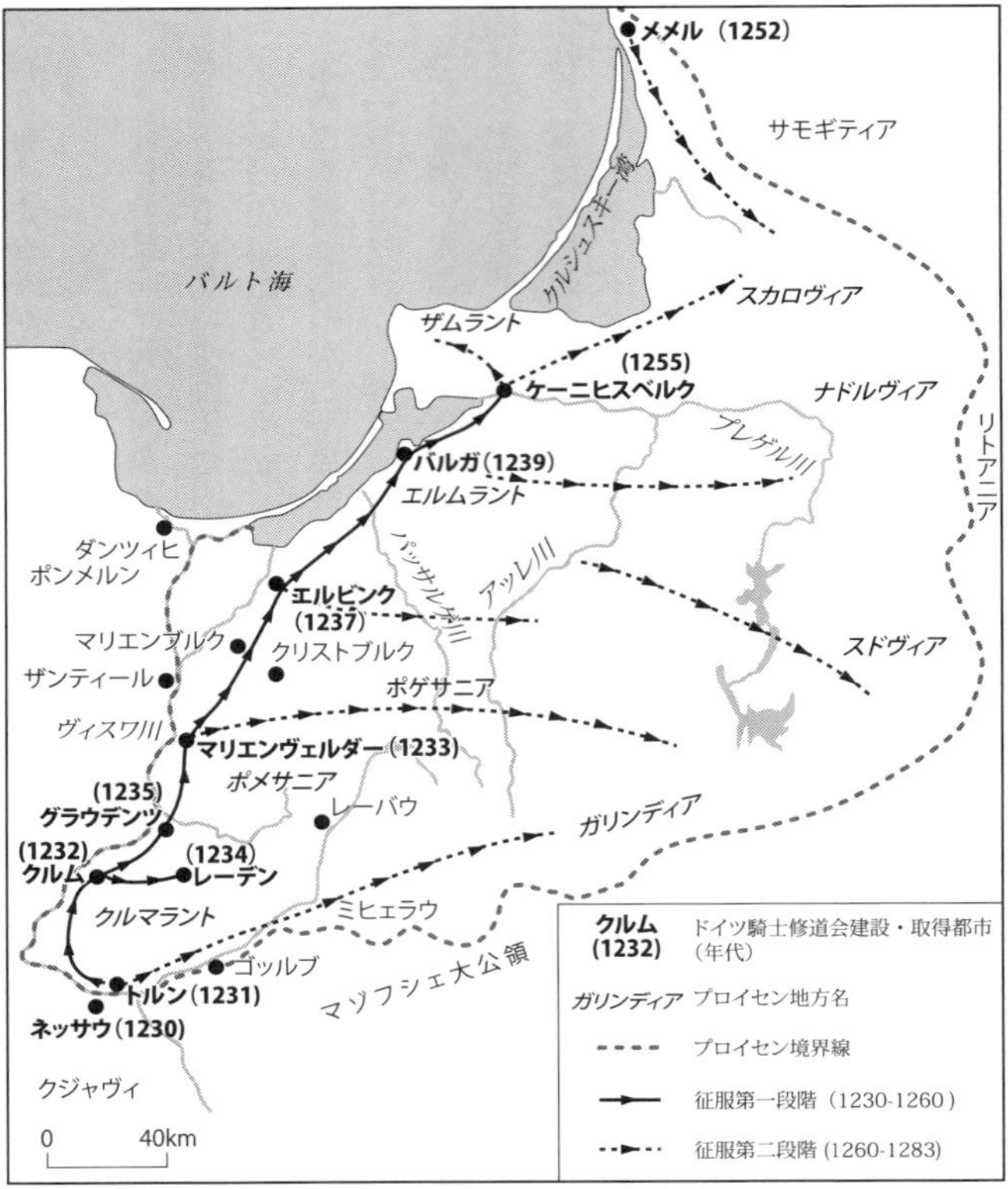

図４－１　ドイツ騎士修道会のプロイセン進出

テル二世（ジェルベール・ドーリヤック）の手で、その二年後聖人として列聖された。おなじくポーランドから入ったクエルフルトのブルーノは一〇〇九年に殉教した。

一二世紀にはピャスト王朝のボレスワフ四世が一一四七年と一一六六年に、おなじくピャスト王朝のマゾフシェ大公であったカジミール正義公が一一九二年にプロイセン布教を試みたが、いずれも不首尾に終わった。

新規の改宗者が棄教する契機は数多くあるが、古い信仰を共有していた者たちによる攻撃が、最も多数を占めた。新改宗者に教会から課された「十分の一」税の賦課も大きな理由となった。新改宗者を、自らの服属民として使役する騎士修道会も少なくはなかった。こうした当初の目《もく》論見《ろみ》とは違う状況に気づき、受洗から棄教へと揺れ動く土着民の心境を理解しなかった教会は、力の行使によるキリスト教化に訴えるほかはないと認識するようになる。

教皇グレゴリウス九世は、ポーランドのプウォク、ウォツァヴェク、ブラソワフなどの司教らが、プロイセン伝道を支援するために、ボヘミアでの十字軍の勧説をするように求めたのに対して、プロイセン人の野蛮なさまを、黙示録を思わせる暗澹たる色調で描いてみせる。

　異教徒たるプロイセン人は、真の神、主イエス・キリストを認めることを厭い、プロイセンの境界地帯にある一万以上の村々といくつもの教会と修道院を焼き払ったと聞いている。今日、神を崇敬する場が多くの信徒が隠れ住む森のなかにしかないのは、そうした理由によるのだ。こうした異教徒は実にその剣により二万人のキリスト教徒を打ち殺し、恥ずべき死へと追いやった。さらにこの者たちは一万五〇〇〇人以上を鎖につなぎ、マゾフシェ、クジャヴィ、ポンメルンの住民を破滅へと急《せ》き立てている。彼らは捕虜にした若者を絶え間なく、おぞましい労働で困憊《こんぱい》させ、自分たちの悪神を讃えるために、ヨーロッパの若い娘たちを笑いながら火中に投げ込み、老人を殺戮《さつりく》し、子供を殺し、杭《くい》に串刺《くしざ》しし、大木に身体を打ちつけて砕いている。他に何をいおうか。そう彼らは野獣さながらに、人間の血を呑《の》み、主を冒瀆《ぼうとく》し、その少なからざる者たちは一度洗礼の祝福を受けたのちに、光よりも暗黒を望み棄教した者である。この者らは信徒らに、長々と弁ずるよりは、唖然《あぜん》として言葉を失い、涙するのがふさわしいようなかかる拷問を加えたのである。

これは一二三二年一月二三日の、グレゴリウス九世の書簡の一部である。この正視に耐えないような悲惨な情景描写に、とりわけ数的な情報に誇張があるのは疑いないところである。だが誇張があるにせよ、ドイツ騎士修道会と異教徒たる土着の民との戦いが、根底においてこのような悲惨な状況を生みだしたことは、信ずるに足るのである。

一二二六年のリミニ金印勅書

教皇グレゴリウス九世はこの書簡を書いた二年後の一二三四年夏に、イタリアのリエティでドイツ騎士修道会に、ある特権を賦与した。その特権というのは、プロイセン地方は教皇庁の管轄のもとにあり、土地は「聖ペトロの所有物」であり、ドイツ騎士修道会がこれを支配するという内容である。

実はこの日付を遡ること八年前の一二二六年に、ドイツ騎士修道会大総長のヘルマン・フォン・ザルツァが皇帝フリードリヒ二世からリミニで発給された金印勅書を受領していた。その内容は①マゾフシェ大公コンラートから下賜されたクルマラントの領有確認、②ドイツ騎士修道会がこの土地を外部からのいかなる干渉も受けることなく所有し、所有について義務も奉仕も賦課もないということ、③ドイツ騎士修道会がプロイセン地方を征服することを認め、同修道会に完全な領邦権（裁判権、造幣権、鉱山開発権など）を承認している。

このなかで根本的に重要なのは③である。それはプロイセンに対して同修道会が、神聖ローマ皇帝がドイツ領邦に対してもっているのとおなじ権利、すなわち宗主権を有することを認める条項なのである。それは実質上、ドイツ騎士修道会、すなわちその代表である大総長が君臨する「ドイツ騎士修道会国家」の誕生を意味している。

この驚くべき内容の皇帝文書について、その発給の年代を一二二六年ではなく、実は一二三五年であったと主張する論者も存在する。おもにポーランドの歴史家であるが、彼らは教皇グレゴリウス九世がリエティでドイツ騎士修道会宛に発給した特権と、リミニ金印勅書を関連づけて考えた。前年に教皇が同修道会に宗主権をもって、完全に独立した存在としてプロイセン地方を領有することを認め「プロイセン地方が聖ペトロの所有物」、すなわち教皇庁の管轄に属することを宣言したのに驚き、これに対抗するために一二三四年よりも早い一二二六年をフリードリヒ二世の金印勅書の日付としたが、実際には一二三五年がリミニ金印勅書の発給された年代であったとしている。

一方シルヴァン・グーゲネムは、金印勅書の内容と教皇特権が謳っている内実はレベルを異にしており、したがって二つの文書の直接的な対応関係はなかったとして、リミニ金印勅書はあくまで一二二六年の発給であると考えている。

他方、リミニ金印勅書の年代に疑問をもつ研究者は、この文書の古書体学的、文書形式学的分析と皇帝の巡幸日程などを精緻に検討し、それが皇帝尚書局で作成されたのは一二三五年であるが、一二二六年の日付で発給されたと主張している。

いずれの見解が妥当か、ここでただちに答えを出すことはできないが、重要なのは一二二〇年代後半から一二三〇年代の前半にかけて、プロイセンにドイツ騎士修道会国家が誕生することを、皇帝によりあらかじめ法的に承認を得たという事実である。

2 日常の構造

騎士修道会への加入

ドイツ騎士修道会への加入は、自由身分の個人が自らの自発的な意志によって行うものであった。とくに高級貴族に属する者の場合は、封臣関係や庇護関係といった、さまざまのしがらみが複雑に絡み合うケースなどでは、複数の親族が一緒に加入する例もあった。一二三四年に加入したテューリンゲンのコンラートの例では、彼の腹心であった者たち九家族が、一緒に加入している。

こうした自由意志による騎士修道会加入によって、ドイツ騎士修道会の団員がどれほどの数字に達したかは、正確にはわかっていない。グーゲネムは、正式に修道会の一員として認められているが、戦闘員であった聖職者を含めて、最大で一万人ほどであったと考えている。ある推計によれば一二五〇年頃には、聖地（シリア・パレスティナ）で四〇〇騎、プロイセン＝リヴォニアで六〇〇騎、神聖ローマ帝国内の六〇〇騎の合計一六〇〇騎であった。

時代がかなり後になるが、帝国内の会館に関する一四〇九／一〇年の記録には、七五八人の騎士と聖職者が記されている。これに帝国外のプロイセンとリヴォニアの約九五〇人を加えると、概数で一七〇〇騎がドイツ領域内のドイツ騎士修道会のメンバーであったと考えられる。

ここで紹介した数字は正式に加入した団員の数字であって、戦場に動員された兵士の数ではない。実際の戦闘には、一人の騎士に一人か二人（地位によってその数は異なる）の徒歩の従卒が、さまざまの武器や楯をもってつき従い、主君である騎士が求めるものを差し出したり、受け取ったりして戦場を駆けずり回った。また戦いによっては、あらかじめ傭兵の大軍を雇用する場合もあった。ドイツ騎士修道会衰退のメルクマールともなった、一四一〇年七月一五日の歴史上有名なタンネンベルクの戦いでは、数千騎のロシア人とモンゴル人傭兵を動員したポーランド王でリトアニア大公であったヴワディスワフ二世が率いるポーランド軍に、ドイツ騎士修道会側は大敗した。

一四一五年の調査では、ドイツ領域でのドイツ騎士修道会の団員数は、二二六騎にまで減少している。これに対して聖職者の数は四〇二人であった。

加入資格

すでに指摘したように、修道会への加入は自由意志でなければならないが、それ以外にも条件があった。加入志願者は結婚しているとか、修道士誓願をしているなどの永続的な絆《きずな》があってはならない。隠れた病気（念頭にあったのはハンセン病）や負債があってはならない。年齢は一四歳以上であること。志願者は一年の見習い期間（これは修道士の修練士期間のアナロジーであろう）を経て、正式に清貧の誓いを立て、一切の個人財産を放棄し、大総長への服従を宣誓する。すでに十字軍兵士としての経験がある者と、貴族身分に属する志願者は見習い期間なしに正式のメンバーとなれる。ただこの見習い期間の制度は、一三世紀中頃には廃止された。

団員である騎士修道士は当然のことながら俗人である。それは剣を振るって戦うからである。

このために騎士修道士は通常の俗人騎士の場合とおなじように、剣の祝別を受けた。この剣の祝別儀礼はドイツ騎士修道会だけが実施していた。祝別の言葉は次のようである。

我が主にして聖なる父よ。汝の名による加護と、汝の息子たる主イエス・キリストの到来と聖霊の賜物により、この剣を祝別せよ。汝の僕《しもべ》が今日身に帯びることを望み、それを帯びることにより戦いの突撃に決してたじろぐことなく、どこであれめでたく勝利を寿《ことほ》ぎ、その加護により傷つくこともなく、汝とともに聖霊と身ひとつにして見そなわし、しろしめる汝よ。

右に述べたような条件を満たしていれば、現実には誰《だれ》でも加入が認められた。一四世紀はじめまでは、修道会は戦闘員である騎士修道士の数を増やす必要があったからである。だがそれ以後になると、「大総長ディートリヒ・フォン・アルテンブルクの定め」の言葉、「我らは、爾《じ》今《こん》白色マントを貴族でなく素性正しからざる者には与えないと決定した」、に表れているように、加入資格に「尊敬に価し、良き素性の人」であることを主張するようになった。戦力が足りて、無理に徴募をする必要がなくなったための方針転換と思われるが、現実にはこの方向性が満たされはしなかった。それ以後にも市民身分出身の大総長が出ているし、そもそも帝国貴族身分から、元来不自由身分でありながらも騎士階級に上昇した「ミニステリアーレス」と呼ばれる家人層まで、神聖ローマ帝国での「貴族身分」は、きわめて多様であったからである。ことに「東方植民」の対象になった地域では、ミニステリアーレス身分の出身者が大量にドイツ騎士修道会に流れ込んだのである。

騎士修道士の活動分野

日々の生活のリズムは、他の騎士修道会とおなじように戒律によって律された。俗人である騎士修道士の活動は大きく二つに分けられる。第一は文字どおり武器を手にしての戦闘であり、第二は慈善活動である。慈善活動のほうは貧者への施与、病者の看護、聖地にあっては巡礼者の保護などである。

日々の生活の規範として重視されたのは、聖ベネディクトの精神の涵養《かんよう》であり、具体的にいえば、一切の行き過ぎの禁止である。この側面がとくに強調されているのが、断食である。騎士修道会は修道士の特殊形態ともみなしうるが、修道士とおなじく宗教的には「完徳」を目指す人々の集団という側面があり、個人によってはその方向に過度にのめりこむ者がいたとしても不思議ではない。それは武力集団としての強い懸念の対象となった。だから断食をするとしても、節度をもち、時間を限り、そのうえ必要であれば中断することもやぶさかではない態度が求められた。一二〇一／〇二年のインノケンティウス三世のある書簡では、騎士修道会のメンバーは誰であれ、勝手に断食を実践してはならず、大総長の許可を得たうえで行うべしと謳っている。

すでに触れたように、騎士修道会の聖務日課は修道院のそれではなく、律修参事会のそれにならって行われた。聖務への参加は義務であるが、軍事的要請との関係で調整されねばならなかった。たとえば一日に五回唱することが求められている「主の祈り」は、戦場では一回にまとめて行うなどの便法が認められた。

彼らは「キリストの騎士」としての美徳をそなえ、磨きをかけるよう求められもした。贈り物の交換や、顕示的なこれみよがしの行動は禁じられた。その関連で馬上槍試合への参加も禁止された。何事につけ節度と、実用の意図に発することが求められたのである。

修道会組織のハイアラキー

ドイツ騎士修道会の統治機構は、ホスピタル騎士修道会のそれを下敷きにしていて、一三世紀はじめには騎士修道士の数が少なかったため、それに比例して小規模で、（大）総長（magister）、指令（praeceptor）、地方指令（prior）と、比較的簡素であった。

一一九八年と一二〇九年のあいだに名前が知られている大総長はオットー・フォン・ケルスペンとハインリヒ・バルトであるが、二人とも就任の年代も、死亡年も知られていない。彼らは一度もヨーロッパの地に足を踏み入れておらず、聖地にとどまって、修道会を統治した。

役職者の頂点に君臨するのは大総長（magister generalis）であり、それは一三人の騎士修道

図４－２　マリエンブルク城

士からなる選挙人団によって修道士仲間から選ばれ、修道院長とおなじように任期は終身であった。この人物は「武勇に秀で、敬虔の念篤《あつ》い者」でなければならなかった。終身職ではあるが、事情によっては総参事会の決議で解職したり、追放したりすることができた。大総長は古参株で良識をそなえた少数の人々を、補佐役としてかかえていた。彼らは一二九一年までは聖地のアッコ、ついでヴェネツィア、一三一〇年からはマリエンブルクなどで、大総長のもとで五官職を務めた経験をもつ面々であった。五官職とは大指令、総長代理、会計長官、施療長官、監察長官などである。

大指令は大総長の側近であった指令のことで、一二二八年からこの名前で呼ばれたが、最も重要な副官であり、修道会内部での生活を監督し、総会館の財務、補給、傘下の農場、作事工房、施療院などを管轄し、金庫の三つある鍵《かぎ》のひとつを管理した。

施療長官と総長代理は、一二〇八年の記録に現れるが、実際にはもっと古くからあった役職と思われる。施療長官は看護・慈善活動を実施したが、それは総会館の施設のみで、地方の会館の施療院は、指令の監督のもとに置かれた。総会館の施療院は宗教的な役割をもつ養護施設で、騎士修道士以外の病者や巡礼者を受け入れた。騎士修道士は大指令の管轄する廃兵院に収容された。

総長代理は軍事担当で、作戦指揮、武器・食糧補給などの業務にあたった。監察長官は騎士修道士の監察にあたり、とくに団員のマントをはじめ被服供給を担当した。騎士の日頃の軍装への心配りは、軍隊の士気涵養の手立てのひとつであったからである。

会計長官の職は遅れて登場する。修道会が所有する金銀の保管にあたり、また大総長の印璽《いんじ》を保管し、文書類を管理した。騎士修道会の金庫は一二七一年に撤退するまでエルサレム王国のモンフォール城に置かれたが、その後アッコ、ヴェネツィア、マリエンブルクと移動した。

こうした幹部職は大総長が選ぶのではなく、総参事会で指名され選ばれた。

地域管区、参議管区、指令区

ドイツ騎士修道会が手に入れた所領の増加と、プロイセン地方から聖地にかけてのその広範な分布は、他の騎士修道会とおなじように、これを適切に組織化する必要が生まれ、一三世紀からこれに着手しはじめた。

その分布地を具体的に列挙するならば聖地、すなわちシリア・パレスティナ、プロイセン、リヴォニア、ドイツ王国、ボヘミア、小アルメニア、キプロス、シチリア、プーリア、スペイン、ギリシア、トスカーナ、ロンバルディア、ラティウム、フランスなどである（図3－4参照）。全体がドイツ騎士修道国家となったプロイセンとリヴォニアを除外して、約二〇〇の指令区を数えた。

最も下位の単位になる指令区を含め、全体で三層からなる空間組織と考えればよい。これはテンプル騎士修道会から学んだ方式である。

最も広域的な単位は地域管区（provincia）である。それは先に挙げたスペインとかギリシアとかの地域に対応している。この地域管区の下にバイイと称される官職者が統括する参議管区が存在する。バイイは明らかに、中世フランスの国王直轄地を統治する官職名を借用した呼称である。フランスを拠点としたテンプル騎士修道会でのバイイは、総参事会での上級役職者を指す名称で、私はこれに「参議」という呼び名を与えることにする。この官職を担う人物が管轄する単位を参議管区と称することにする。ドイツ騎士修道会の場合もおなじで、参議管区の下に位置する区画が指令区（Komturei コムトライ）である。

以上がドイツ騎士修道会の三層からなる空間構造である。しかしこれは、あくまで理念上のことであり、いくつかの参議管区は、どこの地域管区にも帰属しない、いわば自立的な存在である。逆にいえば参議管区に細分化されない地域管区が存在したということである。たとえば聖地の地域管区は参議管区に区分されることなく、一〇ヶ所にあったすべての指令区が、アッコに所在した大総長の拠点であるアッコ会館に直接帰属した。リヴォニアでも参議管区という、いわば中間の層を欠いていた。プロイセンの地域管区は、そのまま単一の参議管区を構成し、これがクルマラントにある一一の指令区を統括し、その他の指令区はプロイセン総長に直接に帰属した。

このように、ドイツ騎士修道会が所有する領域の管理は、基本的には三層構造で構築されたが、地域の実情にあわせて柔軟に修正されたのである。

3　征服地の開発と経済組織

「処女地」プロイセンの開発

ドイツ騎士修道会にとって、聖母マリアは修道会の精神的支柱であった。もともとこの騎士修道会が「エルサレム在住ドイツ人の聖母マリア施療院」から発展した組織ということもあり（図3－3参照）、処女マリアは「未開の地」たるプロイセンのメタファーとして作用した。聖地を追われ一八年間ヴェネツィアに仮寓《かぐう》した末に、ドイツ騎士修道会が一三〇九年に大総長の本拠を最終的に移した新都が「マリアの都」マリエンブルク（現ポーランドのマルボルク）とされるにあたっては、騎士修道会の精神性の根底にあるマリア信仰が深く作用したにちがいない。むろんフランス王国を揺るがすテンプル騎士修道会事件が、ドイツ騎士修道会の幹部に与えた「明日は我が身」という危機感が、自立した領土的基礎をもつことへの欲求をいやがうえでも高めた、その結果という側面もあったであろう。

新天地開発の努力は、拠点のマリエンブルクへの移動以前から二代のプロイセン総長コンラート・フォン・ティエールベルクとマインハルト・フォン・クエルフルトのもとで一二八三年から一二九九年に継続した。一三一五年から九年の歳月をかけて大指令ヴェルナー・フォン・オルセルンは、ダンツィヒ（現ポーランドのグダンスク）を含む西プロイセンの広大な湿地帯を干拓し、耕地を作り出している。

エルビンク（現エルブロンク）と、その南にあるクリストブルク（現ジェジゴン）の二指令区での開発活動はとくに目覚ましかった。大総長ルター・フォン・ブランシュヴィックは南プロイセンのザッセンの開発を組織し、防備施設をともなった多くの村落を作り出した。クリストブルクは異教徒の地に修道会が設けた前進基地であり、エルムラント征服の橋頭堡であった。クリストブルク、マリエンブルク、マリエンヴェルダー、レーデンと続くひとつの通商ルートがマリエンブルク、クリストブルク、マリエンヴェルダー、レーデンと続き（図4－1参照）、この軸線が大規模な開発運動の分水嶺《ぶんすいれい》となって、その東西に点在していた土着プロイセン人の村落の間隙《かんげき》に、植民者が土地占取を濃密に展開する要因となった。

土地の配分

ドイツ各地から到来した入植者に関して、農民個人に対しては直接に騎士修道会が土地の配分を実施するのではなく、ロカトール（locator）と呼ばれる委託を受けた植民事業家が配分した。彼は植民者の募集や農村建設、土地の配分を取り仕切り、保護主という世襲的な地位を得る。保護主（Schulze）は村長とほぼ同義語とみなして差し支えない。ロカトールの享受した役得がどのようであったかを具体的に示す史料のひとつに、一三一一年にプロイセン総長ジークハルト・フォン・シュヴァルツェンブルクがシュネルヴァルデ村に認めた土地配分の記録がある。

それによれば全体で六〇マンス（一マンスは約一七ヘクタール）の土地の配分がシュネルヴァルデ村になされ、そのうちロカトールのハインリヒには六マンスが、司祭には四マンスが配分された。残る五〇マンス（約八五〇ヘクタール）をハインリヒが植民希望者に配分した。プロイセン人の場合は一家族平均二〇から二五ヘクタール、ドイツ人は三五から四〇ヘクタールが配分されたとされる。配分された土地には、軍隊奉仕義務が付随するのが通例であり、召集が命ぜられたならば応じなければならない。この村の土地の賃貸料、すなわち税として納める賃租は、定住を促すために非常に低く抑えられており、大麦とライ麦が少量であった。

ロカトールのハインリヒはさらに村に居酒屋を開く権利を与えられ、さまざまの違反行為に対して裁判で科された罰金の三分の一を自分の収入にし、三分の二を騎士修道会の収入として納めた。これは非常に恵まれた事例である。

一二五六年から七一年のアンノ・フォン・ザンガースハウゼンが大総長であった時期のシュタルケンベルク村は、入植者には厳しい条件であった。総計で五四マンスの土地が、一マンス当たり貨幣で四五〇ドゥニエの賃租支払いを求められている。総額にして銀三三・七五マルクという高額である。

時代と地方によって、入植の条件に大きな差異が見られたのも、この植民活動が著しく状況に依存する性格のものであったからである。

農業と牧畜

一四〇〇年頃にドイツ騎士修道会は二一二の所領を所有していた。複数の所領がひとつのコムトライ、すなわち指令区に所属するのが通例であった。これらの所領のうち五〇の農場が、城塞とセットになって組織されていた。ひとつの城塞は平均で七所領を傘下に置いていたとされる。ひとつの城塞は、平時であれば騎士修道士も含め、一〇〇人から三〇〇人を養っていた。

農場経営は一部賃労働でまかなわれていた。一三八六年の記録によれば、エルビンクには一五五人の農場使用人がいた。その一部はプロイセン人農民であり、また一部は周縁部にあって、耕地の配分を十分に受けられなかった村々の入植者が、賃労働で生活の糧を得ていた。こうした村は菜園労働者村落と呼ばれた。

農業の中心は言うまでもなく穀物栽培である。一四〇〇年頃のドイツ騎士修道会はおよそ八八〇〇トンの穀物を生産したとされるが、研究者の推計によれば必要量の三分の一程度でしかなかった。収穫率は低く、一ヘクタール当たりの収量は四〇〇キロほどとされている。このため、農場での穀物は騎士修道士や駐屯兵その他使用人の食糧として消費されてしまった。後で触れる輸出用の穀物は、農民から現物で徴収した賃租などからなっていた。

牧畜はおもに城塞の周囲で大規模に行われた。騎士修道会にとって軍馬は戦闘用にぜひとも必要であり、また運搬や農耕にも欠かせない手段であった。ドイツ騎士修道会の種馬は、専門の飼育係が細心の注意をはらって育てた軍馬としてヨーロッパで有名であり、その飼育規模も最大であった。プロイセン全体で一万三八八七頭（一四〇〇年）が数えられる。

このほかに牛、羊、豚の飼育も行われていた。一四五〇年の数字を挙げると、牛一万二〇〇〇頭、羊が六万頭、豚が二万一〇〇〇頭であった。

修道会工房の手工業生産

すべての所領の工房で手工業製品を作り出した。農民が使用する鍬《くわ》その他の農具が日常的に生産される一般的な製品であったが、騎士修道会という性格からして最も重要な産品は武器や武具であった。たとえば破城用の巨大な弩《おおゆみ》を生産する工房として一六が記録されているが、これらの工房ですべての需要をまかなった。鍛冶《かじ》職人は刀剣、槍、楯などを生産したし、軍馬の蹄をまもる蹄鉄鍛冶もすべての工房に配置されていた。一五世紀には大砲がマリエンブルク城の工房で製作された。各指令区には、火薬と砲弾が備品として常時準備されていた。

ドイツ騎士修道会が雇用しているこれら城に備え付けの工房で働く職人の数は、一二人から六〇人ほどであった。エルビンクの指令区の所領工房には、一一人の鍛冶職人、一〇人の皮革職人、三人の指物師が雇用されていた。

修道会貨幣の造幣

一二二六年の日付を付して、その実一二三五年に発給されたとされているリミニ金印勅書のなかで、皇帝フリードリヒ二世はドイツ騎士修道会が独自の貨幣を造幣して流通させることの許可を与えたことはすでに触れた。

ドイツ騎士修道会の造幣高権（自立造幣権）はかなり早くに確立し、一二三三年に大総長ヘルマン・フォン・ザルツァがクルム（現ヘウムノ）に賦与した『クルム都市特許状』の第二二条で、ドイツ騎士修道会が造幣した貨幣を、「我々はこの領土で通用する唯一の貨幣と定める」と謳っている。それは完全な通用力をもち、しかも一〇年ごとに更新され、旧貨は新貨と交換しなければ通用力を失うと定められた。問題は交換比率であるが、旧貨一八枚に対して新貨は一二枚である。つまり六枚分、言い換えれば三分の一を貨幣使用の「利息」として徴収されたということになる。なんとも巧妙な仕組みである。

最も重要な造幣工房はトルンに置かれていたが、このほかにケーニヒスベルク、クルム、エルビンク、ダンツィヒ、マリエンブルクにもあった。ドイツ騎士修道会貨幣はプロイセン以外でも、ゴトランド島、リヴォニア、ノルウェーまで通用したとされる。

商業と交易のネットワーク

ドイツ騎士修道会の商取引を特徴づけるのは、たんに公権力が商業の一部を掌握したということではなく、この公権力が実践した取引の量と規模にあるというのがグーゲネムの見方である。この修道会は中継交易と、国内商業の両方をコントロールした。毛皮、魚類、胡椒などは中継交易品であったが、そもそも琥珀《こはく》、穀物、蜜蠟《みつろう》、木材、塩、毛織物などは自家生産の国内取引の対象品であった。

ドイツ騎士修道会国家というひとつの国の商業に対する、修道会の圧倒的な支配はヨーロッパでは例外に属する。ドイツ騎士修道会の商業が、ハンザ同盟の商業と比較したときの差異がこれである。修道会は自らの組織が生産した物資を、あるいは自国の領土で作り出したものを売却した。これに対して、ハンザ同盟はもっぱら輸入および輸出という媒介役を果たしただけであった。

そのドイツ騎士修道会は北海、バルト海、イングランド、スコットランド、フランドル、北ドイツ、スカンディナヴィア、ノヴゴロドなどを結びつける広大なネットワークから多くの利益を引き出すことができた。商業のコントロールが、恐ろしいほどに膨れあがった戦費をまかなうことを可能にしたのである。

ハンザ同盟と区別されるもうひとつの側面は、騎士修道会が中部ヨーロッパとイタリアとの取引上の絆を発展させたことであった。

金融メカニズムの面で、ドイツ騎士修道会はテンプル騎士修道会が実践したような為替システムを発展させた形跡はない。この修道会は金銭をじかに聖地に運び込んだようである。だが他方で、マリエンブルクに本拠を移転させた後のことであるが、多額の金銭を安全に遠隔の地、すなわち教皇の座所ローマ、あるいはアヴィニョンに運ぶための手段を本気で考えなければならなくなった。教皇庁の膝元《ひざもと》では何事を進めるにも金銭が必要であった。その結果考えだされたやり方が、神聖ローマ帝国やフランドルと取引していたトルンの商人を使う方法であった。トルン商人がイタリアの銀行家に、修道会が支払う金銭を代理で支払い、その銀行家がローマあるいはアヴィニョンの教皇庁に届けるという方式である。トルン商人はプロイセンに戻った折に、手数料を上乗せした額を大総長に還付させるのである。

この単純な遠隔地間の金銭移動回路は、一四世紀を通じて機能し続けた。ドイツ騎士修道会の便宜をはかったイタリアの銀行家のなかには、アルベルティ家やメディチ家などもいた。

窮迫する財政

ドイツ騎士修道会が展開した商業は多額の利益を生みだした。ポーランドの歴史家サムソノヴィッツの推計によれば、一四〇〇年に同修道会はハンザ同盟の二倍の利益を得た。特産品であった琥珀や、小麦輸出の独占のおかげで、修道会は思うままに価格水準を決定し、金融操作を上回る利益を生みだす実物取引を実現できた。

ドイツの歴史家J・ザルノウスキーは一三八〇年と一四〇〇年のあいだに、マリエンブルクと諸指令区の商業からの収入は四万七〇〇〇～五万七〇〇〇マルクから六万一〇〇〇～七万マルクに増加したという推計をはじき出している。これはドイツ騎士修道会の全収入の一〇パーセントを占めた。経済成長率は二五パーセントから三〇パーセントである。

一四一〇年のタンネンベルクの敗北の後は、商業から得られる利益は三万三〇〇〇マルク（一四一六～一八）と半減した。ちなみにおなじ時期の租税収入はこの三分の一ほどの一万二〇〇〇マルクであった。そもそもの財務体質から、租税収入は軽微な比率しか占めていない修道会国家であった。

タンネンベルク敗戦後のポーランドへの賠償金支払いは、修道会の財政にしだいに重くのしかかった。やがて頻繁に財政赤字に見舞われるようになり、詳細な財務報告書は一四一九年を最後に伝来していない。一四一二年と一四一五年、一六年と連続して凶作に襲われ、穀物輸出もできなくなった。一四一六年にはペスト禍にも遭遇する。

詳細な財務報告書の断絶は、おそらくこの時点を境に、それまでと同様な記録作成を止めたためと思われる。一貫した組織的財政運営を心がける余裕も、能力も失った末の事態と考えるべきなのであろう。騎士修道会の農場経営の存在理由ともいうべき聖地への「レスポンシオネス」の仕送りも途絶してしまったのである。

4 ポーランド王国の封臣へ

リトアニア大公国との戦い

リトアニアはサモギティア（ジェマティヤ）を介してバルト海に通じる、プロイセンとリヴォニアに挟まれ、ポーランド王国に隣接する大公国である。国政は堅固で多くの軍事貴族の奉仕に支えられ、農業資源の面でも豊富な領国であった。キリスト教布教の対象として、一三世紀からドイツ騎士修道会の間断のない攻撃を受けながらも、容易には屈服しない頑強さを見せていた。たとえば一二九七年にリトアニア軍は、北のリヴォニアに攻め込んだが、リヴォニアの剣友騎士修道会総長ブルノンに阻止された。今度はブルノンがリトアニアに侵攻するものの、打ち破られる。翌年には東プロイセンがリトアニア人の襲撃を受け、これをブランデンブルクの指令が押し返すといった、いわば動的な膠着《こうちゃく》状態といった様相になっていた。

ドイツの歴史家ヴェルナー・パラヴィッチーニはその浩瀚な研究『ヨーロッパ貴族のプロイセン遍歴』のなかで、一三〇五年から一四〇九年までのあいだに、合わせて二九九回の戦争があった事実を史料から掘り起こしている。年平均三回という数字で、この一〇四年のあいだで戦争がなかった年を見つけるのが難しいほどである。戦いは非常に血腥く破壊的であった。

ヨーロッパ貴族の「プロイセン遍歴」

中世後期ヨーロッパ貴族の騎士文化のなかで異彩を放つのが、「プロイセン遍歴」と呼ばれる現象である。

一四世紀にドイツ騎士修道会はヨーロッパ全土の貴族に、「北のサラセン人」に対する十字軍を呼びかけた。その結果、イングランドやフランスをはじめとする神聖ローマ帝国外からの参加者が到来し、ヨーロッパにおける騎士の社交場の観を呈した。彼らは正式の加入儀礼を経た騎士修道士ではなく、いわば高位の援軍、客人傭兵の資格で戦いに加わったのである。

あらかじめ示し合わせたうえで、一群の騎士たちが数ヶ月間の予定でプロイセンにやって来て、ドイツ騎士修道会の指揮のもとで武人としての研鑽《けんさん》を積んだり、修行をしたりした。とくに英仏の騎士は、「百年戦争」の戦いが小止《こや》みになった夏場に参加した。先に挙げたパラヴィッチーニの研究は、こうした騎士たちについての総合研究として、ヨーロッパ中の文書館をめぐり、こうした騎士の生態を分析した画期的な研究であり、高い評価が与えられている。

こうした参加者にはのちのミラノ大公ガレアッツォ・ヴィスコンティやフランスのベアルン副伯ガストン・フェブス、時禱書で有名なブシコー元帥、若き日のイングランド王ヘンリー四世などの、その名を歴史にとどめる錚々《そうそう》たる人物が見られる。史料的にはフランスの騎士として二五七人、イングランドの騎士一七七人が確認されるのである。

彼らは数ヶ月の滞在を終えるとそれぞれの国に帰るのだが、その際にはマリエンブルク城で離別の大宴会が開かれ、その期間に最も勇名を馳せた一二人の遠来の騎士が、大総長と食卓をともにする名誉を与えられた。アーサー王伝説の円卓の騎士を彷彿《ほうふつ》とさせる交歓の宴に、人々は酔いしれたという。

こうした情景もタンネンベルクでの敗北と、英仏間の戦争の再燃によって見られなくなった。

タンネンベルクの戦い

リトアニア大公国にキリスト教勢力がまったくいないわけではなかった。この大公国は北西端をバルト海に、南東端を黒海に接した、広大な領域を支配しており、南東部にはギリシア正教徒のロシア人やウクライナ人が住んでいた。また一三世紀中頃に大公ミンダウガスが一時キリスト教を受け入れたことがあり、加えてポーランドの托鉢修道会であったフランチェスコ会士たちが、国土を布教し続けていた。

こうした状況を背景にリトアニア大公ヤギェヴォは、一三八六年二月二日にポーランドのクラクフでローマ・カトリックにより受洗した。そしてその三日後にポーランド王位の継承者であったヤドヴィガと華燭《かしょく》の典《てん》を挙げた。こうして彼はヴワディスワフの名を継いで、リトア

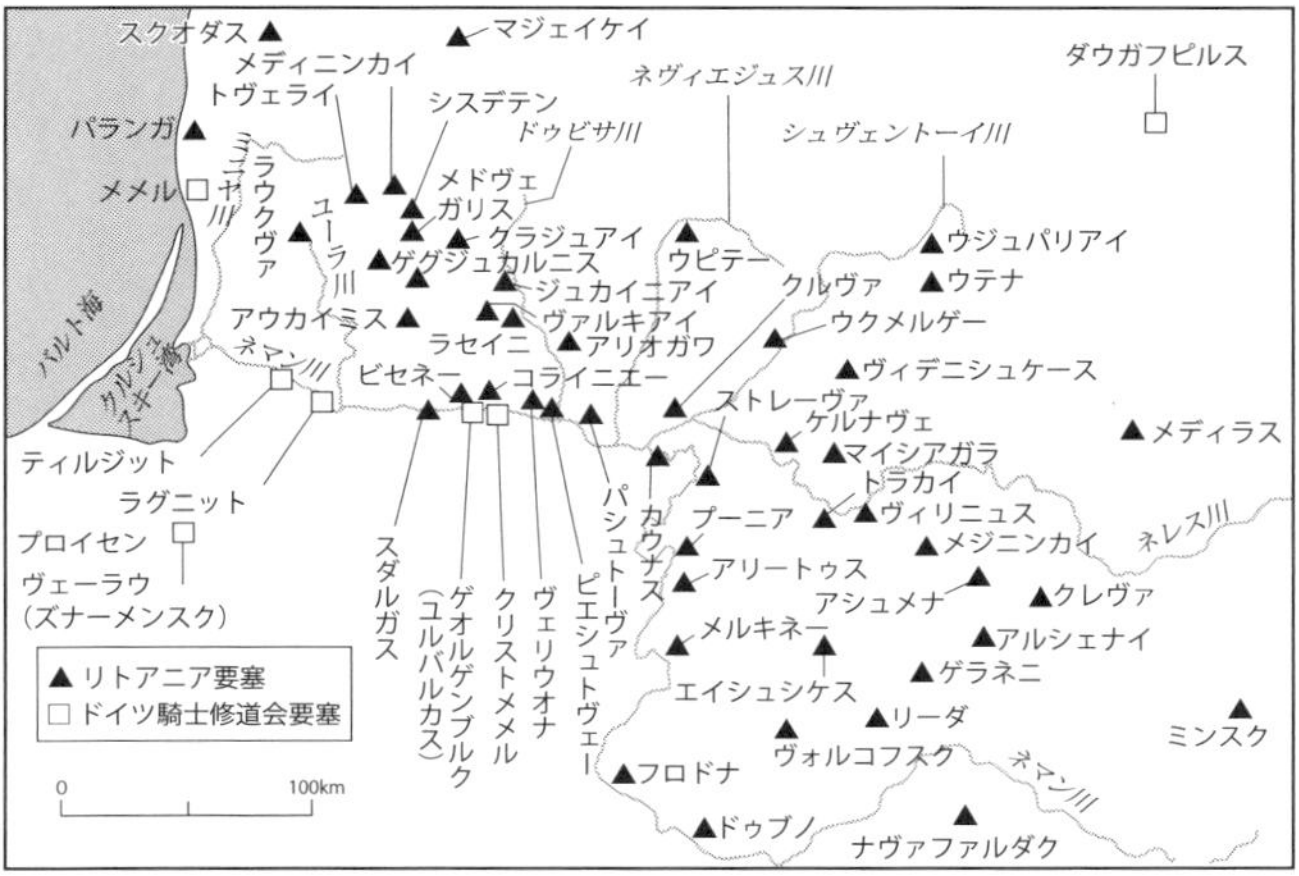

図４－３　ポーランド＝リトアニア側の防備とドイツ騎士修道会

ニア大公のままポーランド国王となった。翌年にヴワディスワフはリトアニアの首都ヴィリニュスに赴き、この地で自らをカトリック教徒であると宣し、この首都の司教にポーランド人フランチェスコ会士を選んだ。ローマ教皇ウルバヌス六世は、ドイツ騎士修道会が意図的に流した誤情報でヴワディスワフの受洗の事実をなかなか認めようとしなかったが、一三八八年にようやくリトアニアをキリスト教徒の地であると承認した。こうしてドイツ騎士修道会はこの国に攻め入るための理由を失ったのである。

だが修道会側も諦《あきら》めてはいなかった。ヴワディスワフが従兄弟《いとこ》のヴィトルドに大公領の統治を委ねたのを好機に条約を結び、バルト海に面したサモギティアへの支配権を放棄させた。サモギティア人はいまだ異教徒であり続けていた。こうしてポーランドの抗議と教皇庁の警告にも

図４－４　タンネンベルク（グルンヴァルド）の戦い（ヤン・マテイコ画）

かかわらず、ドイツ騎士修道会は宣教を口実に軍事遠征を正当化したのである。修道会は一四〇六年にこの地を征服し、支配下に置いた。だが代償は大きかった。

腹を決めたヴワディスワフは修道会に売却したヴィスワ川沿いのドブリンを攻め落とし、サモギティア人には叛乱を使嗾した。修道会大総長のウルリヒ・フォン・ユンギンゲンは、こうして本格的な戦争の準備を始めた。一方ポーランド＝リトアニア側も大軍を動員し、加えて数千騎に上るロシア人とモンゴル人傭兵を確保した。両軍の衝突は一四一〇年七月一五日に、プロイセン南部のタンネンベルク（グルンヴァルド）で起こった。当初はドイツ騎士修道会軍が優勢であったが、数に優《まさ》るヴワディスワフ軍は、とりわけのちにフス派の領袖《りょうしゅう》となるヤン・ジシュカが率いるチェコ部隊の活躍もあって勝利した。大総長ウルリヒはじめ多くの騎士修道士が戦死した。

勢いを得たポーランド＝リトアニア軍は、修道会の本拠マリエンブルクに進軍し、この城を包囲した。しかしヴワディスワフにはプロイセンを征服する意図はなく、二ヶ月後には包囲を解いた。ドイツ騎士修道会のプロイセン国家はかろうじて生き延びた。翌年の二月一日にトルンで講和条約が結ばれた。ポーランド側への賠償金が高額で、それ以後の修道会の財政に大きな影を落としたことはすでに触れた。

宗教改革と世俗化

ドイツ騎士修道会は一四五四年から一三年続いたポーランド王国とドイツ騎士修道会の戦い、いわゆる「一三年戦争」の後にポーランド王国の「封臣」となり、大総長はポーランド国王に臣従の誓いを求められるようになった。しかし一四九八年に新任の大総長フリードリヒ・フォン・ザクセンは、騎士修道会の過去の栄光に思い入れ深く、臣従の誓いを拒否した。これに続いて一五一〇年に新大総長アルベルト・フォン・ブランデンブルクも、先任者とおなじ行動をとった。神聖ローマ皇帝カール五世の仲介も空《むな》しくアルベルトは首を縦に振らず、ポーランド国王の軍事力行使が現実のものに迫った。

ここでアルベルトは思いがけない行動をとる。折しもアウグスティノ修道会士マルティン・ルターが一五一七年一〇月末に、有名な『九五ヶ条の論題』を提示して、教皇権力に反旗を翻して、ドイツが大きく揺れ動いていた。アルベルトはこのルターのもとに赴き、改革者の弁に説得されてプロイセンに帰還した。彼はローマ教皇庁との絆を断ち、ついで修道誓約を撤回した。騎士修道士もそれにならった。彼はプロイセンの世俗化を宣言し、世俗的な大公領としたのである。

一五二三年に彼はプロテスタントに移り、東プロイセンも改革派にまわる。そしてその二年後の一五二五年四月八日に、クラクフでポーランドとの和約を結び、こうしてプロイセンではドイツ騎士修道会国家が消滅した。

第五章　レコンキスタの旗の下に――イベリア半島の騎士修道会

イベリア半島は、シリア・パレスティナ地方から西に三〇〇〇キロ隔てつつ、キリスト教徒がイスラーム教徒と直接対峙《たいじ》する西ヨーロッパ世界の辺土である。第一章の「イベリア半島の騎士修道会」において、この地に一二世紀後半から一三世紀はじめに誕生したいくつかの騎士修道会について、ごく簡単に紹介したが、本章ではあらためてレコンキスタ（再征服）運動に始まる、中世スペインとポルトガルにおける騎士修道会の歴史がたどった独特のありようを見ておきたい。

西暦七一一年の北アフリカからのイベリア半島へのイスラーム教徒の遠征は、その迅速なさま、その大胆さ、その楽々と収めた巨大な成果という点で、ヨーロッパの歴史においても類例のない出来事であった。内乱状態にあったとはいえ、約三〇〇年にわたって続いた西ゴート王国は、瞬く間に消え失《う》せたのである。

わずかに北西部の山岳地帯を領域としたアストゥリアスやレオン、北東のピレネー山麓《さんろく》のナバーラ、アラゴンなど小王国、およびフランク国家との境界地帯に展開したカタルーニャ伯領などの、いずれもキリスト教を奉ずる辺境地帯がその支配を免れただけで、イベリア半島の大半はイスラームの支配に服した。そしてこの地は「アル・アンダルス」と称される総督管区を構成し、のちにはコルドバを首都とするカリフ領となった。

先のキリスト教勢力のイスラーム教徒との戦いは、定義上ただちに再征服運動としての戦いとして位置づけられる。これをいち早く開始したのは、アストゥリアス王国であった。国王アルフォンソ一世は、ドゥエロ川流域やエブロ川上流の略奪遠征を敢行し、この地方に定住したイスラーム教徒を絶滅させたといわれる。こうしてレコンキスタは、イスラーム支配の成立からたかだか四〇年ほどで開始されたのであった。

その活動は迅速で徹底しており、サラマンカやセゴビア地方までの前進はかなりの速度で実現された。その結果北部を拠点とするキリスト教勢力と、コルドバを首都とするアル・アンダルスとのあいだには、広大なノーマンズ・ランド（無人地帯）が出現した。それはイベリア半島内部で二つの文化圏を隔てる象徴的な障壁であり、二つの勢力が数世紀にわたって対決を繰り返す場となった。

1　イベリア土着の騎士修道会

イベリアの騎士修道会はイスラームに学んだのか

イベリア半島でのキリスト教徒騎士修道会の生成にあたって、イスラーム教徒の類似の組織が手本となったという説が、一九世紀にスペインの歴史家ホセ・アントニオ・コンデによって提起された。

イスラーム教徒の「聖戦 djihad」概念から派生した思想として、少なくとも生涯に一度は軍隊に加わり、「不信心者」との戦いに参加しなければならないという教えのもとに、正規の軍隊の兵士のように給金を受け取ることもなく、敵から奪った戦利品の一部を配分されるだけのイスラーム兵士の集団が存在した。彼らはリバート（ribât）と称された。辺境地帯の山岳地にある戦略的要衝の砦《とりで》に駐屯し、禁欲生活を実践し、また軍事的作戦をも展開した集団であった。

スペインの法制史家ルイス・G・デ・バルデアベジャーノが一九六八年に著した定評ある『スペイン制度史講義』では、キリスト教徒の騎士修道会とリバートの著しい類似性を強調して、組織形態と性格の面での共通性は明らかであって、騎士修道会はイスラームのリバートを手本に組織されたと理解している。

ところで、イスラーム支配下スペイン研究の第一人者であったフランスの歴史家エヴァリスト・レヴィ＝プロヴァンサルによれば、リバートの存在はすでに九世紀中頃にイベリア半島で確認されている。もしバルデアベジャーノを含めたスペインの少なからぬ中世史家が賛同しているリバートお手本説が正しいのであれば、騎士修道会という組織は、このときすでにイベリア半島で呱々《ここ》の声《こえ》を挙げていなければならないはずではないか。だが実際には騎士修道会が組織されるのはシリア・パレスティナ地方が最初であり、イベリア半島では、すでに述べたようにカラトラーバ騎士修道会は一一五八年に、サンチャゴ騎士修道会は一一七〇年、アルカンタラ騎士修道会は一一七六年に、アヴィス騎士修道会は一一六六年と、聖地の騎士修道会に遅れて、いずれも一二世紀後半にならないと組織されないのである。

　組織の性格にも少なからぬ差異が見られる。聖地ではそもそも騎士修道会は巡礼者を保護したり、病者を世話したり救護したりする目的で作られた。当初からイスラーム教徒との戦闘が目的ではなかった。のちには聖ベルナールの思想が大きな作用をおよぼし、不信心者との聖戦という観念が浸透し、その色合いに染め上げられてゆくが、その設立の目的の点で「生涯に一度聖戦への参加」をするという宗教的使命とは相当に隔たりがある。

　もうひとつの大きな違いは、イスラームのリバートは、辺境の山岳地帯に設けられた城塞を拠点に、禁欲と軍隊の生活を実践していたことである。彼らは戦争による戦利品か、喜捨によって生活を支えていたが、キリスト教徒騎士修道会のように多様な経済活動によって、多大な富を蓄積するような様式とは明らかに異なる規範のもとでその生活を実践していた。

図5－1　レコンキスタの関連地図

このように見てくると、騎士修道会をイスラーム教徒のリバートをモデルにして組織されたとする見方は妥当とは思えない。しかしながら聖戦思想を内在させている二つの宗教が、その思想のゆえに、表面上はきわめて類似した行動原理を根底にすえた集団を組織したことの意味を考えてみることは必要である。

カラトラーバ防衛

カスティーリャ＝レオン国王アルフォンソ七世は、一一四七年にトレドの南東のグアディアナ川の畔《ほとり》にあるイスラーム勢力の拠点であったカラアト・ラワ（カラトラーバ）を攻略した後で、いまや対イスラーム戦の前進基地となったこの要塞の防衛を、当時すでにイベリア半島各地に拠点を築いていたテンプル騎士修道会に託した。だが国王軍がすべて対ナバーラ戦に振り向けられて、テンプルが単独でムワッヒド朝の激しい攻勢に対応しなければならない状況になると、テンプル騎士修道会はアルフォンソ七世の死後にカスティーリャ王となったサンチョ三世に対して、防衛の任務を解くように要請した。国王はこの要求に応えて、テンプル騎士修道会に代わり、その防衛の任にあたる組織を考えなければならなくなった。

国王サンチョが目を止めたのが、国王の家臣のひとりであった修道士身分のラモン・セッラであった。彼はフランスのガスコーニュ出身で、ナバーラ地方のシトー派フィテロ修道院の院長でもあった。

新たな騎士修道会の発足

一一五八年一月のサンチョ三世が発給した寄進証書の文言によれば、「神、聖母マリアならびに聖なる修道会シトーおよび汝、すなわちフィテロの聖母マリア修道教会の院長ラモンならびにその兄弟たちに、キリストの十字架の敵手たる異教徒からカラトラーバと称される都市を防衛するために」寄進を行い、もって新たな騎士修道会を発足させたのであった。ただちにナバーラのフィテロから修道士、生活物資、武器、家畜などがカラトラーバに移された。

その評判に多くの俗人が騎士修道士として参加し、またテンプル騎士修道会を離れた修道士たちも参加して、カラトラーバ騎士修道会は確固たる足場を築く。ここではシトー派修道士と騎士修道士とが共存したが、後者はのちに触れるアヴィスやサンチャゴ騎士修道会のように、修道院付属の俗人の信心組織を構成したのではなく、シトー会修道士の衣服を纏い、テンプル騎士修道会の規律にならって修行と軍隊活動を並行して実践した。

一一六一年にラモンが他界すると、騎士修道士と修道士団との主導権争いが勃発《ぼっぱつ》し、騎士修道士側が勝利し、修道士たちはカラトラーバから引き上げた。やがて一一九五年の大敗北が起こる。ヤークブ・マンスールが率いたムワッヒド朝の攻撃の前にアラルコスの戦いで、カラトラーバ騎士修道会は敗れ、その拠点を失うことになった。その直後にカラトラーバ騎士修道会内部で内紛が起こり、アラゴン人とカスティーリャ人が、それぞれ自国出身者を総長にするために争うことになった。この争いはアラゴン人出身者が勝利することで決着したが、収まらないのはカスティーリャ人である。彼らは驚くべき行動に出る。一一九九年にムワッヒド朝が奪回した領土の只中にあり、カラトラーバとも近いサルバティエラの要塞を、カスティーリャ人騎士修道士の軍が単独で占領し、ここを指揮の拠点としたのである。このカスティーリャ人の意地が、ムワッヒド軍の猛攻に一〇年以上も持ちこたえ、キリスト教徒側の反攻の準備の時間を稼ぎ、一二一二年にサルバティエラに近いラス・ナバス・デ・トロサで、キリスト教徒軍が大勝利することを可能にしたのであった。

霧に包まれたアルカンタラ成立の歴史

イベリア土着の騎士修道会として二番目に取り上げるアルカンタラ騎士修道会の成立の経緯

は、深い霧に包まれている。その複雑な事情をドゥミュルジェの解説によりながら、見ていこう。

アルカンタラの歴史は、一六〇三年にシトー派修道士ベルナルド・デ・ブリトが著した『シトー派年代記』に記述があるものの、それは誤謬《ごびゅう》と捏造《ねつぞう》だらけで信の置けない著作であるという認識で研究者の意見は一致している。この年代記の記述において、他の史料により裏書きされる事実は、せいぜいのところ騎士たちが兄弟団を結成したこと、その場所がポルトガルとレオン王国の境界地帯にあるペレイロであったことの二つである。残るは他の史料での肉付けである。

レオン国王フェルナンド二世の一一七六年の証書が、ペレイロのサン・フリアン兄弟団と、「その家の最初の創建者」ゴメスに、財産を譲渡した事実を述べている。おなじ年の一二月に教皇アレクサンデル三世が、ゴメスと彼が統率する兄弟団と彼らの財産を教皇の保護下に置くことを承認している。そして一一八三年に教皇ルキウス三世が「サン・フリアンの総長と兄弟たち」を、司教裁判権の管轄から外し、自分の保護のもとに置いて、彼らの使命をキリスト教世界の防衛にあると宣している。ルキウス三世によれば、彼らが守るべき規律は、シトー派が採用している聖ベネディクト戒律である。この時点でサン・フリアン兄弟団はアルカンタラ騎士修道会として、カラトラーバ騎士修道会の連携組織となったとみなしてもよいのであろうが、その後でも「ペレイロのサン・フリアン」という呼称が引き続き使われている事実が、ことを複雑にしている。さらにその途中で、サン・フリアン兄弟団が占領した城塞の名に因《ちな》んで「トルヒーヨ」とも呼ばれていることが、複雑化にさらに拍車をかけている。

だがおもに証書史料の精査の結果、サン・フリアン、すなわちトルヒーヨ、すなわちアルカンタラの等号が成立することが証明された。つまりアルカンタラが実体となる。前述したカスティーリャ国王アルフォンソ八世のラス・ナバス・デ・トロサの大勝利の際に、一二一三年にアルカンタラ城塞がキリスト教徒側に取り戻され、一二一八年にこの名前をもつ騎士修道会に返還された。以後はこの名称が定着し、この城がアルカンタラ騎士修道会の本拠となった。

カセレス兄弟団からサンチャゴ騎士修道会へ

サンチャゴ騎士修道会というと、誰しもサンチャゴ・デ・コンポステラ巡礼のことが念頭に浮かび、巡礼者保護が騎士修道会の起源なのだろうと考えてしまいがちであるが、事実はそうではない。

この修道会はサンチャゴの遥か南のエストレマドゥーラ地方にあるカセレスの城塞で生まれた。一一六九年にレオン国王フェルナンド二世が征服した城の防衛が、ペドロ・フェルナンデスという人物が指揮する兄弟団に託された。サンチャゴ・デ・コンポステラとの関係はその後に築かれた。すなわち一一七一年にコンポステラ大司教が、カセレス地方にある大司教座の所領を護るよう要請し、兄弟団はこれを了承し、その代償として聖ヤコブの旗印を掲げ、その守護に与《あずか》る権利を与えられたのである。コンポステラ大司教はその名誉団員となり、修道会総長にはコンポステラ（大）司教座聖堂参事会員が就任することとなった。騎士修道士は大司教に臣従の誓いを宣したのである。

一一七三年に教皇アレクサンデル三世がサンチャゴ騎士修道会を自らの保護のもとに置き、その二年後に聖アウグスティヌス戒律を承認した。教皇はまたこの騎士修道会の最大の特徴となる、妻帯した騎士修道士に正式のメンバー資格を認めた。

この間にサンチャゴの起源の地であったカセレスは、イスラームの来襲により奪われてしまったために、カスティーリャ王アルフォンソ八世は王国の東辺にあるウクレスの都市を、サンチャゴに本拠として使用するよう与えた。

星辰騎士修道会

サンチャゴ騎士修道会との関連で忘れてならないのは、星辰騎士修道会という華やかな名前の存在の儚《はかな》い運命である。

ラス・ナバス・デ・トロサの勝利から約四〇年たったころ、カスティーリャとレオン王権の攻勢のもとにコルドバ、セビーリャ、カディスのアル・アンダルスの主要都市がキリスト教徒の手に落ち、グラナダを中心にした小王国に追い込まれたイスラーム勢力にとって、海路を介してのモロッコのメリニド朝との往来は決定的に重要であった。この往来を遮断して、イスラーム勢力のエネルギー源ともなっている北アフリカを切り離すことが、キリスト教勢力の大きな課題となった。そのためにはジブラルタル海峡のコントロールを掌握しなければならない。これを目的としてカスティーリャ王アルフォンソ一〇世賢王は、一二七二年にカルタヘナに海戦に特化した騎士修道会を創設した。これがサンタ・マリア・デスパーニャ、あるいはカルタヘナ騎士修道会と称され、星をあしらったその徽章《きしょう》から星辰騎士修道会と呼ばれた。だが一二七九年のアルヘシラス沖の海戦でカスティーリャ海軍は敗北し、折角《せっかく》の騎士修道会の「海兵隊」バージョンともいうべき星辰騎士修道会も、この二年後にサンチャゴ騎士修道会に吸収され陸戦部隊に転換されてしまった。

後で触れることになるが、大航海時代が開始されると、ポルトガル王国では騎士修道会士が船に乗り組み、いわゆる「地理上の発見」に大いに貢献することになる。星辰騎士修道会は、目的は異なるものの海洋世界への参入という点で、一五世紀の騎士修道会のさきがけといえなくもない。

2　騎士修道会と社会

聖地への誘い

聖都エルサレムの奪回と、シリア・パレスティナ地方でのイスラーム教徒との戦いへの熱狂は、イベリア半島にあっても大きなうねりとなって、騎士たちのあいだに興奮を掻き立てずにはおかなかった。イベリア半島に教皇特使として派遣された経験があり、この地の事情をつぶさに見聞していた教皇パスカリス二世（在位一〇九九～一一一八）は、レコンキスタ運動の継続が危うくなるとの危機感から、イベリアの騎士や聖職者の聖地への旅行を禁止したが、それほどの効果はなかった。実際にカスティーリャ人の十字軍への参加は、ナバーラ人やアラゴン人に比べれば少なかったものの、それでも中小貴族の対イスラーム戦を目的にした聖地詣《もうで》は尽きることがなかった。

ブルゴスの近くララを拠点とするララ伯ロドリゴ・ゴンザレスは、現在の南レバノンにあるトロン城（現在はテブニン）を築いた中心人物として名を馳せた。おなじくカスティーリャ人貴族フェルナン・ペレス・ポンスは、一二五五年から二〇年間を聖地での戦闘に明け暮れたし、彼の兄弟であるカラトラーバ騎士修道会総長であったルイス・ペレスは、一二六九年にアラゴン王ハイメ一世が企てながらも、挫折《ざせつ》に終わった十字軍遠征に加わっている。

たんにイスラーム教徒と「聖戦」を交えることだけではなく、その主戦場である聖地でこれを展開することに特別の感興を懐いたであろうことは、一二四四年にエルサレムがトルコ系勢力の攻撃の前に陥落した後で書かれたと思《おぼ》しき詩作品、『嗚呼、エルサレム！（¡Ay Jherusalem!）』（本書の冒頭で引用した詩とは別作品）が二二連構成で、各連は必ず「エルサレム」のリフレーンで終わり、悲劇的な連禱の気配を湛《たた》えた作品として親しまれたところにも表れている。

一三世紀中葉の変化

イベリア半島のレコンキスタの勢いは、一二五〇年ころを境にして足踏み状態となり、裕福で莫大な所領と収入源をもちながら、ややもすれば手持ち無沙汰《ぶさた》状態にあった騎士修道会は、イベリア諸王権にとって重荷になりつつあった。

騎士修道会への加入は、贖罪の一形式であり、それによって魂の救済が実現する、いわば特権的回路とみなされていた事実には変化はなかった。一三世紀中頃まで騎士修道会が民心におよぼした霊的な訴求力が、修道会への寄進増加の原動力であったのである。そしてさらに付け加えるならば、図5－2（一三四ページ参照）に見てとれる一円的な所領の存在に表れているように、私人の寄進以上に王権による譲渡が大きかった。国王尚書局が作成した寄進文書に見える定式化された言葉、たとえば「神が最後の審判の折に、この世における善行が、我が罪と親族の罪について真の贖罪をなし、良き結末を迎えることを知り……」といった文言を、寄進者の心情の実態とかけ離れた空文であったとして軽視してはならない。国王は騎士修道会がそなえているとされた、天国へ入る執り成しの能力を信じていたのである。一三世紀中頃までカスティーリャ社会を動かしていた修道会への一般的感情は、国王証書の定型化された文言に表明されていたものとあまり変わらなかった。

霊的オーラの翳り

一三世紀の半ばを過ぎると、騎士修道会への真の熱意が失われつつあると思わせる兆候が顕著になってくる。以前の時代に騎士修道会に寄せられていた霊的な権威が、失われてゆく事態が頻繁に見られるようになる。修道会による執り成しの祈禱がもつ効果への信頼は変わらず、たとえばカスティーリャのマサラブサクに購入した土地を、一三四九年にカラトラーバ騎士修道会に寄進したトレドの夫婦のような事例が依然として見られるものの、その数はしだいに減少していた。寄進文書の「祈願」部分に記されている魂の救済と罪の贖《あがな》いの文言は、通り一遍の簡単なもので、とくに強い思い入れは読みとれない。天国との関係を示唆する言葉や、騎士修道会との直接の関係というより、サンチャゴ騎士修道会であれば、修道会に付属するサン・アウディトあるいはコスエロスのサンタ・エウフェミア修道院などに向けられる例が多くなる。この種の土地寄進のほとんどすべてを占める王権の証書では、定型化された祈願の文言は敬虔な信条の表明よりは、聖人との庇護関係のほうに力点が置かれているのである。

こうした現象は騎士修道会の霊的影響力の衰退を表しているが、それが騎士修道会に対してカスティーリャ人が感じるイスラーム教徒との戦いにおける意義の減衰の表明であるのは疑問の余地がない。そしてこれは明らかに聖地でのラテン諸国家の消滅と、一二九一年のアッコの陥落による騎士修道会のオーラの消失と結びついている。一四世紀の最初の三〇年代を通して、聖地に残るキリスト教徒のための喜捨が減少の一途をたどり、遺贈分の生前引き渡しという特殊な形式でしか寄進が見られなくなる。こうした傾向は狭くはカスティーリャ、さらに広くイベリア半島ばかりでなく、イタリアのフィレンツェや南フランスのアヴィニョンなどでも確認される。

十字軍税の創設

こうした状況のなかで、一三世紀の末期に十字軍推進のための遺贈という法的措置が、しだいに制度化されていったことが注目される。カスティーリャ王アルフォンソ一〇世は、おそらく教会の財源を掌握するためと思われるが、その治世の末期に「十字軍税」を創設した。一四世紀の初頭にこの税は体系化されたが、そのことをもって、カスティーリャ社会のなかに十字軍遠征への機運が再び活性化されたと判断するならば、それは早計というものであろう。一三一〇年代からレオン地方の遺言状には、すべて十字軍税の納付の一項が挿入されているが、それは未納入を口実に税徴収役人が恣意《しい》的な振る舞いをするのを防ぐための、いわば予防措置であって、これを十字軍熱の人々のあいだへの浸透と見るのは誤りである。

一例を挙げよう。一三〇七年にテレサ・ヒルという女性は、自らの遺言状を作成した。彼女はさまざまの人々や機関に管理されている自らの動産と不動産から、すでに彼女に明示的に課された額のほかに、十字軍税徴収役人に鐚一文《びたいちもん》渡してはならないと命じている。彼女に割り当てられた十字軍税は一〇〇マラベジ（時代により価値は異なるが、およそ五グラム銀貨一〇〇枚と考えればよい）という高額であった。しかしそれは彼女がかなりの財産の所有者であったがゆえであり、支払いを義務づけられた額を超えるものではなかったのである。

修道会加入の動機

一四世紀の騎士修道会は衰退しつつあったものの、決定的な崩壊は免れ、天国への執り成し機能は完全に失われてはいなかった。そして相変わらず修道会への加入を希望する者にはこと欠かなかった。こうした加入希望者の動機を正確に把握するのは、史料の在り方からして困難であるが、多くの研究者が一致して認めるのは、騎士修道会の名声、世評のほかに、経済的理由や貴族の場合は社会的、家系的な理由が挙げられることである。

騎士修道会への加入理由を物語る史料はスペインだけでなく、西ヨーロッパ全体でも稀にしか残されていない。そうしたなかでフランスのスペイン中世史家フィリップ・ジョスランは一三世紀中葉から一世紀の時代幅のなかで、一〇点ほどの加入動機を語るカスティーリャ関連の文書を掘り起こしている。その分析の結果は、宗教的動機が依然として例外なく挙げられていることである。神への献身をひたすら希求する態度が、そこには表明されている。

こうした所見から判断されるのは、騎士修道会がそのメンバーの霊的救済を実現してくれる組織であるとの認識である。これが一四世紀中葉まで加入者不足の問題が生じなかった理由である。

弛緩する修道会兄弟団の絆

敬神の念からする寄進以上に、騎士修道会が醸す信心の厚みは、修道会の真のメンバーにならないままで、俗人が騎士修道会のさまざまな宗教行事に参加するのを可能にする多様な紐《ちゅう》帯《たい》があることにも表れている。そうしたひとつに、財産の一部――通例五分の一――を騎士修道会に寄進することで、修道会の準会員として遇してもらえる制度がある。この準会員資格によって生まれる修道士と彼らの絆を、修道士間の同輩関係に対して仮に朋友《ほうゆう》関係と表現しておくと、この朋友関係に位置づけられる者たちのあいだに、二種類が区別される。

ひとつは寄宿朋友であり、彼らは自らの肉体の献納と財物の贈与によって特徴づけられる、「魂と身体の寄託《きたく》traditio animae et corporis」と表現される托身行為を通じて朋友関係に入り、場合によっては騎士修道士誓願を立てる機会をもつ者たちである。もうひとつのカテゴリーは、騎士修道会の外部で生活を続け、騎士修道会の保護のもとに置かれるが、正式に騎士修道士の誓願を立てることがない者である。後者は別に「埋葬朋友」とも称され、死後に騎士修道会の教会に埋葬を許される者たちである。

この制度は別にイベリア半島土着の騎士修道会に固有なものではなく、テンプルを含め、西ヨーロッパの騎士修道会に広く見られた現象であり、騎士修道会という組織が誕生してから一世紀のうちに、とくに貴族のあいだで普及した。しかしながら一三世紀後半に、アラゴンでも南フランスでもそうした動きが突然に止まる。

モラン・ペレスの場合

前出のジョスランが検討した史料からは、わずか二世代のあいだに急激な変化が起こったことが見てとれる。レオン王国の小貴族モラン家はホスピタル騎士修道会との関わり合いが密であった。一二一八年当時モラン・ペレスは父親とおなじくホスピタルの朋友であった。妻のエルビラ・アリアスもホスピタルと朋友関係を結んでいる一族の出身で、兄弟のペドロ・オバレスは大指令でもあった。この夫婦は自らの死後に財産の四分の一を、ホスピタル騎士修道会に遺贈することを約束した記録を残している。だがその約束は実行されなかった。夫婦二人ともアストルガ司教座聖堂に埋葬されたが、一二五二年にエルビラ・アリアスが署名した遺言状から見ると、ホスピタル騎士修道会への寄進は反故《ほご》にされたようである。

一三世紀末からは托身による朋友になるにあたって、宗教的動機とは異質な「パンと水paniaguados」を受領することを条件とする人々が増加した。つまり生活の物的保障が優先的な動機となって、朋友関係の網の目に入ることが多くなったのである。

ドミニコ会の台頭

霊的な救済を目的にした朋友関係の構築にあたって、騎士修道会に代わって顕著な活動を示したのが托鉢修道会のドミニコ会であった。

カスティーリャ＝レオン国王フェルナンド三世の末子ファンの血統を引くマヌエル家とサンチャゴ騎士修道会との関係の変化が、この事実を雄弁に示している。

フェルナンド三世の孫にあたるファン・マヌエルは『諸身分の書 Libro de los estados』を著したが、そこには著者が騎士修道会の価値を信じていたことが間違いなく読みとれる。それにもかかわらず、ファン・マヌエルは父とは異なりサンチャゴ騎士修道会の朋友となることをせず、修道会側が本拠である都市ウクレスに一族の墓を設けるという申し出さえ断った。それにはドミニコ会との競合関係があり、ファン・マヌエルが天国への執り成しをしてくれるうえでどちらが有利かを考えたときに、結局彼が選択したのは托鉢修道会であったのだ。

一三世紀半ばから、騎士修道会の霊性イメージの弱化は、同時代の托鉢修道会のそれと比較したとき、明らかであった。天国への執り成しの有効性という点で騎士修道会は後塵《こうじん》を拝さなければならなくなったのである。

3　所領経営と植民

イベリアのコマンドリー（指令区）

これまで述べてきたように、騎士修道会の組織上の基本単位になるのが、指令区である。修道会という組織の経営の基本もまた、指令区を枠組とする管理単位であった。それがどのような構造をもち、いかなる生産活動を行っていたかを明らかにする作業は、騎士修道会の歴史をあとづけるうえで欠かせない。

古い学説では、管理組織としてのコマンドリーは、ひとつの領域的な広がりをもった国王から与えられた恩給地――イスラーム教徒を征服して獲得したものであろうと、国王への誓願の結果与えられたものであろうと――であり、その保持者である指令は、そこから地代を徴収し、その領域に居住する人々への裁判権を保持していた、とこのようにみなされていた。だがこうした図柄は後代に当てはまっても、イベリア半島生まれの騎士修道会が誕生して一世紀を経過するまでは、そのようなものではなかったとするのが最近の研究の動きである。

それによると、一三世紀の三〇年代までは指令区を枠組とするより、むしろ城塞を中心に領域が組織され、騎士修道会の富は所領経営よりも、戦利品の略奪や捕虜の捕獲と売却などを基本にした「戦争経済」であった。それが一三世紀半ばになり、イスラーム教徒との境界地帯が安定した状況になって初めて、しだいに管理組織として各所領のネットワークが形成されてくるのである。

サンチャゴやカラトラーバ騎士修道会に所領ネットワーク管理の責任者として、本来の意味での指令が登場するのは一一八〇年代に入ってからであり、システムとしてある程度確立されるのは、一二五〇年から一二七五年のことであった。この時代は修道会財産の増大期であり、新たに獲得した領土の組織化だけでなく、ラ・マンチャ地方のような人口稀薄な地帯への植民も行われた。

さまざまな所領の形態

ひとつの指令区は生産単位としては、いくつもの所領からなっている。多様な所領の類型のなかで、労働力として生産に従事する者が、最も従属の度合いが高いのは、家領主制とも呼びうるドメスティックな形態である。ここで働くのは自由をもたない人々であるが、これだけで彼らが身分的に奴隷であったとは言い切れない。戦争捕虜であったり、さまざまな要因で一時的に自由に移動が許されない境遇に陥ったりした者などが考えられるからである。

最も一般的に見られたのが、西ヨーロッパ中世社会で広く見られる土地領主制と形容される形態である。領主は土地の所有者として、土地の一部を植民者に貸与し、地代を徴収する形式である。これがたんなる小作制と異なるのは、領主が小作地を割り当てられた農民入植者に、

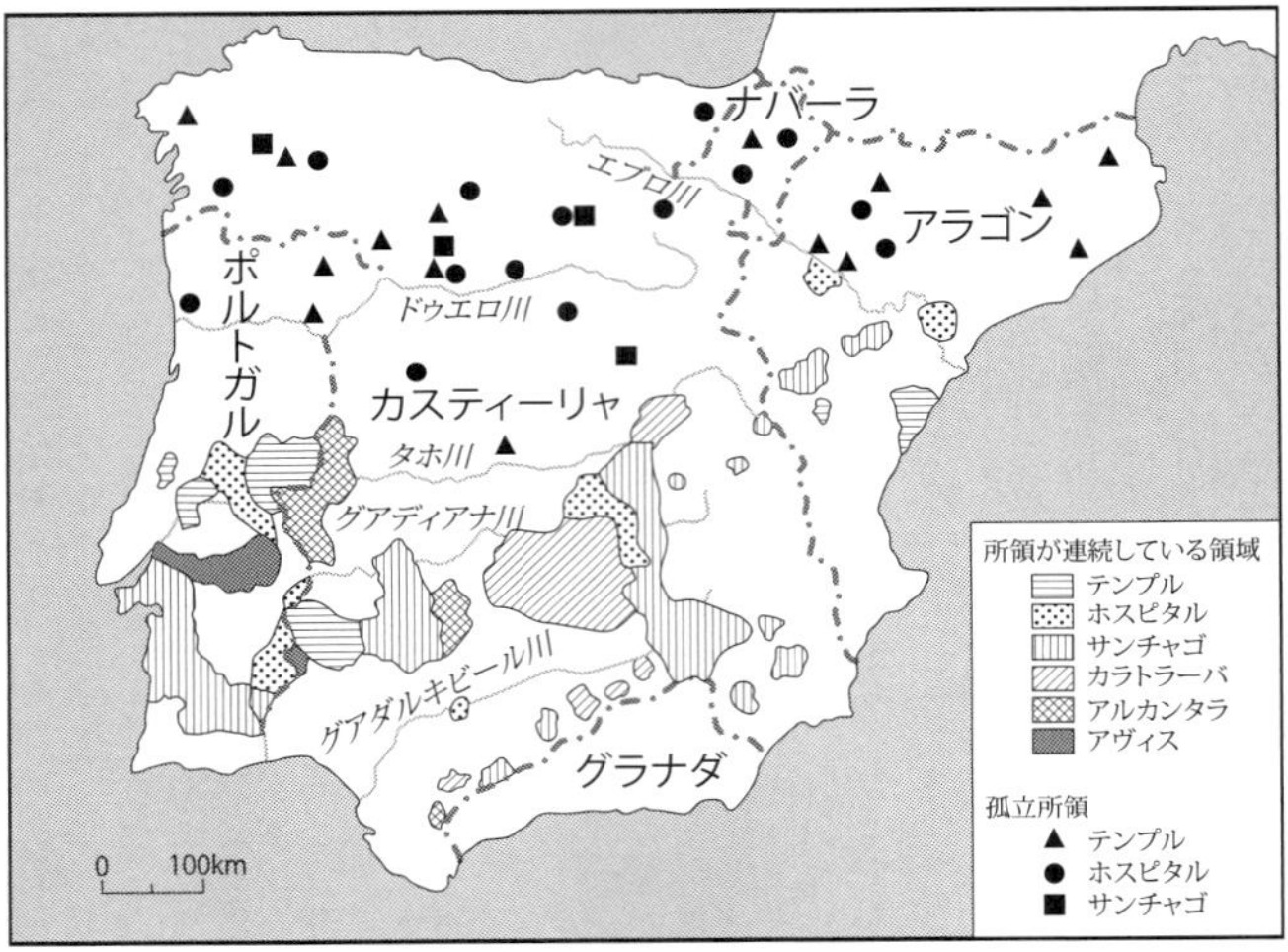

図5－2　イベリア半島における諸騎士修道会領の分布図

別途賦役労働――一三世紀中葉以後は急速に後退した――を要求する場合が多かったからである。

かなり早い時期から、カラトラーバ騎士修道会のように、所領経営の実施をしかるべき代理人に、期間はさまざまであるが、かなり長期にわたり委ねるという方法もとられた。このやり方で大事なのは、その土地の一時的な譲渡――多くは終身の――を内容とする借地制「プレスティモニオ prestimonio」、すなわち土地の下級所有権の譲渡であるという点である。このやり方は騎士修道会や教会所領で実践され、土地の用益から得られた収益の一部が修道会の収入となった。この土地を騎士修道会に返還するに際しては、高額の金銭が一緒に修道会に支払われた。一例を挙げよう。一二八五年にエストレマドゥーラ地方にあるアルブルケルケのファン・アルフォンソは、ルーゴ近くにあった借地（九所領）をホスピタル騎士修道会に返還するにあたって、一万マラベジの現金を添えている。

指令の交代

ひとりの指令が同一の管区に長期間とどまることの弊害が、一三世紀末ころまでに認識されるようになった。なかには一〇年にもわたって同一の管区を管理する者もいた。史料が残っているいくつかの事例では、一ヶ所での平均の在任期間は三年という数字が示され、なかには一〇ヶ月という例もあった。レオン地方のカリッソ修道院に伝来する記録によれば、指令の交代は比較的短期間で行われた。しばしば一年未満という例も見られる。しかしながら、他方ではサラマンカ近くのレデスマの指令区では一二年のあいだに五人の指令が交代したものの、この五人がそれぞれ一年の期間を二度務めるというやり方で対処したものであった。

テンプルをはじめとする他の修道会もおなじ理由で、指令の交代を頻繁に行った。一三世紀にはこうした短期間での指令の交代は、指令の人事を決める総参事会が意識して主導権を握って実施したのである。

財産目録の作成

騎士修道会の中央、すなわち総長が拠点とする会館が、各指令区を統制し、管理する手段として用いたのが、指令区の詳細な財産目録の作成とその提出要求であった。その史料に現れる最初が一二五九年である。それはサンチャゴ騎士修道会総参事会長ロブレド・デ・モンタンシェスが取った措置であり、指令は就任の機会と、離任するときに、それぞれ財産目録を作成して、在任中の管理の内容を明らかにするよう求めたのである。

このような措置がカラトラーバ騎士修道会では一三〇四年から規則的に取られるようになり、それから二年遅れてアルカンタラ騎士修道会では、財産目録の毎年の作成が義務づけられた。総長をはじめとする中央会館の観点から見ても、それが指令区の所領管理の最も確実な手段とみなされたようである。

もっともこれと並行して中央会館の総長をはじめとする幹部の毎年の訪問が、現地での査察に形を変えて、準備された財産目録のより詳細な検討がなされ、さまざまの計算書の類いの提出が求められることもあった。

牧畜経済の役割

アンダルシア地方バエサのサンチャゴ修道会指令ペドロ・ロペスは、一三三〇年代に同輩に向けて書いた教訓書のなかで、家畜の世話に留意するように説いている。彼によれば家畜群こそが修道会の力を構成する重要な因子である。牧畜の重視は、イベリア半島の騎士修道会の独自な特徴であることは、多くの研究者が一致して認めている。

騎士修道会がとりわけ羊の飼育に力を入れたことは、一一六九年のカラトラーバがカスティーリャ王アルフォンソ八世に、同修道会所有の羊が王国のどこでも牧草を食べられる権利を賦与してもらうために、熱心に働きかけたことに表れている。翌年にホスピタル騎士修道会もおなじような特権を認められている。各指令管区で牧畜が実践されていた。一二六九年にカラトラーバ騎士修道会は都市トレドと協定を結び、家畜用の牧草地に入植者を入れない措置を取っている。

家畜のなかでも照明が当てられることが多いのは羊であるが、飼育の対象になったのは羊だけではなかった。馬、牛、豚なども決して無視できない比率で飼育されたし、地域と時代によって飼育に力を注がれた家畜の種類は変化している。一三五一年にカスティーリャ王ペドロ一世は、カラトラーバ騎士修道会に家畜税免除の対象になる頭数を定めたが、その内訳は、牛は一万五〇〇〇頭、羊は八〇〇〇頭、豚が八〇〇〇頭であった。

家畜の飼育そのものというより、そのための関連施設の利用料収入もまた付随的ではあるが牧畜経済の修道会収入の寄与に数えられる。

騎士修道会の牧草地を利用する最大の顧客は、メセタ（台地）南部の牧畜業者であった。また大量の羊が移牧のために季節ごとに移動することで、農地に生ずる被害を補塡《ほてん》する意味合いで支払われる「モンタスゴ montazgo」と称される家畜通行税もまた貴重な収入源であり、サンチャゴ騎士修道会はメセタ南部に稠密《ちゅうみつ》な通行税徴収のための徴収ポストのネットワークを構築したほどであった。

稀薄な人口と植民活動

「植民」の二字は、イベリア半島にとって独特の意味合いをもっている。たしかにドイツ騎士修道会がプロイセンの異教徒を制圧した後に、ドイツ各地でこの地への「植民」を促し、その政策を積極的に推進したが、この場合は無人の土地への入植ではなかった。これに対してイベリア半島では、この地を旅行した者にはきわめて印象的なことだが、ピレネーから南下してサラゴサを過ぎると風景は一変し、砂漠のような光景が延々と続く。人家は稀である。現在でも印象深く旅の記憶に刻まれる「ノーマンズ・ランド（無人地帯）」の風景は、中世の人々にとってさらに濃密な情景であり異観であったにちがいない。

レコンキスタ運動の南下にともない、これはプロイセンの事情とも通ずるのだが、今度はイスラーム教徒を軍事的に抹殺し、駆逐することで生まれた無人の境が南方に進展していくのである。

カスティーリャ王権が奪回したタホ川から南の人口稀薄な土地への植民の手立てをどうするかは、王権にとってイスラームとの戦いとおなじほど頭を悩ませる問題であった。この問題に対処したのが騎士修道会であった。これについては規格化されたモデルがあった。それはホスピタル騎士修道会が一二三〇年から一二四八年にかけて、マドリードの南一〇〇キロほどのところにあるコンスエグラ地方を組織して植民を促進させようとしたやり方である。かつてホスピタルの裁判権に服したさまざまな地方で、入植者への特権賦与を約束して、入植を呼びかけたのである。発給した特権賦与の文書は一〇点を超える。建設された新都市は、コンスエグラに賦与された都市法（fuero）にならった法的枠組を与えられ、都市プランに沿って規格化された主要な道路が配置され、主だった建造物が道路網の中心に建てられた。そうした努力の結果、二〇年に満たない期間のあいだに、コンスエグラ地方には一五〇〇人の新入植者が住み着いた。

法的枠組とは別に、入植者に税を免除する措置も取られた。もともと従属民の社会カテゴリーに入る人々を対象に創設された、ペチョ（pecho）と呼ばれる竈《かまど》を単位に課される直接税を、数年間にわたって免除するという特別措置である。その期間は一三世紀後半におおむね三年間であったが、ホスピタル騎士修道会では、一四世紀はじめに六年に引き延ばされた。おなじころにサンチャゴ騎士修道会では一〇年間にわたり免除するという措置が取られた。ここに時代を追うにしたがって植民者の獲得が困難になっていった状況が見てとれる。

4　海外進出と騎士修道会

アラゴン連合王国の地中海進出

アラゴン連合王国の諸王は、一二八〇年代から西地中海地域における政治的拡張政策と、通商の拡大政策を行ってきていた。それによって、アラゴン王権はシチリア、サルデーニャ、コルシカ島の島嶼《とうしょ》のコントロールを実現し、一五世紀後半にはナポリ王国を手に入れて、二世紀にわたって地中海帝国として君臨した。アラゴン諸王は海と陸での覇権を維持し、叛乱を鎮圧するために、騎士修道会の力を大いに頼りにした。国王軍として動員したり、またその財力に支援を求めたりした。

一三二三年と一三二四年には、ホスピタル騎士修道会のカタルーニャ地域管区とトルトサ近くのアンポスタ城塞区は、アラゴン王子アルフォンソが行ったサルデーニャ島の征服に参加した折に、この作戦に必要な財源総額二〇〇万マラベジのうち一五万マラベジの負担を、モンテサ騎士修道会は四万マラベジの負担をさせられている。国王ハイメ二世はその見返りとして、これら二つの騎士修道会にサルデーニャとコルシカにおける商業特権を与えている。

これから一世紀のちには、モンテサ騎士修道会総長のロメウ・デ・コルベラはシチリア島の提督の要職を占めていて、一四二〇年にジェノヴァ海軍に勝利を収め、一四二六年にはマルセイユ港の攻撃を指揮した。また国王ペドロ四世が庇護者であったアルファマのサン・ジョルディ騎士修道会は一三五四年と一三六三年に勃発したサルデーニャの叛乱の鎮圧に協力して、その報償としてサルデーニャ島南部の都市カリアリに不動産を与えられた。

このように時代を経るにつれて騎士修道会は本来の十字軍の思想とは無縁の、国王権力の政治的野心に奉仕する軍事力のたんなる一要素とみなされるようになる。

「地理上の発見」への貢献と植民地支配の先兵——ポルトガル

ポルトガルでは一四世紀を通じて主キリスト騎士修道会、アヴィスやサンチャゴ騎士修道会などもまた王権と結びつきを強め、支援を行った。一五世紀になると騎士修道会はアフリカ沿岸の探検とさらに遠方の航海に乗り出す。

ポルトガル国王ジョアン一世は、教皇から自分の息子たちを、騎士修道会の総長に任命することの許可を得た。王子のひとりジョアンは一四一八年にポルトガルのサンチャゴ騎士修道会の総監督となり、ジブラルタル海峡を挟んでアフリカ北岸にあるセウタの民心を安定させるために乗り込んだ。セウタは一四一五年に王子のひとりエンリケ航海王子が征服し、ポルトガル領になった海外領土であった。このエンリケは一四二〇年に主キリスト騎士修道会の総長に任命され、教皇からアフリカのイスラーム教徒と戦い、アフリカにキリスト教を布教するようにとの、きわめて十字軍的な使命を与えられた。

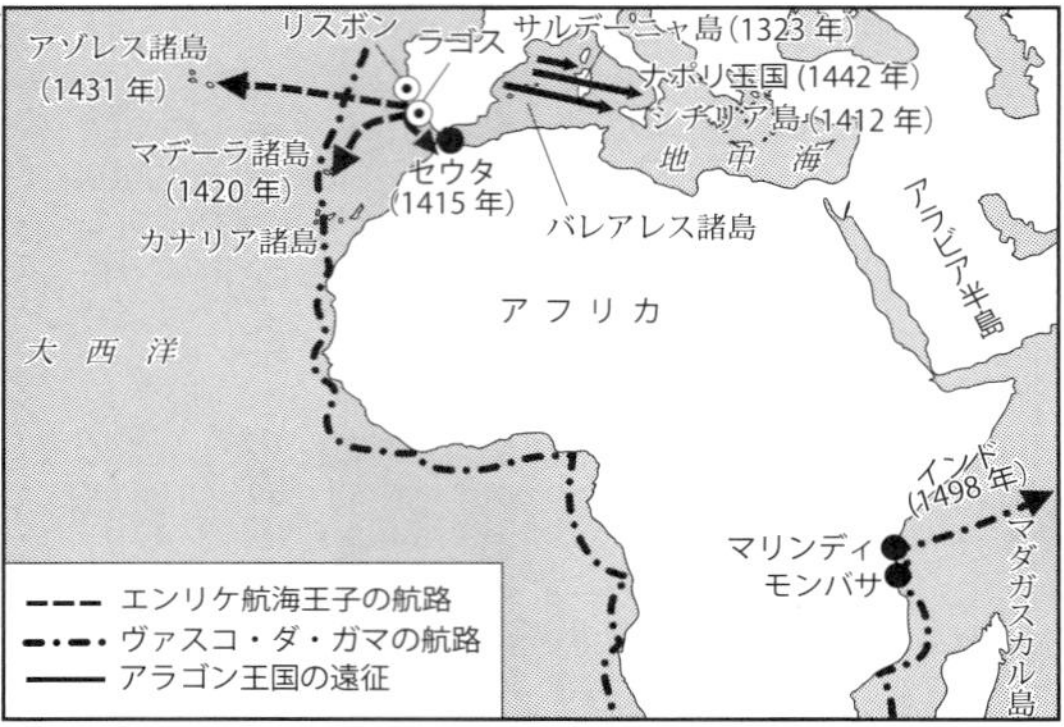

図５－３　イベリア半島勢力の海外進出

サンチャゴと主キリスト騎士修道会という、ポルトガルで互いに競合する関係にあった二つの騎士修道会のトップになった二人の兄弟の関係もまたそのようなものとなった。兄のジョアンが率いるサンチャゴの指令区の多くが南部にあり、アフリカに干渉したり、大西洋に乗り出したりするのに有利であった。

他方エンリケはその活動をもっぱら海洋探検に向けた。彼は主キリスト騎士修道会を率いて国の南西に位置するラゴスのサグレス岬に拠点を構えて活動したのである。一四二〇年にまずマデーラ諸島を征服し、ついでアゾレス諸島（一四三一年）を手に入れた。主キリスト騎士修道会は征服した島々の土地と財産を取得した。エンリケは一四六〇年に他界したが、エンリケはこの世紀の末に歴史にその名を刻んだコロンブスの先蹤《せんしょう》といってもよい。

歴史上その名を知られている、この時代のもうひとりの修道士が存在する。それは一四九七～九八年にアフリカの南端近くの喜望峰《きぼうほう》を回航したヴァスコ・ダ・ガマである。彼はサンチャゴ騎士修道会の一員であり、モリグエロス（Moriguelos）管区の指令であった。だが一五〇七年サンチャゴの総長と軋轢《あつれき》が生じ、主キリスト騎士修道会に移籍した。彼は一五二四年にインド副王として、主キリスト騎士修道会の制服を纏って埋葬された。

ちなみに一五二五年から一六〇〇年にかけて、インド副王を務めた三二人のうち、二九人が騎士修道会に属していた。ここに騎士修道会の理念の変質、いや消滅を見るか、「十字軍」理念の新たな地平の開拓を見るかは読者に判断を委ねよう。

＊

騎士修道会がもたらしたもの

騎士修道会が歴史にもたらした要素は何かと問われたとき、宗教の地平でその回答を見いだすのは容易ではない。ひとつ挙げるとすれば、それは「聖戦」思想の胚胎と形成という、はなはだ評価の分かれる要素であろう。この思想が敵手であるイスラーム教徒の「ジハード」——この言葉が元来は「聖戦」の意味ではなかったとしても——と一対の対抗概念となり、現代でも悲惨な歴史を刻んでいることは、我々が日々生きる苦く重苦しい現実である。それはドイツ騎士修道会が、異教徒であったプロイセン人やリトアニア人をはじめとするバルト海周辺地域の民を支配し、キリスト教に改宗させるための戦いの旗印であった。そのことはイベリア半島で生まれた多くの騎士修道会に、よりよく当てはまる。半島に約八世紀にわたりその版図を擁したイスラーム教徒との戦いは、「レコンキスタ（国土回復）」運動と称されるが、キリスト教徒にとって、これは「不信心者」を半島から駆逐する戦い、義なる戦い、すなわち「聖戦」であった。このようにイデオロギーとしての「聖戦」思想の体現を、血なまぐさい戦闘と祈りの生活とを共存させた騎士修道会においてこそ、その最も純粋な形態を見いだしたといっても過言ではなかろう。

テンプル騎士修道会やホスピタル騎士修道会の「功績」は、そうした側面に加えて、キリスト教ヨーロッパの空間的拡大の面で著しい。数次にわたる十字軍遠征への参加を通してヨーロッパと近東世界との人間と物資の往来を定着させ、金融取引のシステムを創設した。西ヨーロッパの騎士層が、これを機に東エーゲ海地域に進出し、千年の帝国であったビザンティン帝国の衰退を促し、地中海・エーゲ海世界における覇権の転換の契機となったことを忘れてはならない。一〇九五年春にビザンティン皇帝アレクシオス一世コムネノスが、自らの使者を、ピアチェンツァで開かれていた公会議に送り、援軍派遣を要請したときには、想像だにしなかった歴史の帰結である。

騎士修道会の萌芽《ほうが》的植民地支配の拡大の帰結は、ドイツ騎士修道会のプロイセン、バルト海沿岸を含めた「ドイツ騎士修道会国家」の誕生にとどまらない。イベリア半島、とくにポルトガル王国における海上進出は世界史的な意義をもった。ポルトガルのエンリケ航海王子は、主キリスト騎士修道会を率いてマデーラ諸島を征服し、ついでアゾレス諸島を手に入れた。また一四九七~九八年にアフリカの喜望峰を回航したヴァスコ・ダ・ガマがサンチャゴ騎士修道会の一員であった事実は、イベリア半島の騎士修道会が歴史に刻んだ功業といえる。

またこれら征服・拡大の対象となった地域ばかりでなく、西ヨーロッパ内部のフランスやドイツ南部、イングランドなどでは、テンプル、ホスピタルなどの騎士修道会領において、農業経営のいっそうの組織化を実現したことも忘れてはならない。

第六章　ヨーロッパの都市化と富の行方——托鉢修道会の出現

　七世紀に古代末期の伝統から離れたヨーロッパでは、修道院の創建は人里離れた「荒野」で行われた。創建年代記やゆかりの聖人伝などでその「荒野」と称する場所が、実際には古代に人の生活が営まれていて、その後に何らかの事情で放棄され廃墟《はいきょ》となったところであったという実例は数多くあり、その意味で修道院建設はこうした荒蕪地の再利用という側面があったという点は指摘しておかなければならない。

　しかしいずれにせよ、その建設地点の多くが田園的環境にあったのは事実である。それは修道士共同体の祈りの生活、「観想の生活 Vita contemplativa」にとって、その生活の手段である農業生産を行うための所領が必要であったからである。その意味で一一世紀まで、修道生活の拠点が農村的環境のもとにあったのは、その生活の規範からして必要なことであった。

　これに対して聖フランチェスコや聖ドミニクスらによって創始された托鉢修道会は、個人の財産はおろか、共同の財産として生産組織としての所領をも所有しない「使徒的生活 Vita apostolica」を理念としていた。生活の糧はすべて人々の喜捨に依存するのである。そして彼らが生活の拠点にしたのは成長しつつある都市であった。

以下では、まずこの修道理念の転換を準備した思想の面での展開をあとづけ、続いて「使徒的生活」の規範を掲げることを可能にした客観的状況について考えることにしよう。

1　異端と使徒的生活

至福千年のインパクト

キリスト教の終末論的世界観の重要な要素として、「時の終わりに」待ち受けている「最後の審判」がある。時の始まりからこの時の終わりまでを、世界年という言葉で表現しておくと、時の終わりの世界年がいったい何年かが、「最後の審判」の到来との関係で重要になる。キリスト教の伝統はこれを六千年と考えてきた。西暦一〇〇〇年を迎えるころの人々は、この「時の終わり」をキリストの生誕から千年後とみなしていた。したがって、「紀元一〇〇〇年の恐怖」と歴史家が形容する事態が、ヨーロッパ・キリスト教世界に蔓延《まんえん》し、人々が固唾《かたず》を呑んでその到来を待ち受けたとされる。だが、紀元一〇〇〇年を迎え、そして何事もなく過ぎゆくさまに安堵《あんど》する心持ちを、ブルゴーニュの修道士で年代記作者のラウル・グラベールは次のように表現している。

主の受難から一千年目、神の慈愛に応えるかのように、深刻な飢饉《ききん》に続いて、大雨を降らす黒雲が姿を消した。空は再び微笑《ほほえ》み、光を宿し、風が心地よく吹きはじめた。主は創造主としての寛大な御心《みこころ》を、静謐《せいひつ》と平穏のうちにお示しになった。大地はいたるところ鮮やかな緑と豊かな果実にあふれ、飢饉はすっかり影を潜めた。

ここには最後の審判への不安と懊悩《おうのう》から解放された一修道士の思いが率直に示されている。その背後にはこのときに向けてのさまざまな思い、聖書の教えと、これまでの日々の過ごしようへの切実な後悔とが縺《もつ》れあい、重なりあって、信仰をさらに深める契機ともなったことが考えられるであろう。

さまざまな異端の様相

ドイツの中世史家ヘルベルト・グルントマンは、小ぶりながらコンパクトにまとまった著作『中世異端史』（原著一九六三年刊）のなかで、一一世紀以降の断続的に生起する異端は、そのつど異なる原因と歴史的脈絡をもった現象であり、これを何か一貫した運動のようにとらえるのは適切ではないと指摘した。私の見解もおなじである。

一〇一二年にマインツで、一〇二二年にオルレアンで、一〇二五年にアラスで、一〇二八年にモンテフォルテで起こった「異端」の動きと称される騒動は、新約聖書の独自な解釈を説いたり、自らの霊感を喧伝《けんでん》したりするような、突飛な行動であり、何か体系的に既存のキリスト教義を否定するようなものではなかった。こうした行動の勃発は、紀元一〇〇〇年の試練をくぐり抜けた同時代人にとっては、さほど深刻な行動とは認識されなかったはずである。

これに対して一二世紀前半の「異端」者は、それとは性格を異にする。それは叙任権闘争という教皇権力と神聖ローマ帝権との闘いが、結局「カエサルのものはカエサルに。神のものは神に」というフレーズで表現されるような状態に落ち着き、その結果生まれたのは福音活動が聖職者によって独占されるという事態と、教会の位階制への激しい反発の動きであった。アントウェルペンのタンケルムス、ブリュイのペトルス、ブレッシァのアルノルドゥスなどの主張がそれであった。

カタリ派異端の登場

このようないわば正統教義からの逸脱、俗人キリスト教徒が守るべき規範や振る舞いからの脱線という意味での「異端」とは、根本的に異なるのがカタリ派異端である。その異質性は、わかりやすくいえばそもそもキリスト教とは根本的に別物である宗教体系を、キリスト教解釈の規範のなかに取り込み、キリスト教を侵食し、それを換骨奪胎した別物を、キリスト教の教義として提示しようとする真正の異端である。

図6－1　カタリ派異端が立てこもったモンセギュール城

「カタリ」とは「純潔なるもの」を意味するギリシア語起源の表現である。その出現の最初の記録が、一一四三年から翌年にかけてのケルンで確認される。その教義の根底にあるのは善悪二元論の世界観であり、その起源は中近東の思想世界の著しく深い地層に発しており、マニ教やゾロアスター教などにも共通している。すなわち目に見える悪《あ》しきこの世を創造したのは神ではなく悪魔であり、もともと善良ではあるが地に落ちた天使である清められた霊（カタリ）だけが、天上の故郷に帰るために解放されるという、善悪の相克を基本に置いた教義であった。

その思想は長い年月をかけて西漸し、ユーリー・ストヤノフの『ヨーロッパ異端の源流――カタリ派とボゴミール派』（邦訳二〇〇一年）によれば、七世紀末に誕生したブルガリア帝国において、二元論の復活に重要な役割をはたしたボゴミール派が、カタリ派が誕生するにあたって思想的な触媒として作用した。やがて一三世紀初頭には西ヨーロッパ、ことに南フランスのラングドック地方で猖獗《しょうけつ》を極めたのである。

このカタリ派にはカトリック教会組織に類似した司教、司祭が存在し、信徒は「聴者auditores」、「信者credentes」、「選ばれた者electi」、「完徳者perfecti」の四つに位階分類された。ミサや聖体拝領を拒否し、その代わりに『使徒行伝』にある「パン裂き」を行い、信者を受け入れる「洗礼」に換えて、「按手《あんしゅ》」を実践した。このような宗教実践は、カトリック教会組織と教義を全面的に否定する振る舞いであり、教会当局として決して容認しえない逸脱であった。ラングドック地方で展開された武力弾圧の激しさと、その後の厳しい審問体制は、教会側の危機感の深さを示している。

使徒的生活（ウィタ・アポストリカ）

修道士たちが目指した使徒的生活という理念は、実は「観想の生活」とならんで、キリスト教の展開の当初から存在していたのだが、ことに聖ベネディクト戒律が修道生活の規範として定着してからは「観想の生活」の前に、「使徒的生活」は理念のうえで後景に退いた観があった。だが、キリストの弟子たちが実践したと信じられた清貧、慈善、手仕事に重きを置いたこの信仰生活の規範は、豊かな地下水脈として、聖ベネディクト戒律修道院の全盛期においても命脈を保ち、地上への奔出を待っていたのだとするのが、G・コンスタブル著『十二世紀宗教改革』訳者のひとり小澤実の見事な絵解きである。

こうして「使徒的生活」の理念は、紀元一〇〇〇年以降のさまざまな異端運動を含めての宗教的刷新の奔流のなかで、歴史的コンテクストと同期することができた思想として人々の心をとらえ甦《よみがえ》ることができた。その意味では、後に述べる使徒的生活を理念としたフランチェスコ会やドミニコ会などの、一切の財産を放棄し、信徒の喜捨を生存のたつきとした修道会は、異端の徒とはきわめて近い関係にあったといえる。

北イタリアの諸都市で勢いを得たフミリアーティ（謙遜派）は、やがてリヨンやプロヴァンス地方、ピエモンテ地方からイタリア中部にまで普及したが、一一八四年に教皇ルキウス三世によりすべて異端として活動を禁止された。しかし、その逸脱は教会当局にとって許容できる範囲内であったこともあり、一二〇一年にはインノケンティウス三世により禁令が撤回され、カトリック教会体制に統合された。このインノケンティウスが提示した方向性は、だがきわめて重要な問題を伏在させていた。それにより、律修参事会員、修道女、第三会――俗人既婚者の男女が、世俗の家庭生活を営みながら修道会の一員として認められる仕組み――などが構成する多様な宗教運動を承認したのであるが、これは初期キリスト教時代以来の古い問題を再浮上させることになった。その問題とは独身か既婚か、世俗からの離脱か在俗のままの修道生活か、という「二つの道」である。初期キリスト教時代に、独身制と世俗からの離脱という原則が確立されたのであったが、いまやこの原理に新たな問い直しが提起されたのである。

2　都市社会の生成と増大する軋轢

「都市の復活」か連続的発展か

一三世紀は、西ヨーロッパの歴史のなかで「都市の復活」（アンリ・ピレンヌ）の時代として知られている。私がわざわざここでカギ括弧でくくったのは、現在の研究段階では、ピレンヌの時代には思い及ばなかった考古学研究の進展があり、今ではピレンヌが執筆した一九二〇年代末とは学問状況が一変してしまっているからである。ピレンヌの中世都市史論の白眉《はくび》といえる『中世都市――社会経済的史論』（佐々木克巳訳、一九七〇年）と、その孫弟子であるアドリアーン・フルヒュルストの著作『中世都市の形成――北西ヨーロッパ』（森本芳樹他訳、二〇〇一年）とを比較すれば、そのことははっきりと見てとれる。ピレンヌにあっては八世紀から西ヨーロッパでは都市現象の衰微が見られ、一二世紀後半から一三世紀にかけて、新しい構造と形態をともなって都市が「復活」するという論調で、西ヨーロッパ中世都市史を描いてみせるのに対して、フルヒュルストはむしろ八世紀に都市的集落の空間的分布の新しい段階に入り、それはさまざまな変化をともないながらも、一三世紀の発展へと直結していくという連続的な発展史として描き出しているのである。

通商圏の拡大と輸送技術の進化

ある歴史家によれば一三世紀の商業革命は、中世ヨーロッパにとって近代の産業革命にも匹敵する重要性をもっている。先に触れたピレンヌの「都市の復活」も、彼の脳裏にあっては商業の飛躍的展開が可能にした事態であったのである。

商取引の活発化は輸送技術の発展を前提にしている。まず船舶輸送の面での大きな革新を挙げておこう。一二世紀まで船の方向転換は、側面に取り付けた横舵《よこかじ》を操作して行った。しかし一三世紀には、船尾に垂直に取り付けた重量感のある現在のような舵で、より容易にまた確実に船の針路転換を実現できるようになった。十字軍遠征がもたらした副産物として、イスラーム教徒が考案したいわゆる「ラテン帆」を取り入れ、逆風のなかを航行できる技術を獲得したことも挙げておかなければならない。

こうした技術の導入は以前に比べて船載量の大きな、しかも操船が容易で船足の速い船舶の建造を促した。また一三世紀の末には「ポートラン」海図がイタリア人により考案されて、目指す港の方位と距離とが的確に読みとれ、航海はより安全で効率的になった。大型船舶が遠く沿岸を離れて航行でき、夜ごとに港に投錨《とうびょう》する必要もなくなった。

一二〇四年の第四回十字軍が、ヴェネツィアの画策により本来の目的から逸脱してビザンティン帝国の首都コンスタンティノープルを攻略し、帝国に黒海とアゾフ海を舞台にしての通商権を認めさせたことにより、ヴェネツィアは巨大な海洋帝国を築き、西ヨーロッパの商業発展に大きく貢献した。

　また一二七七年にジェノヴァの大型商船がジブラルタル海峡を抜け、ブリュッヘ（ブリュージュ）の港に入った。こうして地中海と北海とを結ぶ航路が定着した。このルートは、すでに紀元前にフェニキア人やギリシア人がブルターニュ半島やブリティン島への航路として利用していたが、確立したものとはなっていなかったのである。

図６－２　シャンパーニュ大市開催地

陸路の輸送は、海の輸送に比べて大きな困難をともなった。古くからのローマ道は、しばしば手入れがなされないまま放棄されたために、牛馬が牽引する荷車の往来はしばしば難渋した。しかし一三世紀頃になると、通行税徴収に利益を見いだした領主層や、商業をより広く展開しようとした商人たちが交通インフラ、とくに橋の敷設や整備に着手しはじめた。こうして一二三七年に、イタリアとドイツを結ぶ最短ルートのザンクト・ゴトハルト峠につながるロイス川に橋が架けられた。

これより少し前から、河川ルートも整備される。北イタリアを貫流するポー川の航行インフラが整備され、フランドル地方の中小河川が一二世紀には互いに連結され、運河網を形成した。また、ヨーロッパの南北軸の通行に古くから利用されたライン川が、一段と利便性を高めた。

当時の北西ヨーロッパ経済の中心であったフランドル諸都市と、イタリアの先進経済諸都市との接続の成果は、一三世紀にフランス北東部のシャンパーニュ大市が台頭したことに表れている。シャンパーニュ伯は商人を保護し、大市の開催日を調整した。ラニーが一月、バールが三月、プロヴァンが五月と九月、トロワが七、八、一〇月というサイクルで、それぞれ三〜六週間が開催期間であった。ここで北西ヨーロッパ産の毛織物や毛皮類、東方産や地中海産の香辛料、絹織物などが大々的に交換された。

都市の成長——フランスの場合

商業の拡大と陸海の交通インフラの整備とが一定の因果関係をもちながら、都市の成長も目覚ましいものがあった。一三世紀末の段階で、西暦一〇〇〇年と比較したとき、フランス王国全体で人口は約六〇〇万から一三五〇万と、約二倍の増加を示しているのに対して、都市人口は三倍に増加したとの推計がなされている。パリでは八万から二〇万に増加した。二〇万人というのは、同時代のイタリアのヴェネツィアやフィレンツェなみの数字である。

一三世紀末にパリについで人口が多かったのはルアンやモンプリエで、その数は四万人。モンプリエの人口はわずか一世紀のあいだに、一万人から四万人に増加している。以下数字だけ挙げるとトゥルーズ（三万五〇〇〇人）、トゥール（三万人）、オルレアン、ストラスブール、ナルボンヌ（二万五〇〇〇人）、ボルドー、リル、メス（二万人）、アラス、リヨン、ランス（二万から一万人）という推計データがある。参考までに北西ヨーロッパで最も都市化の進んだフランドル地方の数字を示すならば、ヘント（ガン）、ブリュッへ、イーペルではそれぞれ六万、三万、二万という住民人口の数字が知られている。

都市人口の増加は、当然のことながら都市空間の拡大につながる。二つの例だけを挙げると、メスではローマ期の都市空間は七〇ヘクタールであったが、一三世紀末には約一六〇ヘクタールと二倍以上の面積に拡大している。プロヴァンス地方のエクスの例は、一二〇〇年以前にローマ期の空間の二倍となり、さらに一二〇〇年と一三四八年のあいだに、さらにその二倍に膨張しているのである。

このような急速な都市化は、さまざまな社会的軋轢を生みださずにはおかなかった。

都市社会の様相

イタリアの経済史家アルマンド・サポリは、かつて次のように一三世紀西ヨーロッパの都市社会を描いてみせた。

一方には伝統的世界、すなわち本質的に中世的な世界があり、その典型的な職業組織の形態があり、親方と徒弟の世界、無数の工房の世界がある。そこでは住民の大方が読み書きを知らず、無教養なままに、小額貨幣を用いる都市あるいは街区向けの市場のために生産した。この小世界の傍らには、前衛の世界があった。すなわち国際取引の会社組織があり、その偉容を誇る倉庫には高価な商品が山積みされ、長い経験とさまざまな文化に通じた人々が、アルプスの向こう側や、海の向こうにある、重要な経済センターと商取引と金融取引をし、フローリン金貨や世界のあらゆる土地の貨幣が流れ込んだ。

フランドル地方の主要な都市では、毛織物産業が一〇世紀から展開し、一三世紀には繁栄期を迎えていた。これらの都市には富裕な商人が都市貴族（パトリッツィアート）として、経済的特権に守られ、職人大衆や賃労働者のうえに君臨していた。彼らだけが毛織物を販売・輸出するための会所となっている市庁舎に立ち入ることができ、商人ギルドの一員として海外に毛織物製品を輸出できた。また大商人は都市内や周辺の新開地に多くの貸家を所有し、職人や賃労働者に賃貸して、商取引以外の収入を増やした。

こうした都市貴族の下には、小規模毛織物生産者のカテゴリーがあり、彼らも職人に仕事を発注するのだが、資本が小さいために職人と大商人の仲介的役割を担った。これと立場がさほど変わらないのは、個人営業の織工親方である。彼らは自分で機織機《はたおりき》を所有し、修業中の徒弟や賃労働の織工の助けを借りて生産にいそしんだ。親方になるためには、都市の市民資格と家を都市内に所有し、都市参事会の承認が必要であった。

その下位にあるのが、仕上げ作業をする縮絨《しゅくじゅう》工、染色工などである。毛織物産業が盛んな都市で、底辺にいるのが各種の下準備作業、とくに糸梳《いとす》きを行う出来高払いの労働者であった。おもに女性がその担い手であり、同時代のイングランドの詩人ジョン・ド・ガーランドは、こうした女たちを「炉端の片隅、汚水溜《おすいだ》めの近くに陣取り、ボロボロで汚れきった毛裏付きコートを身に纏い……」と描写している。

高まる社会的緊張と不和

こうした大商人とギルド親方および都市細民とのあいだの社会的軋轢は、一三世紀を通じて、たえず拡大し続けた。この世紀の半ばには毛織物産業が発達したフランドル、北フランスの諸都市で、下層の毛織物生産労働者の同盟罷業（ストライキ）が起こった。北フランスのドゥエの都市条例は、労働者の団結とストライキを禁止し、これを破った者には高額の罰金か、都市からの追放を謳っている。

織工が叛乱運動の指導をするようになると、状況はより深刻の度を増した。毛織物産業が発展したフランドル、北フランス、イタリアなど、富の不平等に対する社会的抗議の狼煙《のろし》が上がったところで最初に立ち上がったのは、織工たちであった。毛織物生産に従事する労働者のいわば頂点にあった職人たちは、しばしば先に触れた福音的な異端に染まった。

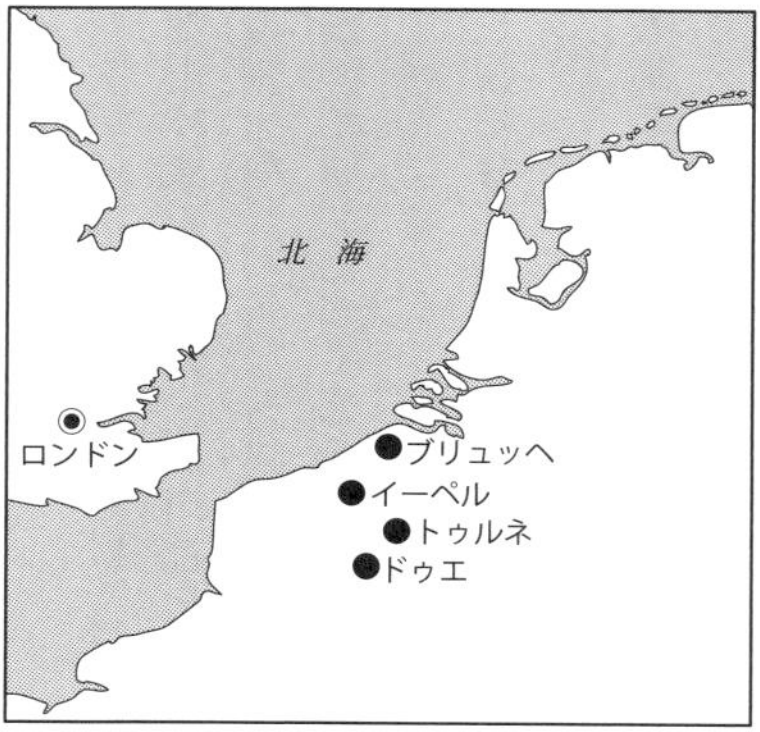

図６－３　フランドル—北フランス関係都市

一三世紀の最後の三半期にこうした地域が経済的・政治的苦境に立ったとき、この職業集団が、社会的憎悪を募らせることが頻発した。たとえば一二七〇年から一二七五年にかけて、フランドルとイングランドのあいだに商業戦争が勃発し、イングランド産の羊毛原料の到着が遅れ、原材料費の高騰が起こったとき、失業が広まり、騒擾《そうじょう》の嵐《あらし》がドゥエ、トゥルネ、ブリュッヘ、イーペルなどで吹き荒れたのである。

次章以下で詳しく見ていく托鉢修道会が広く展開したのは、こうした社会的緊張に揺れ動く都市社会であった。都市社会が抱え込むようになった、「働く世界」の矛盾が、いわば酵母の役割を演じ、苦しむ信徒の心をつかみ、救済の願望を満たしてくれる組織とみなされるようになっていったのである。

3　貨幣使用の浸透

一二世紀以前の貨幣使用をめぐる研究動向

フランスの中世史家マルク・ブロックは、一九三九年に発表したその論文「自然経済か、貨幣経済か。二者択一図式の陥穽《かんせい》」（森本芳樹訳）のなかで、「西欧中世が、地中海文明によって伝えられた金属貨幣と親しむのを止めたことは一度もなかった」とし、重要な問題は、それぞれの時代における貨幣使用の様態を突きとめることであると指摘している。現実に四世紀のローマ皇帝コンスタンティヌス大帝が導入した純金のソリドゥス貨を基軸にした貨幣制度──貨幣そのものの品位はともかく、一ソリドゥスが一二デナリウスに相当する──は、西ローマ帝国が崩壊した後も、ほぼ六世紀末まで維持された。

旧東ドイツの歴史家ヴァルトラウト・ブライバーは『七世紀におけるソンム・ロワール川間

地域の自然経済と商品・貨幣関係』（一九八一年）と題する研究書のなかで、かつては「閉鎖経済」の典型と考えられていたメロヴィング朝時代において、貨幣需要の強さと、その流通速度の遅さという矛盾が引き起こすさまざまな問題を論じながら、西暦六〇〇年代のガリアでは「真の商品貨幣関係と貨幣流通を知っていた」と結論づけている。

目下、西洋中世初期史研究の第一人者と国際的に認められている英国のクリス・ウィッカムは、そのランドマーク的大著『中世初期の枠組を作る——ヨーロッパと地中海、四〇〇年から八〇〇年』（二〇〇五年）において「交換システム」と題する一章を設け、ヨーロッパから東地中海世界にまたがる交換のネットワークを考古学的データによりながら、地域ごとに徹底的に分析し、貨幣を媒介としなければ成立しえない交換のありようを提示してみせた。これに先だってもう一冊の大著『ヨーロッパ経済の起源——コミュニケーションと商業、三〇〇年から九〇〇年まで』（二〇〇一年）を著した米国の中世史家マイクル・マッコーミックもまた基本的に同様の認識を示している。

興味深いのはウィッカム、マッコーミック——付録としてカロリング朝期ヨーロッパで発掘されたイスラーム貨幣とビザンティン貨幣のリストをマッコーミックは提示している——いずれもが、貨幣学的考察に正面から取り組むことをしていないのである。それは貨幣の考古学的発見は偶然によるところが大きく、考察の基盤として不確かであるという懸念が大きい、という理由のようである。

しかしこの数年の貨幣学研究の進展は、大量のデータ処理能力の向上や方法論の進化も目覚ましく、貨幣発見の偶然性という隘路は、方法の面でいずれクリアされることになるであろう。

新たな銀鉱山の開発と流通量の飛躍的増加

一一六〇年代以後、ヨーロッパでは新しい銀鉱山が開発され、おびただしい量の銀貨が造幣されることになった。一部は銀地金で流通したが、それを遥かに上回る量が造幣され、貨幣として出回ったのである。また東方から銀がヨーロッパに流入し、その量が増えるに従い、ヨーロッパ全土にいっそうの銀貨需要が生まれ、それまで地金にとどまっていた銀が造幣され、海外の銀貨がヨーロッパの銀貨に打ち直され、古い銀貨が新しい銀貨に造幣し直された。

ドイツ騎士修道会では一二三〇年代に独自の造幣が行われ、しかも一〇年ごとに新たな貨幣が造幣され旧貨が使用できない仕組みを使って、莫大な利益をあげたことはすでに触れたが、こうした事態も貨幣をめぐる全ヨーロッパ規模の大きなうねりの一部なのであろう。これがユーラシアの東端にあった南宋《なんそう》政権が貿易を促進し、銀貨流通が展開しはじめたことと関係があるのかは不明であるが、興味深い事実である。

中世貨幣学の権威ピーター・スパッフォードによれば、ドイツ東部のマイセン辺境伯オトーが治めた一一六〇年代にフライベルク銀鉱山が発見、開発され、この鉱山だけで年間約四トンの銀が産出された。これは当時のペニヒ（ペニー）貨に造幣すると約一億ペニヒの額面総額を

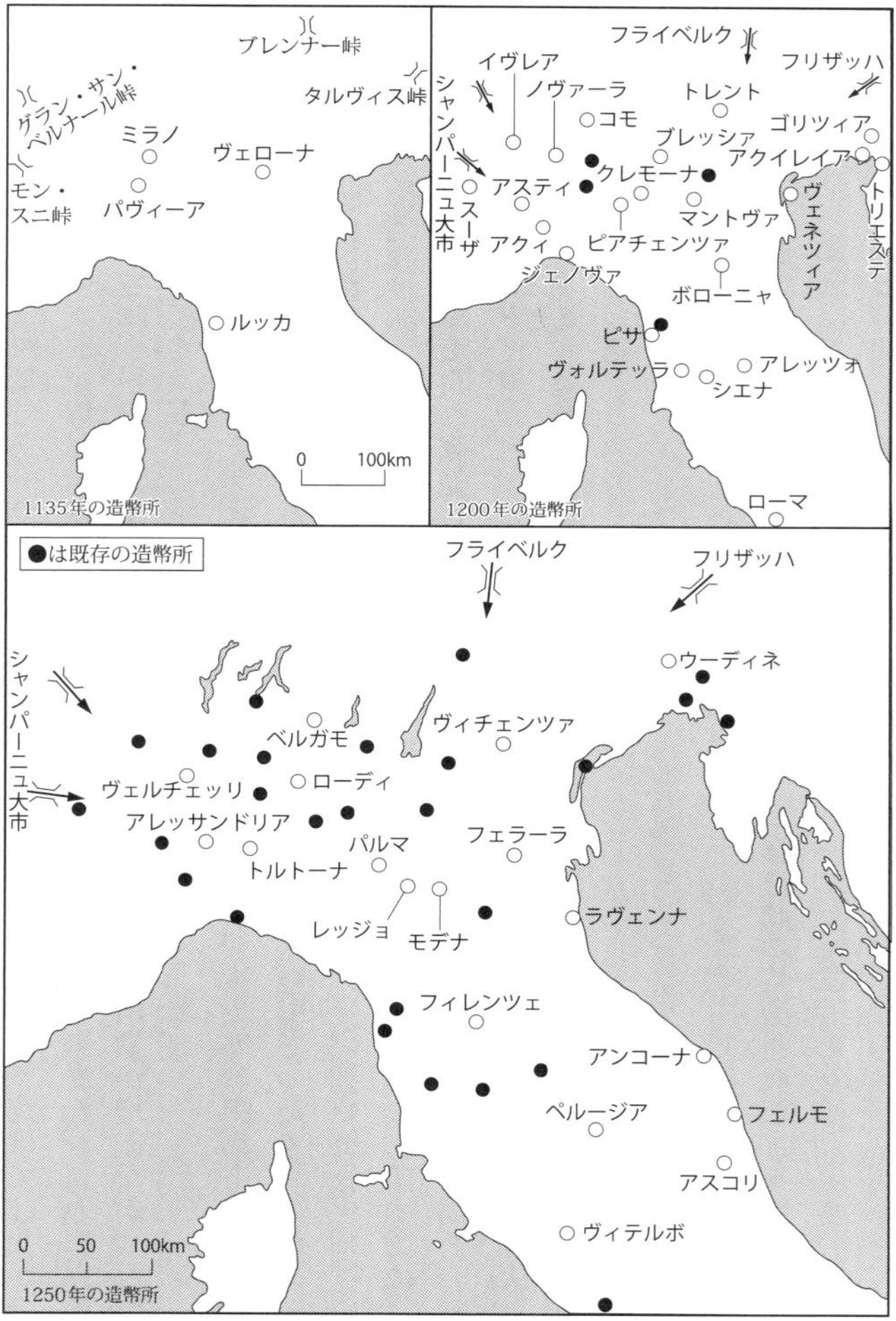

P. Spufford, *Money and Its Use in Medieval Europe*, p.190 による

図6－4　イタリアの造幣地の新旧の分布

まかなうことが出来る銀量であった。この銀産出量はひとりフライベルクだけではなかった。同時代のボヘミアのクトゥナ・ホラやチロル地方のシュヴァルツ銀山もまた、これに匹敵する産出量を誇ったとされ、一一六〇年代から一三二〇年代まで、銀産出量が増えなかった時期はあまりなかったとされている。

イタリアでは一一三五年にミラノ、パヴィーア、ヴェローナ、ルッカの四都市に造幣所があるだけであった——ヴェネツィアとラヴェンナの造幣所は休眠状態であった——のが、一二〇〇年までにはこれらに加えてジェノヴァ、アスティ、ピアチェンツァ、クレモーナ、ブレッシア、ボローニャ、フェラーラ、マントヴァなどにも開かれた。そして一二五〇年までにはローマから北の地方だけで実際に稼動した造幣所は三七を数えるまでになった。

こうした状況はイタリアだけでなく、フランスでも、イングランドでもドイツでも基本的な趨勢《すうせい》となったのである。造幣所の増加が象徴している貨幣使用の一般化は、托鉢修道会の隆盛の物質的前提でもあった。

都市・貨幣・托鉢修道会

中世が過ぎてから作られたある二行詩は、さまざまの修道制の特徴を次のように謳っている。

ベルナールは谷間に行き、ベネディクトは山に行く

フランチェスコは町を好み、ドミニクスは都市を好む

ここでベルナールと呼ばれているのは、言うまでもなくシトー会を総称してのことであり、ベネディクトを称しているのは聖ベネディクトが開いたモンテカッシーノ修道院のことである。フランチェスコが体現している「町」は、この詩の原語であるラテン語では oppida（単数形の oppidum は、山上の高地集落を意味している）であり、明らかに聖フランチェスコが生まれたアッシジの景観と結びつけている。アッシジは山上の都市集落である。

シトー会の戒律はベネディクト戒律であり、歴史的に先行する同戒律の修道院とともに田園的景観のなかにその拠点を構えていた。これに対してフランチェスコ会、ドミニコ会などは都市的環境のなかにその居所を定めた。

フランスの中世史家として名高いジャック・ル＝ゴフは、一九六八年に発表した「中世フランスにおける托鉢修道会と都市化」（江川溫訳）で、一三世紀から始まる都市化現象を計る指標として、市内に托鉢修道会の修道院が存在することを、都市化の表れとみなす仮説を軸にした研究を発表した。

一三世紀に展開した集落の都市化の動きは、フランドル、北フランス、ライン地方、北および中部イタリアだけを先駆地帯として、イングランドからポーランド、スカンディナヴィアからスペインまで広がった。そしてそれは商取引や知的活動の活発化、貨幣使用の一般化を促進

し、住居や食物や衣装などへの新たな嗜好《しこう》を生みだし、ギルドや講組織のような、より水平志向の強い組織への結集を実現した。

だが＝ルゴフによればこうした新たな都市化の波と、都市社会の深化は、すでに触れたようにさまざまな弊害と「悪」をも生みだし、都市住民は二重に罪人であるとの認識も胚胎されはじめる。ひとつは伝統的にキリスト教の教義のなかで育成されてきた「贖罪」の対象とされてきた罪を背負った存在。もうひとつは交換活動によって莫大な富を得た人々の「社会悪」や貨幣使用が表象する金銭の面での「貪欲《どんよく》」、あるいは贅沢《ぜいたく》な料理や紅灯の巷《ちまた》がもたらす肉体的な快楽という感覚面での「貪欲」の虜《とりこ》となった者としての罪人である。托鉢修道会の目から見ると、都市はこうした「異教徒」の悪徳を身につけた人々の境域であり、説教による回心、福音伝道の対象とみなされた。

托鉢修道会の修道士は伝統的な修道士とは異なり、耕すべき所領は有せず、個人としての財産はおろか、共同の財産も有していない。彼らはもっぱら信徒の喜捨、しばしば貨幣の形での喜捨を施され、食料の購入をはじめとする生活の手立てを得たのである。のちに述べるように、たしかに聖フランチェスコは喜捨を含めて何であれ貨幣の受け取りを拒否し、会士にもそのように厳命した。だがル＝ゴフが指摘するように、托鉢修道会は貨幣流通に依存する組織であった。フランチェスコ死後には、やがて私有財産を排除したうえでなら、貨幣の使用がもはや忌避されないという折り合いがつけられたのである。

第七章　聖フランチェスコの革新

聖フランチェスコは中世のキリスト教徒聖人のなかでも、わが国で最も知られ、親しまれている聖人であろう。一九七二年に製作されたその伝記映画『ブラザー・サン　シスター・ムーン』や、一九八九年に作られた『フランチェスコ』などをご覧になった読者も多いであろう。またフランチェスコがイタリア語で自ら書いた『兄弟たる太陽の賛歌 Canticum fratris solis』（後で紹介する）は、「ブラザー・サン　シスター・ムーン」のもととなった歌であるが、その新鮮な感性と万物への愛に溢《あふ》れた祈りに、キリスト教徒ならずとも心を打たれた経験をもたれた方も少なくないであろう。

観光旅行でフランチェスコの生地アッシジを訪れた読者も多いにちがいない。ウンブリア地方の中心にあるこの町は、背後のスバシオ山のなだらかな山裾《やますそ》に、薔薇色《ばらいろ》がかった切石で造られた家々が軒を連ね、扇状に展開する小都市である。旧市街は車の騒音や排気ガスとは無縁な世界で、古い小路が家々のあいだを縫い、バルコニーにすえられた鉢植えは季節の花々を楽し

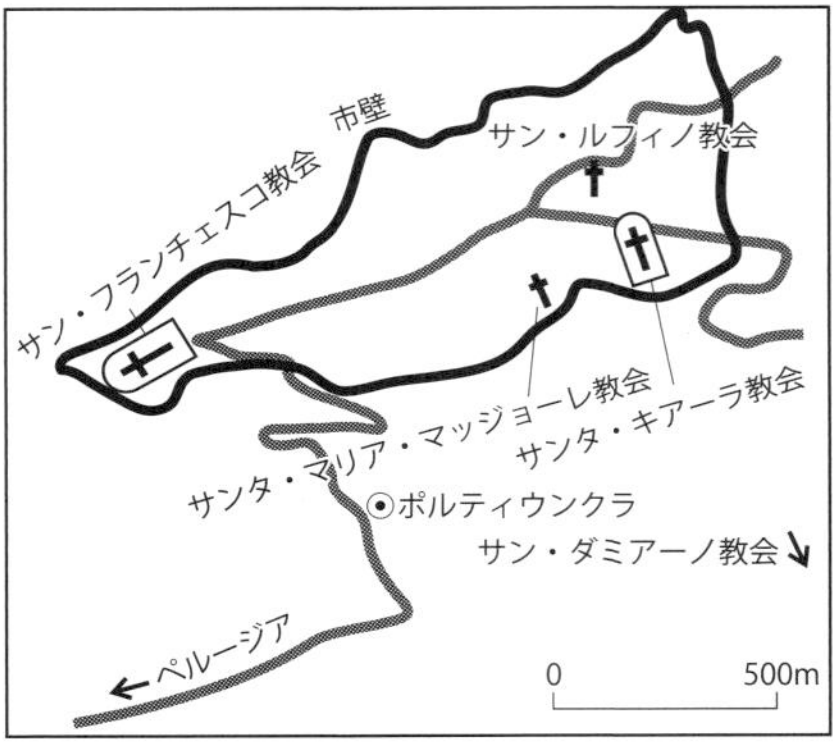

図7－1　アッシジと周辺の地図

ませてくれる。こうした街区の情景は、中世以来さほど大きな変化を経験していないような印象を受ける。

フランチェスコはこの故郷の町と強い絆で結ばれている。彼はこの町で生まれ、この町で世を去り、この町に埋葬された。北イタリアに説教遍歴に出かけても、必ずこの町に戻った。エジプトやパレスティナのような遠方に出かけた二年（一二一九〜二〇）の期間を別にすれば、足繁《あししげ》く故郷に戻る人であった。修道会揺籃《ようらん》の地であり、その修道院が置かれたポルティウンクラは古い市壁から二キロしか離れていない。まことにフランチェスコはアッシジの子であった。

1　聖フランチェスコの「生成」

フランス贔屓の金持ち息子

フランチェスコは一一八一年の終わりころか、一一八二年のはじめに、アッシジの富裕な毛織物商人の息子として生まれた。父親のピエトロ・ボルドーネはフランチェスコが誕生した折に、折悪《おりあ》しく商用でフランスに出かけていたために、南フランス出身の母親ピカが洗礼を受けさせたが、その名前は洗礼者ヨハネのイタリア語読みの「ジョヴァンニ＝バティスタ」という名前であった。つまりフランチェスコの洗礼名はジョヴァンニ＝バティスタ・ボルドーネである。

のちに彼がその名前で呼ばれることになる「フランチェスコ」を名乗るようになったのがいつ頃で、何を契機としたかは定かではない。有力な仮説は、当時南北ヨーロッパの取引のセンターとなっていて、自分でもしばしば出かける機会があったシャンパーニュ大市の所在する「フランス」に因んで、父が与えた名前であるというものである。「フランチェスコ」は当時のイタリア語で「フランス人」を意味したのである。

だがジャック・ル＝ゴフは、それはフランチェスコ自身が言い出し、使いはじめたという説を主張している。彼が回心以前にフランス語を習得したのは確実であり、伝記作者チェラーノのトンマーゾは「彼は聖霊の熱情に満たされると、大きな声で、フランス語で話した」と証言している。

ボルドーネ家は社会的には「ポポロ（平民）」身分に属し、貴族が寡頭制支配を実践していた当時のアッシジにあっては、政治権力から排除されていた。だがフランチェスコの家族はポポロの上層に位置しており、経済的に恵まれた者たちは、多くのイタリア都市で見られたように、生活様式の点では貴族に近づきつつあったのである。

フランチェスコは金持ちの子弟として、浮かれ騒ぐ良家の息子たちの頭目株であり、仲間の青年に大盤振舞をすることで人気があった。

文学と騎士道への憧れと挫折

アッシジの富裕な商人の息子として、いずれは父親の後を継いで商人になるはずのフランチェスコであったが、実業の世界に入ることに反発し、当時フランスからイタリアに入り、若者たちのあいだに人気があった吟遊詩人の作品や、武勲詩、恋愛詩に心を奪われていた。フランスの中世史家ダラランの研究によれば、一二世紀のはじめにはイタリアで『円卓の騎士』や『ローランの歌』などの武勲詩が知られていたことは、写本の証拠は存在しないものの、これらの詩の内容を描いた浅浮き彫りの一群がモデナ、ヴェローナ、ブリンディシなどの聖堂教会で確認されることで裏付けられる。

一二世紀は神聖ローマ帝国（ドイツ）とローマ教皇権力とが軋轢を強めていた時期で、これを奇貨として、有力都市がコムーネとして自立する動きを見せていた。海洋都市ジェノヴァやピサ、政治権力の中心ミラノやボローニャなどの有力都市がいち早く都市共和国として独立した。中部イタリアにそうした波は遅れてやってきた。ウンブリア地方は神聖ローマ帝国のホーエンシュタウフェン朝と、教皇国家勢力のちょうど境界地帯に位置していた。北西に二〇キロ離れたペルージアは教皇領国の飛地、アッシジはスポレート大公領国の一部でドイツ王権の影響下にあった。こうした状況のもとで、一一九八年にアッシジのポポロ層が担い手となって、自立運動のための蜂起《ほうき》を起こし、アッシジの名望家であった貴族門閥二〇家門を駆逐したのである。貴族たちはペルージアに逃亡した。このなかにはのちにフランチェスコの仲間となる聖女キアーラの父ファヴァローネ・ディ・オッフレドゥチオもまじっていた。フランチェスコの父もまたフランチェスコ自身も、この叛乱にポポロの一員として参加した。

この四年後の一二〇二年一一月に、ペルージアはアッシジからの亡命貴族を加勢にして、その領内を急襲した。フランチェスコはアッシジ軍の一員としてコレストラーダの戦いに騎兵として出陣したが、戦いはペルージアの勝利に終わり、あまつさえ自らが捕虜になった。

武勲詩に熱をあげ、騎士として宮廷につどう貴婦人の憧れ《あこが》の的になりたいというフランチェスコの夢は挫折《ざせつ》し、父ピエトロが身代金を払って解放してくれるまで、一年のあいだ悲惨で過酷な牢獄《ろうごく》暮らしを堪え忍ばなければならなかった。この捕虜生活はフランチェスコの肉体を蝕《むしば》み、彼のその後の人生に病弱な体質という暗い影を落とすことになる。

フランチェスコはしかしながら騎士の夢を完全に放棄したわけではなかった。一二〇四年に一年におよんだ静養生活を終えると、フランス人傭兵隊長でシチリア王位を狙《ねら》うというゴチエ・ド・ブリアンヌが傭兵を募集しているとの噂《うわさ》を聞き、アッシジの騎士たちとともに募集地である南イタリアのプーリアに向かった。だがアッシジから南に三〇キロのところに位置するスポレートで、再び病に襲われる。友人たちを先に行かせ身体を休めているあいだに、フランチェスコは夢のなかで次のような声を聞く。「主人と従者ではどちらが人の役に立つか?」。主人ですと彼は答える。「それならばなぜ汝は主人ではなく、従者になるために出かけるのか?」。ああ主よ、私にどうしろといわれるのですかと彼は問う。「汝の家に戻れ。そこで汝は自分にふさわしいなすべきことを知るであろう」。こうしてフランチェスコはそれまで憧れていた騎士の理想の限界を悟り、なすべきことを自らに問う煩悶《はんもん》の刻《とき》を迎える。

「転換」の刻

伝記作者チェラーノのトンマーゾは、フランチェスコの死後三年の一二二九年に、教皇グレゴリウス九世の依頼でこの「アッシジの貧者」の伝記を書いた。これは現在『第一伝』と称されている。おなじ著者は一二四六年から四七年にかけて、再度フランチェスコの伝記を著した。こちらは『第二伝』と呼ばれている。

ところでフランチェスコの回心について、『第一伝』は、世俗の悪徳に染まった者の魂への突然の恩寵《おんちょう》の出現として描写されている。それは聖アウグスティヌスの『告白』での回心に見られるように、キリスト教文学や中世の聖人伝で馴染《なじ》みの形式である。著者はフランチェスコが真に内面的変容を遂げたのが何時《いつ》の時点なのかについて語ることなく、ただ彼が長いあいだ神の意向に抵抗し続けたことを強調しているだけである。

その約一七年後におなじ著者が著した『第二伝』では、フランチェスコが世俗の悪弊に蝕まれていたことや、また彼の取り巻きの者たちの堕落の指摘などがまったく影を潜め、彼の回心を彼の本性への回帰と、彼自身の必死の努力の成果ととらえ、神の恩寵にはほんの最後の仕上げであるかのように軽い比重しか与えていない。ここではフランチェスコが死を前にして口述筆記させた『遺言』に記されているハンセン病者のもとへの訪問が、彼の煩悶、懊悩の頂点をなす静かな転換として記述されている。このときフランチェスコはハンセン病者に口づけをすることで、まさしくキリストや、諸聖人の行動にならい、そのような存在として描写されている。

同一の著者の手になるフランチェスコの「回心」についての異なる記述については、聖人伝という文学作品の本質から説明できる。それは歴史的客観性を第一に目指すのではないことは言うまでもなく、当該聖人の功績を讃えようとする宗教組織が直面する喫緊の課題は何かによって違ってくる、そうした性格の文学ジャンルなのである。すなわちフランチェスコの死後まもなく書かれた『第一伝』で、トンマーゾは「小さき兄弟団」が急速に発展して成功を収めている理由を、心根の硬い商人の息子が、突然の神の恩寵を得て回心する姿を自らの修道会の生成の特徴として説明することにあった。

これに対して『第二伝』が書かれた時期は、フランチェスコ修道会が、教皇庁を頂点とする教会体制に入り込み、神の摂理を説くその役割が認知されるよう努めるときであり、著者はフランチェスコの聖人としての性格をノーマルなものとして示そうとしたとアンドレ・ヴォシェは説くのである。そして続けてこのようなフランチェスコの宗教体験を、「我々の用語では、以前の信仰や宗教実践との急激な断絶を意味する「回心」という言葉よりも、騎士道的価値体系から福音に基礎を置く生活綱領への漸進的な移行によって特徴づけられるこの模索の時期を表現するのは、おそらく「転換」という用語がふさわしいであろう」と述べている。

対ペルージア戦の敗北と虜囚に続き、スポレートでの発病という二度目の挫折ののち、複数の伝記記述から現れてくるフランチェスコの姿は、もの思いに沈み、何かと体力の消耗と無気力状態に陥りやすい青年像である。ほぼ二年におよぶこうした精神状態を克服しての彼の世俗生活からの離脱は、たしかに「回心」と呼ぶより、新たな精神的、宗教的地平に向けての決然たる「転換」と表現するのがふさわしい。

家族と世俗の紐帯の切断

一二〇五年の終わりに、アッシジの市壁の足下にあるサン・ダミアーノ教会で一心に祈りを捧げていたとき、フランチェスコは神の声を聞く。「フランチェスコよ、汝は我が館が朽ちかけている姿を目にせぬか。我への愛ゆえに、行きてそれを立て直しせよ」。この言葉を文字どおりに受け取ったフランチェスコは、ただちに荒廃した教会の修復にとりかかるが、そのためには資金が必要である。これを手に入れるために、彼は父ピエトロから預かった毛織物と馬を、一〇キロほど南の都市フォリーニョで勝手に売り払い、資金を工面して修理が必要な教会の司祭に与えようとしたが、司祭はピエトロの怒りを懸念してこれを受け取るのを拒んだ。そこでフランチェスコは資金の入った財布を開いた窓から投げ入れ、立ち去る。

父のピエトロは息子の振る舞いに心底衝撃を受けて、彼を廃嫡する決意を固め、彼をアッシジのコンスル法廷にともない、そのうえでアッシジのコムーネ領域から追放しようと考えた。しかしコンスル法廷がピエトロの訴えを取り上げようとしなかったので、彼は司教グイドのもとに訴えた。グイドはフランチェスコの宗教的葛藤《かっとう》と苦悩を知っており、助言もしていた仲だったので、フランチェスコに父の金を返却するように諭した。だがフランチェスコはその金を返却するつもりはなく、その代わりに自分が着ていた衣服を脱ぎ、司教の庇護のもとに入ることを願い出る。司教はフランチェスコの裸体を覆うべく自らのマントを着せてやるのだが、このシーンは画家ジョットによって描かれたとされ、見る者の心をうつ情景として

図7－2　司教の擁護（伝ジョット画。13世紀。アッシジ、サン・フランチェスコ教会）

アッシジのサン・フランチェスコ教会に今でも掲げられている。

ヴォシェによれば、この最後の挙措はフランチェスコによる二重の社会的紐帯の切断を意味しているという。ひとつは父親、すなわち家父長との絆、それゆえ家族の絆の切断。実際、このちあれほど愛してくれた母親を含めて、町ですれ違うことがあっても、親しい視線を向ける家族はいなくなった。もうひとつは家族によって体現されていた世俗社会一般との絆である。そして司教グイドがフランチェスコの裸体をさりげなく隠すために着せたマントは、教会による庇護の寓意《ぐうい》であった。

こうしてフランチェスコは世俗の絆を断ち切り、俗人のまま教会の庇護のもとに福音活動を実践する存在となったのである。

神への奉仕によって自らを高めようと模索した富裕層の子弟、子女たちは、両親や近親者が何よりも優位に置いている価値観——利益の追求と富の蓄積——を相対化し、その物質主義と世俗臭さを拒否した。キリスト教世界で、この一三世紀に都市化が進展した地域ではどこでも、新たな形態の信仰の息吹は世代間の溝を作り出し、宗教的回心を表象する夢幻の言語として沸き立ち、フランチェスコの場合のように再生にいたる病として立ち現れた。それはやがて個人とそれを取り巻く環境の関係を、ラジカルに問い直す動きとなって展開する。

北イタリアの農村部を中心に、一一七〇年ころから悔悛者《かいしゅんしゃ》（贖罪者）の男女がともに労働し祈る共同体の存在が確認される。彼らは修道会に属することをしないで、禁欲生活を実践した。シトー派修道院の助修士のように、独自の禁欲戒律を守り、典礼を行ったが、助修士のように修道会の保護のもとには入らず、その代わりに司教がこれらを監督、保護したのである。フランチェスコは当時イタリアで一定の成功を収めつつあったこのスタイルを選びとった。

アッシジの市民たちは、彼のことを物狂いとか夢想家のような存在と嘲笑《ちょうしょう》したが、やがてアッシジ出身の幾人かの仲間が生活をともにするようになった。こうしてフランチェスコを指導者と仰ぐ「アッシジの悔悛者兄弟団」が形成され、アッシジ郊外のサンタ・マリア・デッリ・アンジェリ教会、別名ポルティウンクラを兄弟団の拠点とした。

フランチェスコの仲間たちの行動が、ふつうの悔悛者共同体の実践と異なったのは、福音を説く説教をしながら、旅したことであった。つまり使徒的伝道の次元を悔悛者たちの挙措に加えたことであった。彼らはウンブリアやマルケ地方の都市や村々を遍歴し、福音を説き、贖罪を説教した。教会当局から何の委任も受けていない彼らの福音説教活動は、しばしば敵意に直面したが、アッシジ司教が庇護者ということもあり、異端の嫌疑を受けて窮地に陥ることはなかった。

このささやかな組織にとって決定的であったのは、一二一〇年に教皇インノケンティウス三世がローマを訪れていたフランチェスコに対して、不承不承ではあったが、彼が兄弟団のために作った戒律を承認したことであった。この戒律テクストは伝来していないが、聖書の章句を繋《つな》ぎ合わせた内容で、法的性格をまったくもっていなかったとされる。その意味ではベネディクト戒律よりは、聖アウグスティヌスの戒律に近いものであったと推測される。

教皇による認知はフランチェスコたちにとって大きな力となり、伝道活動を中部イタリア地方全体に広げ、兄弟団に加入を望む者の数も大きく増加した。自分たちを「小さき兄弟団 Ordo fratrum minorum」と名乗るようになったのはこのころで、試行錯誤の結果の命名であった。

一二一二年に、先に述べたアッシジの貴族の娘キアーラが、フランチェスコの行動と説教に心を動かされ家を出て、「小さき兄弟団」に加わった。まもなく彼女には何人かの親戚《しんせき》の娘や友人がつき従うことになり、彼女らはキアーラの指導のもとに「貧しき婦人」と称する、女性の悔悛者からなる共同体を作り、アッシジ郊外のサン・ダミアーノ教会を修道院として活動した。これは男子の「小さき兄弟団」を第一会として、「第二会」と呼ばれている。

2　霊性と思想の独自性

フランチェスコの新しさ

フランチェスコは口述筆記させた『遺言』のなかで、「主が私に兄弟たちをお与えになった後、私がどのようにすべきかを誰も私に示さなかった。しかし至高なる方ご自身が、聖福者の模範に従って生きるべきであると私に示し給《たも》うた」（坂口昂吉訳）と述べ、聖なる福音に従って生きる決意をしたことを語っている。福音書の使徒のように生きるという理念は、一一世紀の始まりには新しいものであった。教皇グレゴリウス七世や民衆説教者ロベール・ダルブリッセルのような存在が、そうした使徒的生活の理想をキリスト教世界に広めたのであった。『使徒行伝』（二：四四―四七）にあるような初期教会の生活、すなわち「使徒的生活」である。信徒の心がひとつとなり、すべての所有物が共同であるそうした生活である。

フランチェスコの出現によって、キリスト教の歴史において、宗教生活は神の神秘について思索をめぐらすことではなく、キリストを真似ること、キリストを模範として、その人格に一歩でも近づくこと、それと同一のものになることを模索することであるという思想がはじめて姿を現したのである。フランチェスコの内なる激しい希求は、十字架にかけられた人と相似た存在になることであり、キリスト教徒一人ひとりをキリストにすることであった。この目的を達成する唯一の道は、彼の目からすれば、文字どおり福音に忠実に生きる以外にはなかったのである。

古代末期から中世初期にかけての修道院における聖書研究の蓄積は、容易に見通すことができないほどの厚みと深さをそなえていた。修道士である学僧たちは聖書を「象徴の森」とみなし、難解で隠された意味を豊富に内蔵していて、その秘密を解く学識を身につけた修道士や聖職者だけが、その隠された意味を引き出すことができる、そうしたものとして聖書をとらえてきた。こうした思考伝統に対して、フランチェスコは神の言葉の寓喩《ぐうゆ》的解釈をことごとく拒否することで、ラジカルな革新を実践した。「裸のキリストに裸でつき従う」ことだけが重要であった。

斬新な福音手法

キリストの神秘的奥義についての、この簡素で敢然たる呼びかけだけでは、おそらく同時代の人々の心をとらえるには十分ではなかった。フランチェスコは神が作った人間として馬小屋に生まれたイエス・キリストのうちに化肉した神の愛は、罪人の只中で貧しく生き、やがて我々人間が死者のあいだで甦るために殉教の苦しみを受けたのだという福音のメッセージを、独特の仕方で人々に経験させようとした。自らを「偉大なる王の伝令官」、「神の吟遊詩人」と称し、説教とは別の仕方で福音を説いた。それはのちに聖史劇へと発展することになる仕掛けであり、キリストの生涯を芝居として構成し、人々に提示するという方法である。

またチェラーノのトンマーゾが証言していて、よく知られた事実であるが、リエティ近くのグレッチョでは、信徒と弟子たちにキリスト生誕の神秘を再現して信仰のありようを具体化して見せようと試みた。この町の郊外の洞穴を舞台にして、飼い葉桶《おけ》に干し草を敷き、そこに本物の赤子を置き、一頭の雄牛とロバをセットして、松明《たいまつ》の明かりで照らされたなかでミサを行

図７−３　キリスト生誕の場面を再現するクリスマス飾り

い、説教した。アッシジの住民に、十字架にかけられたキリストの裸体と恥辱や、財産を放棄することの必要を理解してもらうために、町中において裸で説教することも厭わなかった。フランチェスコによって、救済の神秘の内面の経験は、身振りの文化として体現されたのである。

絶対的無所有と貨幣

修道士を誓願する者の個人財産の放棄は、ベネディクト戒律以来キリスト教修道制の基本原理であったが、フランチェスコはこの精神をさらに徹底させ、共同での財産の所有をも否定した。それまでの修道院は、わかりやすくいえば一種の法人として、共同での資産の所有が前提であったが、彼はこれを認めなかった。人は修道会に加入するにあたって、一切の財産を処分して貧者に分け与え、一着の僧衣と数枚の下着、一本の帯紐《おびひも》以外の物を携えてはならなかった。福音の生活に身を投じることは、一切の安寧を拒絶し、食住その他すべての生活の要を神の摂理に委ねることであった。

あるとき彼は兄弟たちが、彼のためにしつらえた僧庵《そうあん》からそそくさと立ち去ったが、それはこれを準備した兄弟のひとりが「汝の僧庵」と形容したためであった。「自分のもの」と称しうるような居所に落ち着くのは、えてして自らの自立と力を恃《たの》みとして、神から遠ざかる業だからである。フランチェスコが兄弟たちに金銭、貨幣を一切受け取ってはならないし、所持してもならないと禁じたことに表れているそうしたものへの理屈抜きの敵意は、貨幣の所持が、幻想でしかない偽りの力の感覚をこれを所持する者にもたらし、人間関係を謬《あやま》らせ、所持者を抑圧者の側に置くからである。

商人の子であったフランチェスコは、この時代の経済観念に従って、この世界の貨幣の総量は不変であり、誰かが貨幣を蓄積すれば、誰かが貧しくならざるをえないと信じていたのである。実際にはすでに述べたように、ヨーロッパでの貨幣使用の状況は、しだいに総量が増加しつつあったのだが、アッシジのような小都市では、その兆候は目立たなかったのかもしれない。だがより本質的なのは、貨幣の所持者を抑圧者の側に置くという思想である。ジャック・ル＝ゴフはフランチェスコの社会思想を読み解く試みのなかで、彼の思想のなかに人間の社会的上昇を悪、すなわち「社会的大罪」とみなす考えがあり、社会的上昇の二大要因としてフランチェスコが挙げるのが金銭と学問であると指摘している。

だがフランチェスコの死後、彼があれほど厳しく説いた貨幣と修道会との関わりは緩和される。商人や銀行家をキリスト教会と有和《ゆうわ》させるうえで大きな役割をはたしたのはフランチェスコ会士であった。

学識への不信

フランチェスコは学問、学識に対して矛盾した思いを懐いていた。自身は読み書く能力をそなえていたが、学問を人間の社会的栄達の有力手段であるとして強い不信の念を持つ一方で、自分の著述のなかで神の言葉をよりよく理解させてくれるとして、神学者を評価しているのである。一三世紀といえば大学と大学人が大きな脚光を浴び、イタリアではボローニャ大学、フランスではパリ大学が躍進を遂げた時代である。彼は「小さき兄弟団」が、聖書の研究の嗜好に傾きかねないという漠たる不安にとらわれたのである。

書物がひとつの財産であるような高価な時代にあっては、それを所有しているという事実だけで、兄弟を富者の側に置き、どのような問いにも答えられるという幻想と、自己満足の意識を育《はぐく》む。フランチェスコはたえず簡明であることを賞賛し、書物がもたらす教養が多くの誘惑と結びついており、読書を控えるようにと諭すのである。

ひとつのエピソードを紹介しよう。兄弟のひとりが詩篇集を一冊もちたいといったとき、フランチェスコは激して次のように述べた。「汝が詩篇集を手に入れたならば、次には聖務日課書をもつようになり、高位の聖職者のように椅子《いす》に座り、汝の兄弟に「聖務日課書を持ってくるように」と命令するようになるだろう」。そして激情にかられて、彼は炉端の灰をすくい手にとって、兄弟の頭に振りかけ、それを手で揉《も》みながら何度も繰り返し「これが聖務日課書だよ」と述べたとされる。

すでに述べたように、社会的上昇を大罪とみなすフランチェスコは、栄達の手段になりうる学識に対して不信感を露わにするのだが、この点について検討したル＝ゴフは、この不信、警戒の念については以下の三つの理由が挙げられるとしている。①当時流布していた学識は宝であるという通念が、彼の貧困称揚の思想と対立する。②高価な書物は、清貧と無所有の原理と対立する。③傲岸《ごうがん》と支配の源となり、権力としての知を醸成することへの懸念。

フランチェスコの学識に対するこうした不信の念は、やがて緩和され、フランチェスコ会士が、パリ大学の講壇の椅子をドミニコ会士と争う時代がやってくる。すでに一二二三年に教皇ホノリウス三世が教皇勅書によって認めた『公認された会則』には、フランチェスコが渋々認めざるをえなかった「聖務日課書をもつことが許される」という一節が入り、書物の所持は公認の事態になっていた。フランチェスコの死後三〇年を経て、フランチェスコ修道会の総長となった聖ボナヴェントゥラは「……無駄口ではなく神の言葉を説くべきであるのなら、彼らは読書をしなければ神の言葉を知りえないのである。書物がなければ、彼らは読書できない。だから書物所有は、説教とおなじ資格で会則の一部をなすことは、いとも明らかである」（池上俊一・梶原洋一訳）と述べて書物所有を広汎《こうはん》に承認している。

感性の領野

フランチェスコは時代に遥かに先んじた人間であったというのが、多くの歴史家の見方である。その折に決まったように言及されるのが、動物も物質も、「我らの姉妹たる肉体の死」さえ包摂してしまう、普遍的な兄弟愛であり、その発露ともいうべき珠玉の宇宙賛歌『兄弟たる太陽の賛歌』である。少し長くなるが池上俊一・梶原洋一訳で、全編を紹介しよう。

兄弟たる太陽、あるいは被造物の賛歌

いと高く、全能にして善なる主よ
あなたこそ、称賛、栄光、名誉、あらゆる祝福が
ひとりあなたにこそふさわしい、おお、いと高きあなた
誰ひとり、あなたの名を呼ぶに値しない
讃えられてあれ主よ、あなたのあらゆる被造物とともに
とりわけ兄弟たる太陽殿こそ
彼により、あなたは我らに日を、光を与えたもう

美にして燦々《さんさん》いや輝きて
太陽は、主よ、あなたのしるしを我らにもたらす。
讃えられてあれ主よ、姉妹たる月と星々ゆえに
天なる彼女ら、あなたは明るく、高貴に麗しくつくられたもう
讃えられてあれ主よ、兄弟たる風
大気と雲々のゆえに
穏やかなる紺碧《こんぺき》とあらゆる気象ゆえに
彼らにより、全被造物に命をつながせたもう。
讃えられてあれ主よ、姉妹たる水ゆえに
いとも有用、いとも賢く
高貴にして純潔なる。
讃えられてあれ主よ、兄弟たる火ゆえに
あなたが夜を照らす火は
美しく陽気
不屈にして強い。
讃えられてあれ主よ、姉妹たる、我らが母なる大地ゆえに
地は我らを支え、育み

もろもろの果実を生む
多彩なる花々、草々とともに。
讃えられてあれ主よ
あなたへの愛ゆえに許す者
苦難と病に耐える者ゆえに
幸いなるかな平和保つ者
主よ、彼らあなたより冠戴《いただ》くがゆえ。
讃えられてあれ主よ、我らが姉妹たる肉体の死ゆえに
生ける人誰ひとり逃れえぬ
大罪に死す者には不幸
ご意思なさんとて、その訪れ受ける者には幸
第二の死、彼らをさいなまざるなれば
わが主を讃えよ、祝福せよ
感謝をささげ、主に仕えよ
まったき謙虚の心もて。

フランチェスコがウンブリア方言のイタリア語で書いたこの詩に込められた宇宙観の独創性

と、詩的感性の清新さは多くの人々を魅了してきた。すでに指摘したように、彼は若いころに騎士道に憧れ、吟遊詩人、武勲詩、恋愛詩を鍾愛《しょうあい》した。母のピカが南仏の出であることもあり、トゥルバドゥールの詩に馴染んでいたのは大いにありうることである。彼は「転換」を経て、説教巡歴に乗り出した後も、森や人気のない旅路で、大声でフランス語の詩を暗唱したり、俗謡を歌ったりしたことを弟子たちは証言している。また自分とつき従う兄弟たちを、しばしば「円卓の騎士」になぞらえたといわれている。詩的感性と教養は終生フランチェスコのもとを去ることはなかった。

先に挙げたダラランはフランチェスコの教養のうちに、四つの異なる位相を想定している。第一は騎士イデオロギー、第二は宮廷文化、第三は福音的革命、第四が修道制の伝統である。ダラランはフランチェスコの福音の生涯を、フランチェスコ自らが「聖杯の物語」に意識的になぞらえたものであったのではないかという仮説を提示したことがあった。先に全編を紹介した『兄弟たる太陽の賛歌』に見られる星辰や事物の擬人化は、中世文学の叙情詩《じょじょうし》の流れを汲《く》む作品であると見ている。

こうしてみるとフランチェスコの感性は、中世の詩文学によって濃厚に刻印されたものと見ることができる。

「平和」の思想

同時代の人々を驚かせたフランチェスコと兄弟たちの言動のひとつに、彼らが平和を熱心に説いたことが挙げられる。彼らが口々に「この家に平和があるように」（ルカ一〇：五）と、繰り返しながら家々を回った行為は、人々を唖然とさせ、また苛立《いらだ》たせもした。だがフランチェスコにとって、これは福音のメッセージの重要な一面であった。

「平和」の観念は一三世紀はじめの社会にとって、目新しいものではなかった。人々がすぐに武器を手にして戦うことが日常茶飯事であった時代状況のなかで、一〇世紀の末から一一世紀を通じて、司教や修道士たちが率先して平和の集会を開くような事態が、とくに南フランスで起こっていた。南フランスでは国王権力による統制力が弱く、秩序や司法を貫徹させるのが難しかった。教会が推進した「神の平和」や「神の休戦」といった平和運動は、女性、子供、商人、巡礼者、聖職者、修道士といった武器をもたない者に、最小限度の安全を与えようとするものであった。

だがイタリアでは神聖ローマ帝権と都市国家の武力衝突や、都市内部の血なまぐさい党派抗争が頻発したにもかかわらず、そうした教会を主導者とする平和運動の広がりは見られなかった。そうしたなかでのフランチェスコの行動の源泉を説明することは困難であるが、私は何かひとつの大きなインパクトをもった要素が契機であったと考えるよりは、さまざまな要素が導きの糸の役割を果たしたと考えている。そのひとつは若き日の騎士道精神の涵養や宮廷文化への親炙《しんしゃ》である。騎士道という武力の担い手の徳目が「平和」につながるというのは大いなる逆説のように見えるが、「神の騎士」に託された使命が無辜《むこ》の民を守ることであるとすれば、無益な流血の回避、平和の称揚によって武力の担い手に自制を促す効果は期待できるのである。南フランスにおける神の平和運動については、この地域出身者であった母親から聞き知っており、そうした知見もまた無視できない因子であると考えられる。

先に掲げた『兄弟たる太陽の賛歌』の「讃えられてあれ主よ／あなたへの愛ゆえに許す者／苦難と病に耐える者ゆえに／幸いなるかな平和保つ者／主よ、彼らあなたより冠戴くがゆえ」の一節はヴォシェの説によれば、フランチェスコが自身でのちに加えた部分であるという。ヴォシェの主張が正しいとすれば、フランチェスコの思想のうちにある「騎士イデオロギー」（ダララン）は、生涯にわたって失われることがなかったといえるのである。

3　修道会の展開

教皇公認以後の「貧しき人」

教皇インノケンティウス三世の支持によって、はれて公式の存在となった「小さき兄弟団」を率いたフランチェスコは、ポルティウンクラを拠点にして福音活動を繰り広げた。一二一七年には年に一度開催される修道会の総会で、イタリアの枠を越えて活動する決定がなされ、フランチェスコ自身はフランスを巡歴する希望をもっていた。紆余曲折があったのちに、一二二一九年に行ったアルプス以北の巡歴説教は成功し、ドイツ、フランス、ハンガリーで成果を挙げ、イングランドにも追随者を獲得した。イスラームが支配するモロッコにも五人の兄弟を送り出したが、ことごとく殺害されてしまうという悲劇にも見舞われた。

フランチェスコはこのおなじ一二一九年夏に聖地に姿を現した。それは第五回十字軍が、エジプトのダミエッタ攻撃作戦を展開したときであった。戦闘の惨状に嫌悪を覚えた彼は、同行の者をともない前線を訪れ、イスラーム・スルタンの兵に捕らえられ、アイユーブ朝のアルマリク・アル＝カーミルのもとに連行された。この事実については修道会側の伝記だけでなく、同時代聖地に滞在していたジャック・ド・ヴィトリィをはじめとする聖俗のキリスト教徒が書き残した記録が証言している。フランチェスコと同行の兄弟は、スルタンをキリスト教に改宗させようと試みたが、むろんそれは成功せず、十字軍の陣営に送り届けられた。

彼が聖地を含めての巡歴で留守をしていたあいだに、「小さき兄弟団」の内部で軋轢が生じたために急ぎ帰国することを迫られた。軋轢の原因は兄弟団内部での「路線問題」で、そのために正式の会則の作成が急務となった。一二二一年に彼が作った会則は、教団の内部で一致した同意が得られず、教皇庁によっても承認されなかった。そこでより法的な性格をともなった、しかしながらフランチェスコのそれまでの原則を一部覆すような内容が盛り込まれた会則を作成せざるをえなかった。それが『公認された会則』であり、それは一二二三年に教皇ホノリウス三世により公認された。

その翌年アレッツォの北西にある、標高一二〇〇メートルのヴァルナと呼ばれた人里離れた山奥で修行に努めていた折に、キリスト受難の聖痕《せいこん》を受けた。彼は完全な観想状態にあったとき、苦痛を感じて気がつくと両手、両足、右脇腹《わきばら》に傷を受けていた。このシーンもまたジョットの岩山の幾何学的表現が印象的な作品でよく知られている（口絵参照）。

このころになると彼は聖地で患った眼病が悪化してほとんど盲目状態になり、加えて肝臓と脾臓《ひぞう》も病に冒されていた。この苦しみと、兄弟たちの一部との不和に起因する孤立感のなかで、アッシジで『兄弟たる太陽の賛歌』を書いた。一二二六年夏、彼の病状は絶望的となり、アッシジに運ばれ、ここで一〇月四日に息をひきとった。その直前にフランチェスコは『遺言』を口述筆記させた。これは彼の宗教経験と、「転換」ののちに彼が経巡った内面の旅に、究極の意味を与えるテクストである。

一二二八年に教皇グレゴリウス九世により聖人として列聖され、一二三〇年アッシジの西のそれまで刑場であった場所に建設されつつあった、新しい聖堂に移葬された。

公認された会則

一二二三年に教皇ホノリウス三世によって認可された会則は、全体が一二章からなり、ベネディクト戒律に比べると簡素な内容である。修道会士の聖務を含めた生活について規定しているのは第三章「聖務と断食について。兄弟たちは世を遍歴していくべきこと」の文章である。

この章は次のように始まる。「修道司祭は詩篇集を除き、ローマ教会の定めに従って聖務を唱えるべきである。そのために彼らは聖務日禱書《にっとうしょ》をもつことが許される」。ここでいわれている「聖務日禱書」とは、すでにエピソードとして紹介した「聖務日課書」のことである。フランチェスコの忸怩《じくじ》たる思いが伝わってくる。

そして以下のように続く。「平修士は主禱文を朝課のために二四回、賛課のため五回、一時課・三時課・六時課・九時課おのおののため七回、晩課のため一二回、終課のために七回唱え、また死者のために祈るべきである。兄弟たちは、諸聖人の祝日（一一月一日）から主の降誕まで断食すべきである。公現（一月六日）に始まる四〇日間は、主が聖なる断食によって聖とされた日々であるから、自発的に断食する者は主によって祝福されるが、望まない者は強制されるべきではない。……」（坂口昂吉訳）。ここで規定されているのは聖務であり、その他の生活に関しては、この第三章にも、一二章からなる会則（戒律）のどこにも、関連する規定は見当たらない。ベネディクト戒律にあっては、時課の務めの時間以外の規律が細かに定められているのに対して、フランチェスコ会の戒律はそれがない。

ここに定められている時課の祈りのとき以外は、報酬をうる目的の労働、あるいは托鉢、そして説教職の資格をもつ兄弟だけが、管区司教の許可を得た場合にのみ許される説教にいそしんだ。

金銭の受け取りに関しては、第四章「兄弟たちは金銭を受け取ってはならない」という直《ちょく》

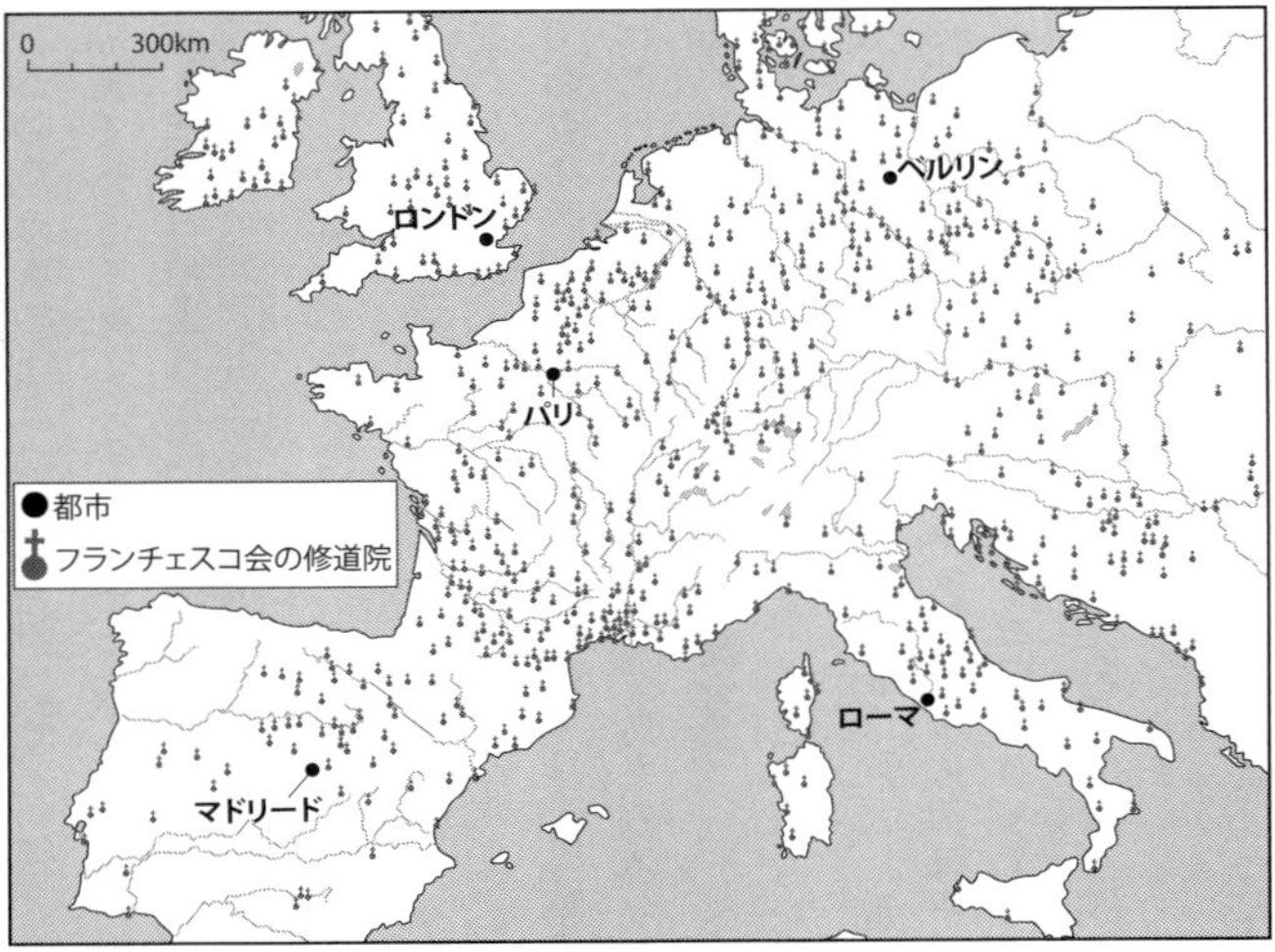

図7－4　フランチェスコ会の修道院の分布

截《せっ》なタイトルの規定のほかに、続く第五章「労働の仕方について」においても、労働の報酬として金銭を受領してはならないことが、明示的に定められている。だがこうした原則は、フランチェスコの死後しばらくして烏有《うゆう》に帰したのである。

西ヨーロッパにおける初期の展開

聖書の福音へのフランチェスコの文字どおりの応答は、キリストの召命に真の表現を与えるべく模索していた社会に、清新さと生命力を吹き込んだ。福音書の実践は、フランチェスコにより市場や広場を舞台とするようになる。そしてフランチェスコ会は総参事会を統治の手段として、組織化した。

地方の自律性は総長と総参事会が掌握す

る、中央集中化された権威に従属した。その格好の事例は一二三六年にイングランドの管区長として、ピサのアルベルトが指名された例である。修道士たちは他の候補者たちを載せたリストを提出していたのだが、総参事会はその意向を無視して指名を敢行したのである。

一二三〇年に総参事会は新しい地域管区を作る行動計画を作った。その結果フランスでは一二七五年には一九五の修道院が作られ、その分布は王国全土をカバーしたが、とくに南フランスに多く設けられた。

ドイツでは一二五〇年以前に、七三の修道院を数えた。いくつかは司教座都市であり、商業センターでもあった。フランケン、バイエルン、シュヴァーベン、アルザス、ザクセンなど全域に展開した。最も急速な展開を見せたのはケルン管区であり、最も都市化の進展が著しい地方である。これに対して北の低地諸地方は皆無であった。

イングランドでは一二四〇年以前に、司教座都市カンタベリー、カーライル、チチェスター、エクセター、ヘアフォード、リッチフィールド、リンカーン、ロンドン、ノリッジ、ソールズベリ、ウィンチェスター、ウスター、ヨークなどに修道院が作られ、存在しない司教座都市はバース、エリィ、ロチェスター、ダラムなどであった。

フランチェスコ修道会の伝播《でんぱ》の波は、一二三〇年以前にアイリッシュ海を越えてアイルランドに渡った。まずダブリンとリマリックに拠点が生まれ、一二九〇年までにウォターフォード、ドロイダ、コークなど二五の修道院が作られた。

スコットランドはアイルランドとおなじように、都市化の度合いが比較的遅れていた。一二三一年にはベリック、一二三三年にロックスバラに修道院が作られたが、その数はあまり増加しなかったために、地域管区のステータスを失い、イングランド管区長の裁治権のもとに置かれた。

以上が西ヨーロッパにおける一三世紀段階での状況である。

次の世紀にはフランチェスコ会は、中国やモンゴルへの布教を展開することになる。

聖フランチェスコ伝写本の新発見

聖フランチェスコの研究で現在世界の学界をリードする前出のダラランは、二〇一四年九月にアメリカ合衆国の友人からインターネットの写本オークションで、未知のフランチェスコ伝と思われる写本が出品されているとのメールを受け取った。驚いて写本の内容を調べると、それはフランチェスコの伝記、バチカン図書館所蔵のものとおなじ内容の聖務日課書、そして彼が『ウンブリア版伝記集』と名付けたテクストなどを含んだ写本であった。

この写本の献辞をフランチェスコの死後三年の一二二九年に、教皇グレゴリウス九世の依頼で伝記を執筆し完成させたフランチェスコ会士チェラーノのトンマーゾが書いたのは確かで、彼はこのなかで「私はすでに、少し前に、より分量の多い伝記を書いていました」と述べ、兄弟団の指導者であるエリアの指示で短縮しなければならなかった事実を語っている。現在『第一伝』として知られているテクストの後に、『ウンブリア版伝記集』のもとになった短縮版が作られたのである。これには簡略化された『第一伝』から削除される前の、トンマーゾのもとの記述が盛り込まれていると思われるのである。

新発見写本には、短縮版であるにもかかわらず、これまでの伝記で叙述されていない部分が六〇パーセントあり、また奇跡伝承の実例に関して、『ウンブリア版伝記集』には三九の奇跡物語があるのに対して、新発見写本は七一例を数える。短縮版にもかかわらずこうした数字は矛盾するかと思えるが、それは短縮版への書き換えにあたってトンマーゾが異なる視点からの伝記作成にアプローチしたからではないかとダラランは考えている。

聖フランチェスコの研究で、「フランチェスコ問題」と表現されるトピックが存在する。それはフランチェスコ死後の「小さき兄弟団」に、大学人が数多く入り込み、主導権争いが起こり、創設者聖人の伝記にもその影響が波及し、またフランチェスコの著作それ自体の真贋《しんがん》問題が提起されるなどの事態を総称する表現である。聖フランチェスコ伝の未知の新写本発見という出来事はその典型であり、新発見の写本からはたして新しいフランチェスコ像が出てくるのか、あるいは既知のフランチェスコの伝記的事実に何が新しい事実として加わるのか、大いに注目されるところである。

第八章　異端告発と学識者――ドミニコ修道会の役割

　フランチェスコ修道会とドミニコ修道会は、おなじ托鉢修道会に分類されていながら、歴史家の寄せる共感の思いにおいて、また後代の評価の点で歴然とした落差がある。フランチェスコはすでに述べたように、現代にも通ずる詩的感性とラジカルな行動規範によって、人の心を惹《ひ》きつける魅力をふんだんに放射するのに対して、ドミニコ修道会の創建者であるドミニクスは、きわめて分が悪い。たとえば歴史家ミシュレが「異端審問のこの恐るべき創設者は、カスティーリャの貴族であった。しばしば狂信と結びついた涙の賜物を、彼ほど豊かに授けられていた者はいなかったであろう」と、皮肉たっぷりの嫌みな寸評を残したことも、彼の悪しきイメージを固定化してしまった面がある。異端審問が制度化されたのが、ドミニクスの死の一〇年後であったにもかかわらず、である。

　だがドミニコ会士がふたり一組になって行う民衆への説教活動は、拠点修道院の創設の数こそ劣るものの、多大な成功を収めた。それは異端審問が正統教義からの逸脱のチェックを目的としたことに表れているように、彼らの説教は既存の秩序、あるいは秩序一般といってもよいが、そうした秩序意識を人々のあいだに涵養するのに効果的であった。こうした指向は、教会体制だけでなく、近世国家への変容途上にあった王権をはじめとする世俗権力にとっても、好もしいものと映ったのである。

1　カレルエガの子

イスラーム支配の軛からの離脱

聖ドミニクスの生地カレルエガは、スペインのカスティーリャ地方北部、いわゆる古カスティーリャの高原地帯に位置している。

イベリア山脈南西部のこの地は、ドゥエロ川の水源に近く、それは東から西に流れ、約九〇〇キロの行程を経てポルトガルの大西洋に注ぐ大河である。この川沿いの標高約一〇〇〇メートルの高原がカレルエガの所在地である。『ドン・キホーテ』の著者ミゲル・デ・セルバンテスが晩年を過ごした屋敷があるバリャドリードを出て、乾ききった大地に一筋の緑の帯をつくるドゥエロ川沿いの道を東にたどると、一四世紀の堂々たる構えの城塞で有名なペニャフィエルが標高七五〇メートル、さらに国道一二号線で小都市アランダ・デ・ドゥエロが標高八〇〇メートル、そしてここからさらに進路を北東にとり、地方道を三〇キロほど行ったところに位置するのがカレルエガである。標高は正確には九五〇メートル。日本でいえば軽井沢《かるいざわ》の高さである。人口は現在でも五〇〇人前後の小集落に過ぎない。

この叢林《そうりん》の稀な乾いた高原大地の広がりは、一方では古代以来交通の要衝であった。地中海沿岸のタラゴナに発して、イベリア半島北部を西に大西洋岸近くのブラガまで続くカエサル時代のローマ道の道筋にあたり、カレルエガから南東に一〇キロの距離に所在したローマの植民都市クルニアの市壁は、三万人の住民を収容でき、広大な野外劇場が設けられていた。

図8－1　ペニャフィエル城

クルニアは、一〇世紀後半にはドゥエロ川一帯を掌握していた後ウマイヤ朝の実力者アル・マンスールの支配下にあったが、カスティーリャ伯サンチョ・ガルシアが一〇一〇年にこれを奪回した。そして一〇八五年にトレドがイスラームの手中からこぼれ落ち、イスラームとキリスト教徒勢力の前線がタホ川まで南に押し下げられた時点で、ドゥエロ川沿いの地方の植民がようやく動き出すのである。

聖ドミニクスがカレルエガに生まれた一一七〇年頃は、古カスティーリャに属するこの地方の戦塵《せんじん》が

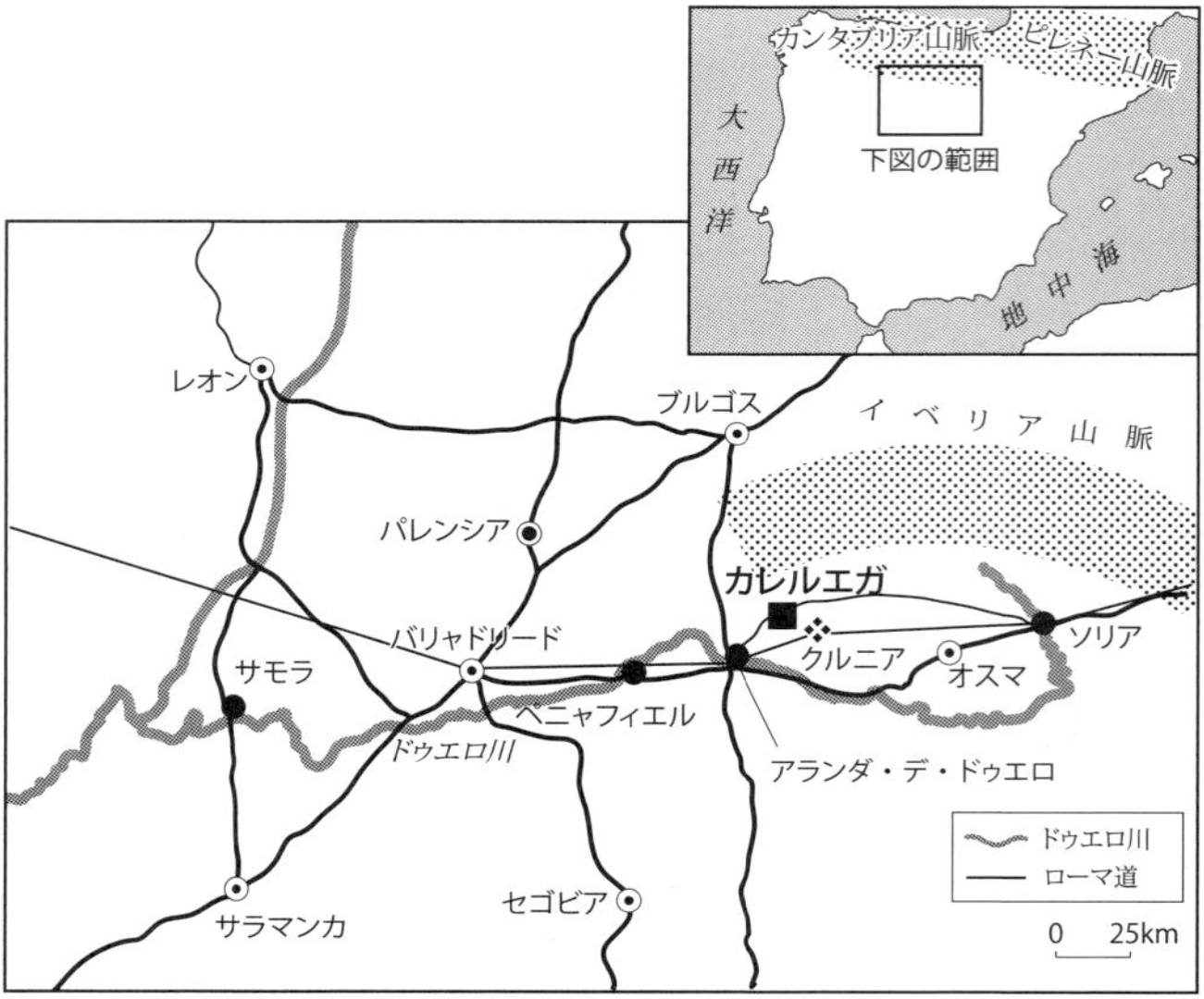

図8－2　ドミニクスの関連地図

ようやく鎮まりはじめた時期であった。

教会学校の生徒ドミニクス

カレルエガは自由農民（ベエトリア）たちの村落で、彼らは自ら領主を選択する権利を有していた。その結果カスティーリャの有力貴族アサ（Aza）家の領地となり、この一族が領主となった。ドミニクスの母フワナは「信心深く、貞潔で賢く、不運な境遇にある人々に同情を寄せる女性として、この地で広く知られていた」。加えて彼女は領主たるアサ一族に連なっていた。

父親のフェリクスは「尊敬にあたいする立派な人物で、豊かな資産に恵まれていた」。彼もまたカスティーリャの名族のひとつグスマン一門に属していた。ドミニクスはフェリクスとフワナ夫婦の三人兄弟の末っ子として生まれた。ドミニクスという名前は、カスティーリャでは比較的よく見られた名前である。

ドミニクスは六、七歳になると、近くのグミエル・デ・イサン教区で主任司祭を務める母方の叔父のもとに預けられ、教会人としての教育を施される。ラテン語の読み書きの基礎訓練を終えるとすぐに、旧約の詩篇の読解にとりかかるのであるが、その目的は教会堂のなかでラテン語を大きな声で明瞭に朗唱し、大事な詩句を強調し、「聴衆の心に聖書の言葉がくっきりと刻み込めるように」するためであった。初等教育の教師の教え方は厳しく、覚えが悪いと鞭打《むちう》たれることもしばしばであった。

一四歳になったドミニクスは、叔父の教会を離れて本格的な勉学のために学校に入ることになる。ピレネー山脈を挟んで南北に領土が広がっていたカタルーニャ地方では、聖職者に教育を授けるために、フランスや北イタリアの学校に送るのも珍しくなかったが、カスティーリャは閉ざされた環境で、選択の余地は多くはなかった。そのなかでもバリャドリードの北五〇キロほどのところにあるパレンシアの名声が最も高く、とくに自由七科の優れた教育で知られていた。

ドミニクスがパレンシアで学びはじめた時期は、アラビア語文献の精力的な翻訳家であったセゴビア教会の大助祭ドミニクス・ゴンデサルビが、アル・ファラビやアヴィケンナなどの著作を輝かしく講じていた時代であった。彼は急き立てられるようにして、神学の研究にのめり

図8－3　読書するドミニクス（フラ・アンジェリコ画。フレスコ。フィレンツェ、サン・マルコ修道院〔ドミニコ会〕）

こんだ。

この時期スペインはレコンキスタの戦乱や、それを原因とする物資移動の困難もあって、しばしば飢饉にみまわれた。ドミニクスは空腹を満たすために手元の蓄えを使い果たし、自らの労働で糊口《ここう》を凌ぐ状態であった。パレンシアでも餓死者を見るのは珍しいことではなかった。そうした状況下で、彼はついに大事にしていた蔵書すべてと所持品を売り払い、困窮者への施しにあてた。

目前の飢餓と貧窮に苦しむ人間へのドミニクスの同情と共感の感応力は、ひととおりのものではなかった。この頃のエピソードとされているが、ひとりの婦人にイスラームの捕虜となった自分の夫を取り戻してくれるように涙ながらに懇願されたのに対して、彼は真剣に自分の身を奴隷として売ることで、身代金の調達をしようとしたとされている。むろんそれは阻止されたのであるが、ここにも彼の尋常ならざる激情家体質が表れている。

やがてドミニクスの行動と徳の高さはカスティーリャに広く知られるようになった。聖俗の有力者がカレルエガ出身の若者ドミニクスを話題にするようになる。司教座オスマの聖堂参事会長ディエゴ（アケボの）は司教に、この若者に聖堂参事会のポストを与えるよう進言し、こうして一一九六年に若きドミニクスはオスマ聖堂参事会員に選任されたのであった。彼が二四歳ないしは二五歳の時分である。同時に聖職者として叙階された。

オスマ聖堂参事会の気風

ドミニクスがオスマにやって来たのは、建設まもないカテドラルの堂宇が白く輝いていた時期であった。一〇八五年にトレドがイスラームから奪回された後、カスティーリャ王国のみならずイベリア半島の多くの司教座が、二、三世代にわたりフランス出身の司教によって占められ、クリュニー派修道会が大きな影響力を揮《ふる》った。その代表格として挙げられるのは、スペイン典礼が廃止され、代わってローマ典礼が導入されたり、書字文化の面で伝統的な西ゴート書体が弱体化し、カロリング小文字書体の系譜を引く西ヨーロッパの書体が支配的になったりしたことであった。こうした変化を、人によっては「スペインのヨーロッパへの開放」と形容している。

一二世紀の中頃にクリュニーの影響が薄れ、カスティーリャ固有の色合いが強まり、この世紀の後半には新たにシトー派修道会の浸透も見られたが、ドミニクスがオスマの参事会員となった時期は、第三の波、すなわち在俗教会や聖堂参事会のメンバーがほぼスペイン人で占められるという、非常にナショナルな傾向が強まった時代であった。オスマでこれを体現したのは一二〇一年に司教に登位した前オスマ聖堂参事会長ディエゴであった。

時計の針を少し戻すが、カロリング朝期の律修参事会の戒律は聖アウグスティヌスのそれであり、会員の個人財産の放棄を求めないのを原則としていた。だが、グレゴリウス改革の波に洗われた世代にとっては、この戒律の精神は初期教会の使徒的生活をモデルにするよう導いているものと映った。オスマの聖堂参事会の使徒的生活はきわめて厳格に運営され、常時一二人の修道士が配置され、参事会員の行動規範を体現し続けた。こうした環境のなかで、聖職者でもあったドミニクスはその感化もあり、修道士の観想生活を実践したようである。

やがて一二〇一年一月一三日に、二八歳から三〇歳のドミニクスは、オスマ聖堂参事会の副会長に昇任し、同時に強力な説教者として登場するのである。

カタリ派異端との遭遇

一二〇三年一〇月半ばに、オスマ司教ディエゴはカスティーリャ王アルフォンソ八世の命を承けて、王妃エリオノール（有名なエレオノール・ダキテーヌの娘）とのあいだに生まれた一三歳の王子フェルナンドとデンマーク王族の娘との結婚を実現するために、デンマークに旅立った。その随行のひとりがドミニクスであった。

一行は当時カスティーリャが敵対していたナバーラ王国を避けて、東部のカタルーニャからピレネー山脈を越え、トゥルーズ伯領に入った。そこで目にしたのは、カスティーリャでは風聞でしか伝えられていなかった、カタリ派異端の猖獗であった。ナルボンヌ大司教ポンス・ダルサックはフランス国王フィリップ・オーギュストに手紙を書き次のように述べている。「我が司教管区では、カトリック信仰が甚大な被害を受けており、聖ペトロの船は異端者からのこうした衝撃で転覆寸前の状態にあります」と。旅が進むにつれて司教ディエゴとドミニクスは、旅籠《はたご》や道すがら出会う悲嘆に暮れた聖職者や、カトリックの信徒の証言から、この異端運動の広がりの大きさに深刻な衝撃を受けた。

それでも一行の目的はデンマーク王族の娘をカスティーリャ王国に輿入《こしい》れをしてもらうための下相談であり、旅は続けられねばならなかった。無事デンマークに到着したカスティーリャ国王使節団は首尾良く縁談話をまとめ、帰国する。その約二年後の一二〇五年に、ディエゴとドミニクスは、今度は花嫁の輿入れの先導役として、再び長い旅路をたどった。ようやく到着したデンマーク王の宮廷で、カスティーリャ使節団は驚くべきことを告げられた。花嫁はその間に他界したというのである。真偽のほどは不確かであるが、そのようにいわれれば、これを受け入れるほかはない。

失意のうちに帰路についたディエゴは、とりあえず国王への事態の顚末《てんまつ》を伝える急使を本国に派遣し、ドミニクスをともなってローマに赴いた。そして教皇インノケンティウス三世に、オスマ司教職の解職を願い出るという驚くべき行動に出たのである。デンマーク王宮の賓客として二度にわたり滞在していた折に、ドイツ騎士修道会のプロイセン人やエストニア人異教徒との戦いや、彼らへの福音について伝え聞いたが、自らも一介の説教師として、伝道にたずさわりたいという強い思いが背景にあった。ドミニクスもまた師ディエゴと願いを共有していた。ドミニクスは、異教徒への伝道の果てに殉教するという、英雄的な自らの死のイメージを生涯にわたり懐き続けたといわれている。だがディエゴの懇請は教皇により退けられた。

二人は二重の挫折感を懐いたまま帰路につくほかはなかった。だがここでディエゴは再度寄り道をするのである。イタリアからプロヴァンスへ入り、ここから一行はブルゴーニュのシトー修道院に赴いた。シトー行にあたってインノケンティウス三世の助言、あるいはもっと強い指示の言葉があったのかは不明である。トゥルーズ地方を席巻《せっけん》していたカタリ派異端の撲滅のために、中心になっていたのがシトー派であったところから、異端との戦いにこそ臨むべきであるとの教皇の示唆が、その行動の背後にあったと推測することは許されるであろう。

2　托鉢修道会への道

ラングドック地方での福音活動

一二〇六年三月にディエゴとドミニクスは数人の聖職者を従えて、モンプリエに到着した。

一行はここで威儀を整えた教会高官と修道士からなる教皇特使の一団と遭遇した。ナルボンヌ大司教ベランジェを筆頭に、シトー修道院長アルノー・アモリ、ナルボンヌ近くのシトー派修道院フォンフロワドの修道士ピエール・ド・カステルノーとラウール師などであった。彼らはカタリ派異端撲滅のためにモンプリエに派遣され、異端者をカトリック信仰に引き戻すための活動を行っていた。しかしその成果ははかばかしくなかった。

オスマ司教ディエゴは教会人にも知られており、事態打開のために彼らはディエゴに助言を求めた。これに応えてディエゴは、特使一団の大げさな威風と、とくに大司教ベランジェの華美ないでたちを、次のように激しく批判した。「兄弟たちよ。為すべきはこうしたやり方ではない。なぜなら異端の徒は信仰の外観を問題にし、福音の慎《つつ》ましさと厳しさは偽りの見本のようなものだと人々に説くからである。だから、たとえあなたが自分の外見と反対のことを説いたとしても、それは彼らの心には届かず、多くの人々を落胆させ、人々はカトリック教会に心を寄せるのを拒否するであろう」。

ドミニクスはこの師の言葉を深く心にとどめた。彼はオスマ聖堂参事会副会長のポストを擲《なげう》って修道士となる。こうしてディエゴを中心に、ドミニクスと二人のフォンフロワドの修道士、すなわちピエールおよびラウールを加えた反カタリ説教運動のチームが編成された。ピエールは教会法学者として著名であり、他方ラウール師は神学者として知られていた。ここにすでに後のドミニコ派修道会の学識指向の祖型がうかがえる。異端の徒を説得すること、ある

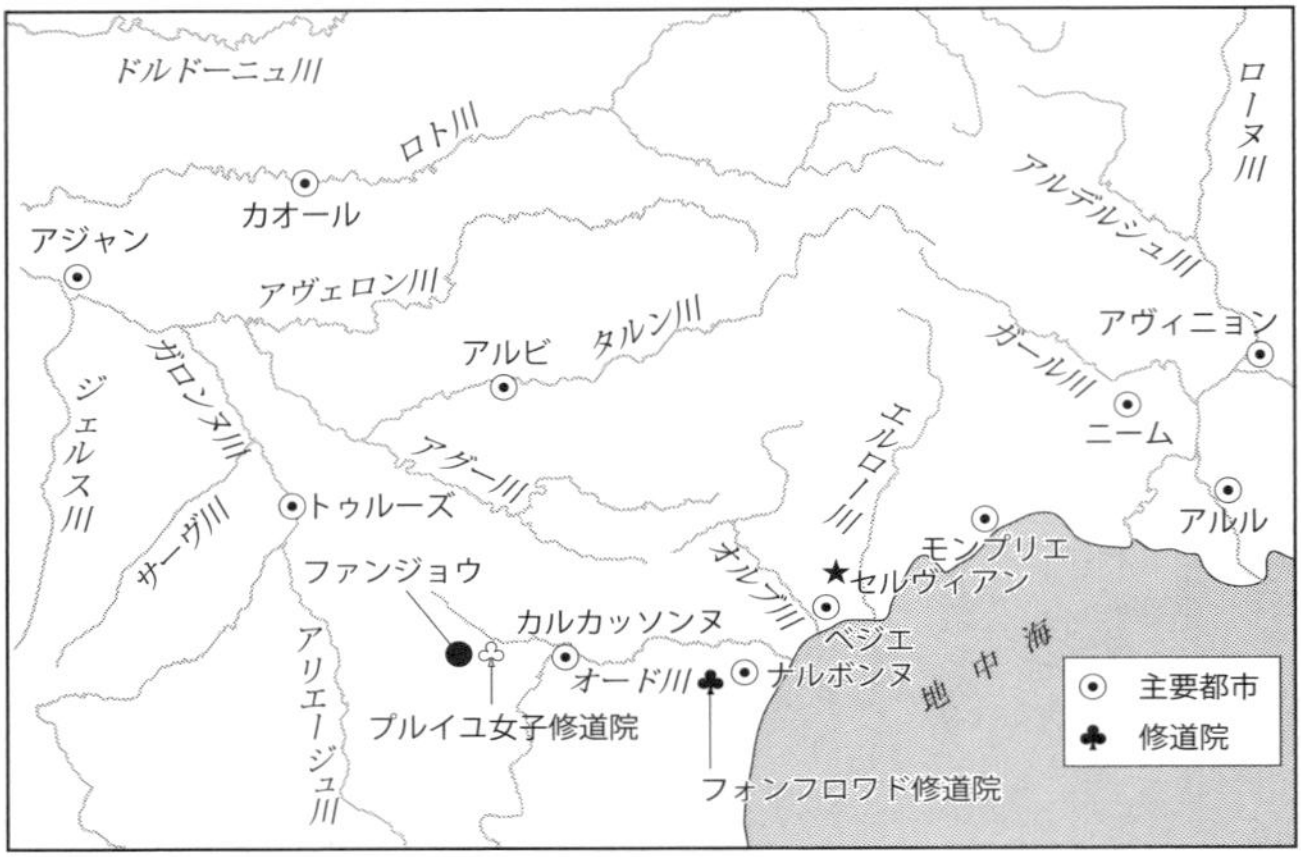

図８－４　ラングドックの関連地図

いは彼の主張を論破するためには、学識は必須《ひっす》の道具であった。

年代記作者の記すところでは、彼らはこのようにしてラングドックをモンプリエから西に福音の行脚に出発した。素足のまま、一切の金銭を身につけることなく、神の言葉を謙遜と贖罪の心をもって述べ伝え、神の摂理に従う意志を証明する実践としての托鉢によりながら旅したのであった。今日生きるための糧を手にしうるか否かは、ただひとえに神の思《おぼ》し召《め》しによるという生活が、托鉢生活の骨法である。

ナルボンヌの手前にある司教座都市ベジエでは、都市そのものはカタリ派の広まりは顕著ではなかったものの、ベジエ＝カルカッソンヌ副伯の有力封臣であり、郊外に所領を有していたエティエンヌ・ド・セルヴィアンは、自身がカタリを信奉していただけでなく、領内にカタリ派異端の信徒を庇護し、その活動を支援していることで知られた人物であった。三月半ばに所領の集落セルヴィアンに到着した一行は、領主エティエンヌの面前でカタリ派指導者との公開論争を行うことになった。多くの一般信徒も論争に立ち会うことが許された。ディエゴが主導したこの論争は激しい神学的議論の応酬の機会となり、実に八日間にわたって繰り広げられた。結局反カタリ派が勝利し、信徒はこぞってカトリック信仰の側に傾斜したとされるが、領主は眉《まゆ》を曇らせただけであった。

プルイユ修道院の創建

カタリ派折伏《しゃくぶく》のための福音の遍歴は、カルカッソンヌを過ぎて諸街道の交差するファンジョウの集落までやって来たある日のこと、ドミニクスはプルイユの地を見下ろす崖《がけ》で熱心に祈りを献《ささ》げていると、突然火の玉がプルイユの上空から落下するのを目にしたと伝記作者は語っている。しかしこれは聖人伝の典型的な記述のパターンであり、実際にはディエゴにより、この地が伝道活動の拠点として選ばれたと思われる。丘陵地帯の頂にあるプルイユはまたカタリ派異端からカトリックに改宗した若い娘たちの共同体の拠点の意味合いをもたされた。こうしてプルイユ女子修道院の創建がなされた。彼女たちをその家族と以前の環境に戻すことは、再び異端の徒の餌食になる危険性があったからである。

一二〇七年九月に司教ディエゴは単身オスマに帰還した。ドミニクスにとって約一〇年間つねに行動をともにしてきた師との別離は、結局永遠の別れとなった。ディエゴは老齢と長年の間断のない旅の生活、そして福音活動の心労が重なり病を患い、この年の一二月三〇日にオスマで死歿《しぼつ》した。師の死の知らせは三週間後にドミニクスのもとに届いた。これと前後するように、フォンフロワドのピエールがトゥルーズ伯の親族の手によりアルルで殺害されたとの報が届いていた。ラウール師は前年の夏頃に歿《ぼっ》していた。師ディエゴを別にして、この一、二年互いに手を携えて反カタリ派伝道に挺身《ていしん》してきた仲間を失ったドミニクスはひとりとなった。

ドミニコ修道会の誕生

シトー派の反カタリ派伝道者たちが、その成果がはかばかしくなかったので北フランスに戻り、一二〇九年にアルビジョワ十字軍の襲来の混乱もあり、事態がいっそう混迷を深めるなかで、ドミニクスはそれでも活動を続けた。その拠点はファンジョウであった。そしてトゥルーズの新任司教フルクの支援を得て、この都市に聖職者の共同体を形成した。一二一五年四月二五日、トゥルーズの二人の有力な人物であったピエール・セイランとトマが、ドミニクスの両手にわが両手を包まれて誓願をし、施与を実践したのである。彼らが自らの資力で贖《あがな》った市内の住居が、新たな修道院となったのである。ここにドミニコ修道会が実質的に誕生した。

彼らの使命は、司教を手助けし、信徒の教育と彼らの魂の救済に力を尽くし、教区聖職者の足らざる部分を補うことであった。三つの教会が彼らに委ねられ、その運営には司教区の「十分の一」税収入の六分の一があてられた。司教フルクは時を措《お》かず、これを新しい修道会として承認した。ドミニクスは、さらに教皇インノケンティウス三世の承認を受けるべく、ローマの第四回ラテラノ公会議に赴いた。そして教皇によりはれて「説教者兄弟団 Ordo fratrum Praedicatorum」として認められたのである。

正式の認可は翌年の一二一六年一二月二二日に、新教皇ホノリウス三世によってなされている。この兄弟団の創設は時宜にかなっていた。なぜならラテラノ公会議決議第一〇条は、まさしく説教者の資格の認定を、司教および教会参事会の統制下に置くことを定め、平信徒がみだりに説教・福音活動をすることを戒めているからである。説教者兄弟団こそがその任にふさわしい存在としてクローズアップされたのであった。

第四回ラテラノ公会議は、新しい兄弟団の創設を禁じたばかりであった。このため、説教者兄弟団は、既存の戒律である聖アウグスティヌス戒律を採用することが義務づけられた。

拡散する修道会

「説教者兄弟団」として正式な認可を得たものの、ラングドック地方の状況は著しく緊迫の度を深め、異端の勝利を阻止するには武力による抑圧のほかに道がないような情勢であった。こうしたなかで、中世史家ヴォシェの言葉を借りるならば、ドミニクスは「天才的な閃《ひらめ》き」で、まだそれほど多くを数えていない兄弟たちを、キリスト教世界の大都市であったパリ、オルレアン、ボローニャ、マドリード、セゴビアなどに分散させたのであった。ドミニコ修道会がラングドックという地方的枠組を越えて、「世界」に乗り出す重要な契機を生みだしたのである。パリ、オルレアン、ボローニャは大学都市であり、説教者兄弟団の成員は、優れた説教のための神学的知識を習得し、さらにはそれを深めるための勉学に打ち込むことが求められた。彼らの学業への専心ぶりと実践した生活の厳しさは、知識人の卵に深い感銘を与え、兄弟団への新規加入者の数を増やす効果をもった。のちにアルベルト・マグヌス、トマス・アキナス、マイスター・エックハルトらの学識者をドミニコ会士から輩出する素地が整えられたのである。

ドミニクス、フランチェスコに会う

カルカッソンヌの教会参事会員で、のちに「小さき兄弟団」の一員となったある人物が、一二六一年に発表した一文書のなかで、ドミニクスがボローニャのドミニコ修道会修道院を訪れる旅の途中でアッシジに立ち寄り、ポルティウンクラで開かれたフランチェスコ修道会の参事会に出席したことを証言している。一二一八年六月三日のことである。時にドミニクス四八歳ころ、フランチェスコ三六歳のころである。

フランチェスコと会見することで、ドミニクスは使徒的な清貧の何たるかを学んだわけではない。ドミニクスは托鉢も使徒的生活も、経験と学識から先刻承知のことであった。またドミニクスが自らの課題とした、修道院で共同生活を実践する聖職者たるドミニコ会士の福音活動

はいかにあるべきか、その学習と説教活動のあるべき姿は、どのようなものかといった問いに、フランチェスコが答える能力をもたないこともわかっていた。この時期フランチェスコは修道院生活を否定し、何よりも兄弟たちの労働を通じての生活の糧の獲得に思いをこらしていた。だがフランチェスコの純粋な世俗放棄の姿や、神の摂理についての輝くような応答ぶり、その聖性の比類ない威光は、ドミニクスに衝撃を与え、やがて訪れるその死まで忘れようもないものとして、彼の記憶に刻まれたとされている。

一二二〇年のボローニャ総参事会

一二一六年一二月に正式に認可されてから初めてのドミニコ修道会の総参事会が、一二二〇年五月一六日に開催された。会議の議長を務めたのは言うまでもなくドミニクスである。参集したのはすでに組織された一二または一三の修道会修道院の参事たちであった。

ここで最初のドミニコ修道会会則が作成される。開催場所がボローニャであったのは偶然ではない。ボローニャ大学はヨーロッパで最初に法学の教授と研究を始めた機関であり、総参事会のリード役を果たしたスウェーデンのシモンと、ルントのニコラの二人はスウェーデン人、ボローニャの参事会長であったパウロはハンガリー人であり、そのうえ教会法学者であった。組織の憲章となる「会則」の策定にあたって、法学的配慮とともに修道会の実践を支援する精神が大きく影を落としていた。

それは説教者兄弟団という組織の目的を遂行することを、第一義的に重要視する態度である。すでに触れたように、採用されたのは聖アウグスティヌス戒律であるが、その運用にあたっては「免除」という概念がきわめて大きな意味をもった。それはまさしくドミニクスの思考の特徴である「目的合理性」の発露といえるであろう。

すなわちあくまで上長の許しを得てであるが、会士(修道士)がさまざまの聖務日課を免除されることをシステム化したのである。言うまでもなく免除の理由は、ドミニコ修道会の目的である説教を通じての福音・教化活動のためであるが、優れた説教のためには新旧の聖書の深い理解や、教父たちの神学的著作の研究が欠かせないところから、その学習の時間を確保するための免除なども含まれた。

また会則そのものも時宜に応じて改変されてしかるべきものと位置づけられた。たとえばカルトゥジオ会の会則は「決して改変すべからず numquam reformata」と謳っているが、ドミニコ会のそれは反対に「たえず改変すべきこと semper reformannda」と謳っているほどである。その改変にあたっては、連続して三度総参事会において布告されて初めて効力をもつという条件が付されていた。

托鉢原理の採用

この第一回ボローニャ総参事会でなされた最も重要な決断は、ドミニコ修道会が托鉢を生きる原理としたこととの決定であろう。これはドミニクスの長年の懸案であったが、これを実施することにはなかなか踏ん切りがつかなかったのである。しかし使徒的な生活の要請がしだいに大きくなっていくにつれて、自身が思い描く説教者のイメージは、托鉢して生きる存在がふさわしいものと映るようになり、これを決断したとされる。同時に会則にはすべての財産の放棄と、収入の放棄の条項が書き込まれた。

一般に托鉢行為は説教活動よりは、個人的な禁欲生活との親和性が高いように感じられる。しかしドミニクスにとっては托鉢実践こそ、彼が思い描く説教者の特徴のひとつなのである。喜捨によって、もっぱら喜捨によって生きるということは、ある論者によれば説教行為と切り離せない実践である。説教者は神の言葉を惜しみなく述べ伝える。これを聞く聴衆は尊い言葉を告げられたその代償として、説教者とその兄弟団が生きるための糧を提供する。托鉢は説教とは切り離せない、いわば相互に本質的に結びついているのである。また托鉢原理を採用することにより、ドミニコ修道会はいわば、「支えられる存在」に転落する。それまで修道士はその存在のありようからして、人を支える側に位置づけられてきた。だがドミニコ会は、フランチェスコ会もこの点では共通しているが、都市に拠点を置くことにより、説教を通じて奉仕する都市共同体に従属する存在として、都市内部の互酬的社会関係のうちに位置を定めることになる。

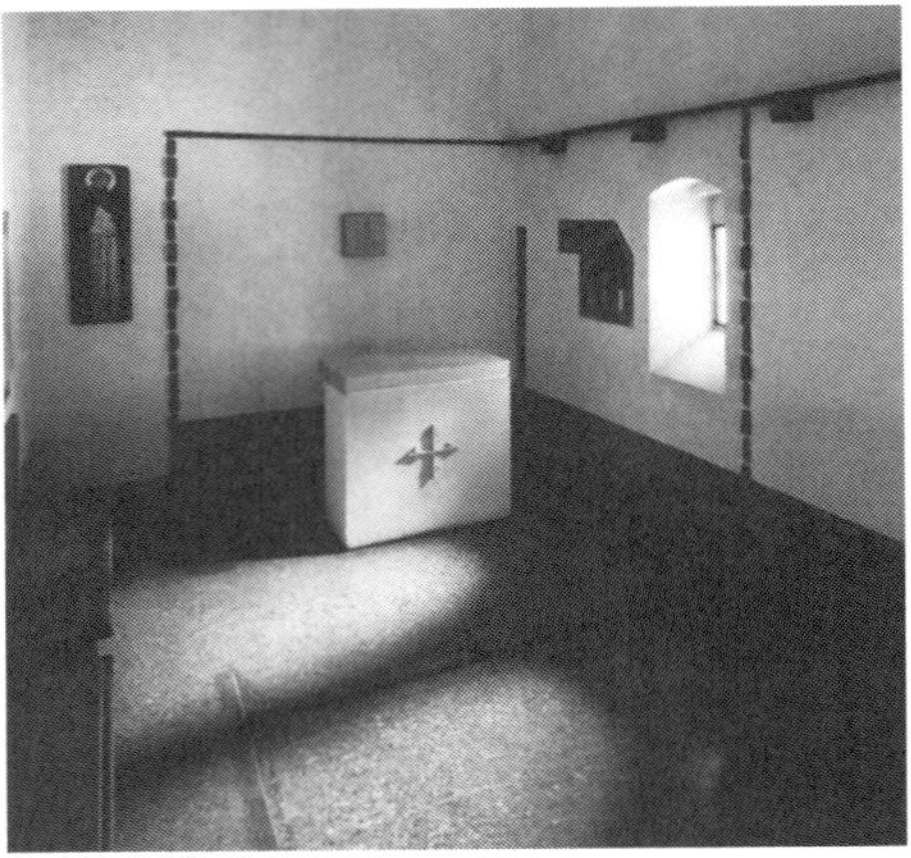

図8－5　ドミニクスが晩年を過ごしたボローニャの居室

ドミニクスの死と列聖

この頃ドミニクスの体調は顕著に弱ってきていた。一二二一年五月に第二回の総参事会がボローニャで開かれ、それを終えた辺りには、熱と激しい腹痛が交互に続く疾病に悩まされた。赤痢の症状であるが、旅の人であったドミニクスは何度かこの病に打ち勝ってきたのである。八月のはじめには、もはや起き上がることもできず、病床に伏せったままとなる。その顔貌は痩《や》せ衰えたが、穏やかでときおり笑みを浮かべることもあった。八月六日の朝、死の近いことを悟ったドミニクスは、看護役の会士ヴェントゥラの助けを借りて自ひとりのキリスト教徒が死を迎える際の典礼を、自ら取り仕切った。そしてこの日の夕刻に歿した。

その死後一三年を経て、一二三四年七月に聖人として列聖された。時の教皇グレゴリウス九世は、かつて枢《すう》機《き》卿《きょう》ウゴリーノとしてドミニクスにロンバルディア地方での大がかりな説教活動を依頼した人物であった。またドミニクスの死後一〇年に異端審問の制度を設けた人でもあった。

3　修道会の構造と特徴

組織運営の仕方

ドミニコ修道会は、代表制原理と幹部への権限と責任の集中によって特徴づけられる。修道会は地域管区に編成され、その下にそれぞれの修道院が帰属する仕組みになっていた。各修道院ではドミニコ会士である修道士が、上長である修道院長を選出した。そして修道院長を補佐する役目を担う「同輩 **socius**」を指名した。「同輩」はいわば副修道院長格として、地域管区の年次参事会の折に自らの修道院の現況と活動の実績を報告した。

各修道院長は修道院を代表する他の二名の会士を加えて、地域管区の参事会で地域管区長を投票で選び、この地域管区長が地域管区参事会で、一連の報告を聴取するのである。総参事会では会期が始まる前に、地域管区長の活動を審査する役目を務める四人の規律委員を選出する。彼らは訴えを聴取したり、必要となれば地域管区長を解任したりする権限も有していた。

修道会の最高意志決定機関は総参事会であり、これはすでに垣間見《かいまみ》たように毎年一回開催された。初期にはボローニャやパリで開かれたが、のちにはそれら以外の都市でも開催されるようになった。

総会長と称された修道会長には二年間にわたり、地域管区ごとにひとりずつ派遣された規律委員がつき、いわば監察役を果たした。三年目には地域管区長が地域管区参事会を開催しなければならなかった。総会長は総参事会の報告に対して責任があり、場合によっては規律委員によって譴責《けんせき》の対象にされたり、解任されたりすることもあった。総会長は地域管区参事会から派遣された委員により過去二年間の実績が審査を受けた。総参事会の委員が三年目の期間中に同様の審査を行った。

修道会の構成員はドミニコ会の場合は、フランチェスコ会と異なり、全員が聖職者からなっていた。これがドミニコ会の独自な性格である。会士たちはすべて総会長に対して宣誓を行った。これが組織の一体性を保つ要因となり、会士の流動性を保証したのである。ドミニコ修道会が採用したこの近代的ともいえる代表制原理と、チェック・アンド・バランスのシステムを豊かにそなえたありようは、この時代にあって比類のない仕組みであった。ドミニクスの組織家としての卓越した力量を示す事柄といえよう。

聖務日課と典礼

ドミニコ修道会が採用した聖アウグスティヌス戒律は、プレモントレ修道会を創始したクサンテンのノルベルトが独自に増補したバージョンであった。それは説教活動と霊的務めとを、ほど良く調整している点で優れていた。

日々の生活は時課の祈りによってリズムが刻まれた。修道士は沈黙の義務に服し、規則で定められた断食を守り、肉食を放棄した。手仕事はその時間を勉学にあてるために、禁止された。会士はすべからく毎日の集会に出席しなければならなかったが、これには免除が認められた。説教と勉学のために、時課の聖務を免除することが大幅に認められた。この点についてはすでに指摘した。だが、この免除は夕刻に実施される大ミサには適用されなかった。

ドミニコ会はこのミサを公開で行い、一日の労働を終えた信徒を教会に集め、眠りにつく少し前の時間に行われた。私は留学先パリでの師がドミニコ会信徒であったこともあり、信徒でないにもかかわらず、誘われてこの大ミサを一度経験したことがある。ミサは聖母マリアに捧げられた荘厳な「Salve Regina 元后あわれみの母」の歌で終わる。

教育と大学

ドミニコ修道会の多くの修道院には学校が設けられ、そこでは修道会の幹部によって指名された講師によって、教育が行われた。その内容は聖書の使用法や教理問答、神学の講義だけでなく、告白や贖罪の実地的な教授などの実践的な手ほどきも授けられた。

各地域管区には「ストゥディア・ソレムニア Studia solemnia」、すなわち通常の自由七科を全体として学ぶ上級学校を付設した修道院があった。さらにその上には、大学都市に設けられた「ストゥディア・ゲネラリス Studia generalis」、つまり神学を学ぶための高等学院が存在した。パリのドミニコ修道会修道院に設置された最初の高等学院は、この種の機関としては長いあいだ唯一の組織であった。一三世紀の末までに、このような教育機関はオクスフォード、ケルン、ボローニャ、モンプリエ、フィレンツェ、バルセロナの修道院に見られるようになった。優秀な学生は大学に進むように指導され、そこで神学の教師という高い地位を享受した。

これまで述べてきたように、ドミニコ修道会は自らの教育組織をもっているのに、なぜそれを大学組織と結びつけようとしたのかについて、フランスの大学史の大家ジャック・ヴェルジェは次のように解説している。ドミニクスが最初の修道院をトゥルーズに設置したとき、この都市にはまだ大学が存在していなかった。説教による福音にとって、高度の神学的知識と素養が不可欠であると考えていたドミニクスは、すでに見たように一二一七年にトゥルーズの修道院を「拡散させ」、大学都市であるパリ、ボローニャ、オルレアンなどに派遣した。この現象はしたがって、初期の会士に欠けていた神学教育を受けさせることと、新しい会士を大学出身者から補充するということであったと解釈することができる、とこのようにヴェルジェは説くのである。この指摘は正鵠《せいこく》を射ているし、またドミニクスの展望もまた未来を見通した慧眼《けいがん》のなせる業である。一三世紀を文化的に特徴づけたのは、卓越した弁舌と高度な知識を有した、大学人、説教師がスターとして脚光を浴びたことである。高度な神学的知識をそなえた人物を修道会に迎えることで、ドミニコ会の名声を広く知らしめようとしたドミニクスの着眼点の鋭さには脱帽のほかはない。

ドミニコ修道会の展開

ドミニクスと対照的に、フランチェスコは書物や学問に関心を示さなかったどころか、敵意さえ懐いたことは前に述べた。だが聖フランチェスコが死歿するとまもなく、方針の転換をはかりドミニコ修道会の驥尾《きび》に付すことになる。それも猛然と、と形容してもあながち誇張とは言えない勢いで大学世界に進出を始めた。この点についても簡単に触れたので、ここではこれ以上述べることはしない。

托鉢修道会の二大勢力であったドミニコ会とフランチェスコ会の社会的浸透の様相は、フランチェスコ会に軍配を上げざるをえない。一四世紀中葉の時点で、フランチェスコ会は全ヨーロッパで約一四〇〇の修道院を擁したが、これに対してドミニコ会は六三五にとどまった。その大きな理由は、ドミニコ会は正式な会士として聖職者、それも学識ある聖職者しか受け入れなかったからである。この章を締めくくるにあたって、最後にドミニクスが歿した時期のドミニコ修道会の展開の様相を概観しておこう。

この時期の修道院の分布は、基本的には現在のスペイン、ポルトガル、フランス、イタリア北部にしか見られない。一二二一年の第二回総参事会（ボローニャ）では、活動領域をヨーロッパ全域と近東にまで展開することを決議したが、この段階では、ドイツの大部分の地域、イングランド、北欧、東欧は修道院の設置が計画されていたが、まだ実現にはいたっていなかった。そのうえで修道院所在都市を列挙するならば、カスティーリャ王国ではセゴビア、パレンシア、サモラ、マドリード（女子）、ゴルマス、ポルトガル王国ではサンタレン、フランス王国ではパリ、ランス、ポワティエ、メス、リモージュ、ベヨンヌ、ル・ピュイ、トゥルーズ、リヨン、モンプリエ、プルイユ（女子）、イタリア北・中部ではボローニャ、ベルガモ、ミラノ、ヴェローナ、ピアチェンツァ、ブレッシア、ファエンツァ、パルマ、フィレンツェ、シエナ、ローマなどである。

図8－6は一三〇〇年頃のドミニコ修道会修道院の分布を示しているが、これを見るとドミニクスの死後約八〇年を経て、この修道会がいかに発展したかを知ることができる。

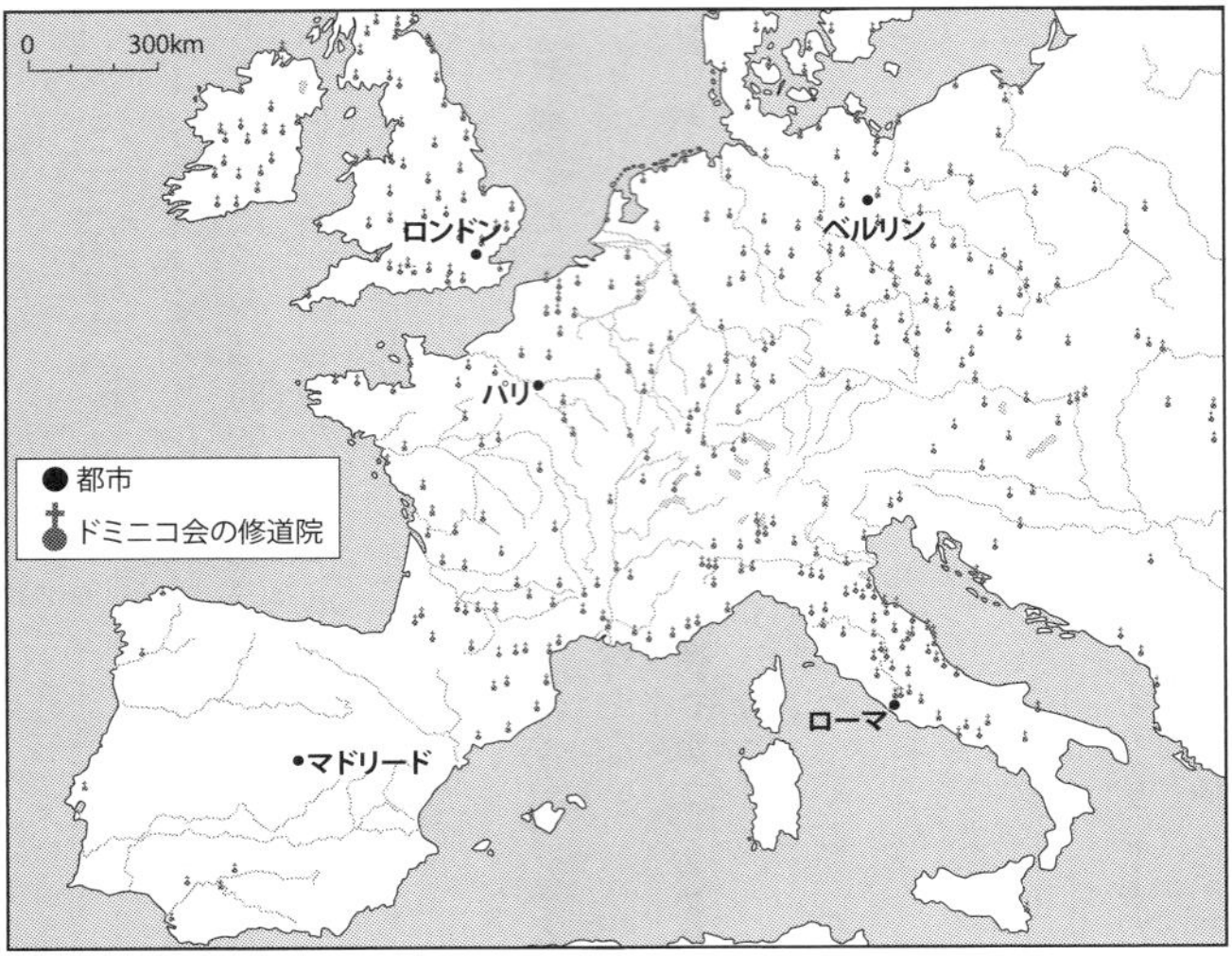

図8－6　ドミニコ会の分布

第九章　修道院の外で――ベギン派が映すもの

貞潔、服従、清貧の修道誓願を行い、ベールを被る女性、すなわち修道女の存在と並んで、一三世紀前半からとくに現在のベルギー、オランダ、ライン上流地方で、「ベギン」の名で呼ばれる存在の登場とともに、新しい回心者の形態が出現する。こうした女性たちは俗世から離れ、しかし特定の戒律に服すことも、したがって修道誓願をなすこともなく、敬虔な生活を送ることを目指した。彼女たちが都市のなかで定着したのは、彼女たちが密接な関係をもった托鉢修道会の修道院の間近であり、小さな一軒家か、あるいはベギン・ホーフと呼び慣わされるベギン館であった。

修道誓願を立てずに俗世にとどまり、「キリストの花嫁」として貞潔を守り、祈りの生活を続けるキリスト教徒女性の存在は、西洋世界でのキリスト教の伝播とともに古い伝統である。ローマ帝政末期に影響を揮った禁欲の心性のもとで、地中海世界のキリスト教社会ではこうした存在は、さして珍しい現象ではなかった。

だがキリスト教社会の歴史的展開のなかで、やがてこうした半ば俗世から離脱していながら、修道女のベールを身に纏う選択もしない、いわゆる半聖半俗の女性は姿を潜めるようになる。そして一三世紀に入り、地域はある程度限られているとはいえ、突然に再びこうした女性が歴史の表舞台に登場してくる。

キリスト教社会は叙任権闘争という聖俗の緊張をはらんだドラマを経験し、さまざまな異端運動と使徒的生活を理想とする多くの平信徒の熱誠が渦巻くさなかにあった。こうした流れのなかでの「キリストの花嫁」の再出現は、その類似性にもかかわらず、古代末期のそれの再来ではありえない。そこには異なる社会的理由があり、彼女らへの社会の視線もまた別様であったにちがいない。

1　聖と俗の狭間で

叙任権闘争のパラドクス

よくいわれるように一一世紀後半の教皇グレゴリウス七世（在位一〇七三〜八五）の在位期が、聖なる権力と俗権力の分離、すなわち「カエサルのものはカエサルに。神のものは神に」というモットーで表される理念に帰結した教皇権と皇帝権との争い、いわゆる「叙任権闘争」の最盛期であり、これを境として、聖権と俗権の区別が明確に認識されるようになったとされるが、その影響はキリスト教世界の隅々に浸透したのかと問われるならば、歴史的事実はむしろ逆の事態の進行を教えてくれる。それは逆説的に、むしろ俗権が「自衛」のために、中世社会の主役として先頭に躍り出ることを許すことになった。

聖権と俗権の最高水準での教皇権力と神聖ローマ皇帝権力との図式をこのようにとらえることができるならば、その写し絵としての一般信徒の宗教心性のレベルにおいて、俗の側からの聖への侵犯はますます積極的なモーメントとして働き、伝統的な教会規範にとらわれることなく、自らが理解するキリスト教信仰の「根本」と思われる理念に従って、信仰活動を展開するという動きをさらに加速させることになった。フランチェスコ、ドミニクスらの托鉢修道会や、各種の異端運動を支える精神にも、そうした思想は共通していた。本章であつかうベギン派もまたそうした集団のひとつである。

このような集団の存在は、ライン川上流の諸都市やフランドルやオランダの都市で顕著であったが、フランスやスイス、ポーランド、カタルーニャ地方や、ルーマニア西部の都市でもその存在が確認されている。興味深いのはアイルランドでは、その存在の形跡が一切知られていないことである。

「ベギン beguine」とは何か

修道誓願を遂行することなく、自発的に貞潔と清貧の生活に入った女性を表現する「ベギン」という言葉（男性はベガール beghard と称した）はいったい何に由来するのであろうか。語源の問題はつねにではないが、しばしばその言葉で表現される現象の起源を明らかにする。これまでの研究は、以下の六つの仮説のいずれかを可能性として挙げている。

①七世紀末の聖女ベッガ Begga に由来するという説。ベッガはメロヴィング朝の宮宰大ピピンの娘で、中ピピンの母親であった。彼女の崇敬は一二世紀以前には知られていない。

②一二世紀にリエージュの司祭で改革派のランベールという人物がおり、彼には吃音《きつおん》（le Bègue）のランベールという渾名《あだな》がつけられていた。この吃音を意味する bègue から「ベギン」の名前が由来しているとする説。しかし因果関係が逆であり、ランベールがベギン女性たちに向けて説教をしていたところから、この渾名を奉られたというのが真実のようである。

③低地ドイツ語で「物乞《ものご》いをする」という意味の bag。これは英語で to beg とおなじ意味であるが、のちに見るように托鉢はベギン女性の一般的な行動形態ではなかった。

④ベギン問題の専門家であったM・メンスやD・フィリプスらは、ベギン女性たちが身に纏ったとされる衣装の色彩、すなわちベージュ色 bege、イタリア語で bizo、bigio に由来すると主張したが、多くの賛同を集めているとはいいがたい。

⑤中世異端史の大家H・グルントマンやE・W・マクドネル、R・W・サザーンらが支持している説。カタリ派異端の別名であるアルビジョワ派のラテン語 Albigenses の Al-bigenses の中間の音節すなわち -bigen- に起源をもつとする。一三世紀はじめにケルンのあるドミニコ会士が、年代記のなかで beggini と関連づけた説である。この考えによれば、初期のベギン女性はカタリ派異端と結びつけられていたということになる。

⑥フランスの中世史家ジャン゠クロード・シュミットが提案した説は、オランダ語の「おしゃべりする」を意味する begge に由来するという考えである。この場合は歴史的含意とは無関係で、もっぱら彼女らの存在論的側面が照射されるだけなのである。

これら六仮説のいずれが妥当するかについての決定的な決め手はない。音韻論的に多少の無理があったにしても、この時代のキリスト教社会を支配したトピックとの連関、また初期のベギン派女性に、異形の存在として注がれた視線の意味合いを考慮すれば、私としてはさし当たり第五説、すなわちカタリ派異端の形容語からの派生という説を、作業仮説として挙げておきたいと思う。

ベギン派に加わること

英国の中世史家サザーンはその著書のなかで、中世の女性たちがベギンの生活を望んだのは、世俗生活の波瀾《はらん》と軋轢から容易に逃げ込める隠遁の場所を提供してくれたからであり、日々の煩わしさを最小限に抑えて、信仰生活を送ることを許してくれたからであると説いている。こうした説明は、どちらかといえばベギン女性の選択のネガティヴな面から照射しているといえるが、中世女性が置かれていた社会的境遇を的確にとらえているのも事実である。

ベギンへの加入を望む女性は、教区の司祭か、あるいはベギンと深い絆をもっていたその都市、あるいは教区のフランチェスコ修道会またはドミニコ修道会修道院長の前で、「キリストに身を捧げる」とか、「生涯信仰に生きる」などの、いくつかの定型文言のひとつを選んで宣誓を行った。これは修道誓願と類似してはいるが、正確にはおなじものではない。

こうしてベギンの誓願を立てた女性は、告解を行い聴罪師から祭壇でベギンの衣装を与えられた。ひとりのベギン女性の誕生である。

ベギン女性の社会的出自

ベギン女性がどのような出自をもつ女性であったかを知ることは、この自発的な禁欲運動の社会的脈絡と意味を考えるうえで重要である。

フランドル、オランダ地方の検討を行った研究によれば、フランドルとエノーの女伯であったヨハンナ（一二〇〇?〜四四）は、自らの領地にいくつものベギン館を建設したが、そのなかのヘントに建設された館に関しては、高貴な生まれの女性が、その名誉を汚さずに自活できる場所を与えるために建設されたとしている。多くのベギン館建設の動機がこのようであったとすれば、少なくとも初期のベギン女性は貴族の出自か、それに近い都市有力門閥出身の女性ということになろう。

ジャン＝クロード・シュミットがライン上流の四都市、すなわちケルン、マインツ、ストラスブール、バーゼルに関して調査したところによると、一三三〇年まではこれら四都市において、いずれも多数を占めたベギン女性は土地所有貴族や、都市貴族の子女であった。このうちケルンとストラスブールでは、全体として見ればこうしたベギン女性の社会的出自の高さが、比較的長期にわたり維持されたが、ストラスブールでは、複数あったベギン館で起居した女性の社会的出自が、館によって大きく異なるという現象が見られた。つまり収容されている女性の出身階層が、館によって定められている傾向性が見られた。オッフェンブルク、インネンハイム、ツム・トゥルムの三ベギン館は、貴族的性格を濃厚に宿し、それ以外の下層出身のベギン女性を収容した館とは一線を画していた。

マインツではベギン女性のうちの下層出身者は少なく、約六パーセント程度であった。多くは都市在住の中間層出身の女性であった。貴族出身者の進出はかなりのちになって、一四世紀頃からであった。そしてやがては多数派を占めるようになる。一四〇〇年頃になると、上層も下層もいずれも薄くなり、中間層出身者が増加していった。

バーゼルの場合は、当初マインツと似たような状況で、ベギン女性はこの都市の中間階層の女性で占められた。それが一三三〇年代から下層出身者が多数を占めるようになり、しかも彼女らはバーゼル出身者ではなかった。シュミットは、一四世紀末に土地貴族と都市門閥からのベギン女性の供給が枯渇してしまったことが、この運動の弱体化をもたらしたと考えている。

図9－1　ベギン館の外観（ブリュッヘ）

ところでベギン派の活動は一枚岩ではなく、そのなかには神学的な問題について三位一体論や神の本質について、正統教義とは異なる見方を主張する者たちも少なくなかった。このため、一度はベギン派の活動に禁止の措置がとられたが、ほどなくして教皇ヨハンネス二二世自らが、禁止措置を緩和するというように、教会当局はその対応に苦慮する状況があった。立派に敬虔な生活を送り、異端の嫌疑を受けることなく贖罪の祈りと貞潔な日々を過ごしている者たちも多かったからである。それぞれの都市では、その都市のベギン館で生活するベギン女性たちの印象、彼女らの生活態度に応じて、都市住民の「世論」も異なった。バーゼルでは人口のなかでベギン派女性が占める比率が一番多く、そのうえベギン女性がバーゼル出身者である比率は顕著に低く、他の都市、あるいは他地方出身の女性が多かったことが、この都市でのベギン派女性への批判が激しかったことの大きな理由であるとシュミットは考えている。

ベギン女性の収入源

一般にベギン女性の収入はシュミットによれば、①定期金収入（これは基本的に、共同で生活するベギン館などに寄進などの形でもたらされる金銭や、規則的に利益を生みだす不動産などの類いであり、これにベギン女性が個人でもっている財貨がプラスされたものである）、②ベギン女性が実践するさまざまの労働から生まれる収入、③托鉢実践によってもたらされる収入、の大きくこれら三種類に区分している。

①の定期金収入に関して補足するならば、ベギン女性の誓願と修道誓願との大きな違いは、後者は清貧の誓いを立て、一切の個人財産を放棄しなければならなかったのに対して、ベギン女性は清貧の誓いをせず、もし財産を所有していれば、自分で自由に財産を運用することができたことである。そして多くの財産を所有するベギン女性は、その死にあたって、これを自らのベギン館に遺贈したのであった。

ベギン館の共同財産は、基本的にその館を創建した人物が寄進したものを原資としており、ストラスブールの例に見られるように、それ以後のときおりなされる寄進や、貴族や都市上層市民の遺言による遺贈によって、膨らんでいった。

こうした寄進や遺贈はまったく無条件であることは稀であり、多くがその代償として己の魂の供養のために、折あるごとに教会に供物を捧げたり、命日には灯明をあげて祈禱をしたりなどの世話が求められた。それはベギン館を建設し、喜捨を実践した創建者にとどまるのではなく、ときどきの寄進者に対してもなされた。

そうした貢献者が他界すると、当該ベギン館の女性たちは葬列の先頭に立って墓所まで行進し、死者の魂の平安のために行われるミサに出席した。各自が教会の聖具係で蠟燭《ろうそく》を購入し、続いて葬列を目当てに集まってくる貧者に小額の金銭を施した。そこには死者による慈善行為の代理を務めるという意味があった。葬儀が終了したのちも、彼女たちは墓にとどまり、蠟燭が燃え尽きるまでのあいだ、ひたすら魂の救済のための祈りを続けるのが習慣であった。こうした葬送儀礼への深い関わりは、彼女たちが慈善活動として実践していた死にゆく者の看護と看取《みと》りの延長であったともいえる。

②の場合の労働の対価としての収入源は、大きく二つに分けられる。ひとつは子供に基礎的な教育を施すことによって親からもたらされる謝礼収入、下層身分の出自の女性が多いベギン館では、近くの托鉢修道会修道院の修道士への針仕事や洗濯などの奉仕を行うことによってもたらされる謝礼などが第一のカテゴリーである。

より本格的なのは、糸紡ぎや機織りなどの繊維手工業の作業から得られる収入である。ベギン館で作られた製品は、自由に販売することができた。このため都市の手工業組合と競合し、紛争の種になることも珍しくなかった。ベギン女性の場合、特権として徒弟段階を経ないで製品を作ることが許されたからである。ベギン館側はギルド側からの抗議と要請を受けて、しばしば機織りや糸紡ぎ器の騒音が祈りと沈黙を妨げるという理由で、遠回しに抑制を働きかけたが、収入の道を閉ざすことから全面的禁止にはいたらなかった。せいぜいのところ、製作の総量を規制したり、生産活動を特定の製品に限定したりすることしかできなかった。

図9－2　葬列の先導役を務めるベギン女性

③の托鉢行為。女性からなるベギン派には、一般に托鉢行為が禁止された。たとえばストラスブールでは、ベギンとして貧困女性を受け入れ、彼女らに食物を与えるよう要請している。その理由は、彼女らが貧困のあまり物乞いをすることを懸念したためであった。そうしたことを考慮するならば、ベギン女性の托鉢禁止は当然のことと思われる。だが実際には「喜捨」を受けるベギン女性は存在した。彼女らが喜捨を個人として受

ける際には、何らかの「労働」の対価という理由づけが考えだされた。

広い意味での托鉢は、他に収入の手段をもたないベギン女性にとっては、やむをえないやり方であった。一四五二年のストラスブールには、九三のベギン館があり、そのうち詳しい事情が判明している八八館のうち、約三〇パーセントの二四館は収入をもたらす財産が欠けていて、托鉢によって生きるほか手立てがなかった。

托鉢修道会との関わり

ベギン派は修道会とは異なる存在であり、本質的に俗人のままである。したがって彼女たちは基本的に教区の司祭の統括のもとにあった。さらにいえば、ベギン館を管理するために、都市当局が指定した管財人の統括のもとに置かれた。これは、しかしながらあくまで組織管理上の関係である。ベギン館で日々祈りと慈善活動に明け暮れる女性たちは、托鉢修道会を頼りとし、日常的に密接な交流をもっていた。

図9－3に示したのは一三世紀以降のストラスブールにおける、都市の一部の区画である。ここに見られるようにフランチェスコ修道会修道院とドミニコ修道会修道院の周りに、多くのベギン館やベギン女性の一軒家が、まさしく櫛比《しっぴ》と表現してもあながち誇張ではない状況で存在することが見てとれる。

ケルンでも似たような状況が見られた。ドミニコ修道会修道院は実に七〇のベギン館と、九〇におよぶ独立のベギン家屋に周りを取り囲まれていた。修道院の近くの街路は「ベギン女性通り platea beginarum」という名前さえつけられていた。さらにその先には、フランチェスコ修道会修道院を中心にして四一のベギン館と六五の独立したベギン家屋がならぶ街区が存在していたことが知られている。

上條敏子『ベギン運動の展開とベギンホフの形成』83ページより、一部改変。

図9－3　13—15世紀ストラスブール中心部でのベギン家屋の分布

一三世紀はじめからキリスト教世界の諸都市に広まった托鉢修道会の修道院は、もともと教区の教会に足を運ぶはずの信徒にも、ミサをはじめとする典礼への参加を許したので、在俗教会側はその進出を警戒したが、その卓越した説教技術と清新かつ真摯《しんし》な霊性の息吹に触れた信徒たちの信仰心が、托鉢修道会に傾斜するのは自然なりゆきであった。

ましてや脱俗の人であるベギン女性は、むしろ托鉢修道会が行う典礼やミサに参加するのが常態であったといってよい。

二つの托鉢修道会それぞれとベギン派との関係について、さらに立ち入って指摘するならば、フランチェスコ修道会とベギン女性の関係がより密接であり、ドミニコ修道会との関係はより緩やかであった。

2　ベギン女性の思想と霊性

女性が聖人となることの困難さ

中世後期の聖性についての画期的な業績とされるヴォシェの大著『中世後期西洋の聖性』(一九八一年)は、副題に「中世の宗教心性研究」と銘打った、いわゆる中世心性史研究の先駆ともいえる著書である。その意図するところは簡単にいってしまえば、各時代に聖人として認められる条件はどのようなものであるかを、一二世紀から一五世紀を時代枠として、それぞれの時代のキリスト教徒の信仰心の特徴とその変遷との関連で解明しようと試みた著作である。

このなかで興味深いデータが紹介されている。研究対象になった中世後期に関して、聖人として列聖された者は男性が八五・七パーセント、女性が一四・三パーセントで男性聖人の数が大きく優っている。これは以前に司教であった人物が聖人として列聖されるケースが圧倒的に多かったことによる。修道士、修道女出身の聖人の比率もさほど変わらない。一一人の修道士に対して、修道女はわずかアッシジのキアーラひとりである。

ところがベギン女性も含めて、俗人身分からの列聖となると、その比率は大きく変わる。女性は五五・五パーセント、男性は四五・五パーセントと逆転するのである。

中世後期の変化

こうした数字を世紀ごとに振り分けて考察すると、この現象の展開過程がより明瞭になる。俗人出身者を列聖するための審査に掛ける割合は、一三世紀には女性は五〇パーセントを占めた。しかしそれ以後の時代となると、全体の七一・四パーセントが女性である。一三〇五年以後となると、列聖された俗人出身の女性は平均で三分の二を占めるのである。

ヴォシェによれば、このような展開は地中海世界で確認される動きとも符合している。教皇庁はこうした傾向を好ましく思い、その多くが托鉢修道会と縁の深い女性を列聖の審査対象にすることに前向きであった。反対に俗人男性の聖性は教皇庁の視野から消えてしまったのである。

教皇庁の視線の変化は何に由来するのであろうか。それはベギン女性を含めて、異端運動の隆盛、および正統教義への帰依がいたるところで破綻《はたん》を見せているなかで、完徳の境地を目指して熱心に禁欲的な生活に励む多くの女性の存在を心強く思い、共感を寄せたからにほかならない。

内面的生への傾斜と連帯

霊性（スピリチュアリティ）を、仮に宗教の個人的側面を強調するのに用いられる表現であるとするならば、一四、五世紀に霊性はキリスト教社会のすべての階層に浸透したといえる。修道院の禁域はいうにおよばず、在俗教会の聖職者や俗人にも浸透した。一般の俗人信徒においては、それは一種の「気づき」でもあった。彼らの目から見て「福音」は、自分に向けられたメッセージのように感じられた。彼らはそれを真剣に、そして自分のこととして深く受け止め、これに応答しようと思いをめぐらした。彼らは典礼も各種の奉仕的慈善活動も否定せず、宗教を自らの魂に最も親密な根本的体験たらしめようと強く願った。

彼らは自分たちとおなじように決意している者と連携しようという意志を、強くもっていた。たとえ地域を異にし、それがドミニコ修道会、フランチェスコ修道会、アウグスティノ修道会、ドイツ騎士修道会と異なる会則のもとで生きる修道士であるにしても、サークルを形成し、互いに密に連帯することに努めた。このサークルのなかにはノルトリンゲンのハインリヒのような司祭も見られ、あるいはストラスブールの両替商であったルルマン・メルスウィンのような俗人も加わっていた。彼らは自分たちを「神の友 amici dei」と称した。この呼び名は、彼らが属する修道会派と聖俗の身分差を越えて、ある感情、あるいは感性の資質を探究したことを、また自分たちがエリートであるという誇りを自認したことも見てとることができる。こうしたサークルが行う説教の熱心な聴衆が、修道女でありベギン女性であった。

こうした女性たちはサークルのメンバーのもとを訪れて意見を交換し、手紙のやりとりをし、写本を融通しあった。こうして彼ら彼女らは、地域を越えて接点を作った。ブリュッセルの律修参事会員で神秘主義者であったヨハンネス・ルイスブレークは、ストラスブールに自分の作品『結婚』を送り、ドミニコ修道会の説教師であったベルガモのヴェントゥリーノは、ドイツのドミニコ会士と盛んに文通したり、ライン地方の作品がイングランドでよく読まれたりしたというように、遠隔地であっても相互のコミュニケーションは濃密であった。

神秘主義の潮流

このような潮流のなかでも、修道会によってその色調には大きな違いがあったことは指摘しておく必要がある。すでに先に見たように、ドミニコ修道会は事実の合理的解釈に大きな価値を置き、フランチェスコ修道会は情動的な共鳴を重視し、それに感応した。霊性の探究と瞑想《めいそう》への没入は、幻視と法悦状態によってある種の人々を聖性の内奥まで分け入ることを可能にさせた。男性では先のヨハンネス・ルイスブレークの名前がそうしたひとりとして挙げられるし、理論志向の濃厚さで目立ったのがドイツのドミニコ会士マイスター・エックハルトであった。

だが神秘家としてとくに際立っていたのは女性たちであり、それもベギン女性たちである。

多くの女性神秘家は自らが経験した法悦状態や幻視を聴罪司祭に告白し、これを書き留めた司祭の記述として残されたが、なかには自らペンを執り著作として書き残した女性も少なくなかった。その代表格がビンゲン女子修道院長ヒルデガルドであり、その『スキヴィアス Scivias（道を知れ）』（一一五一年）は、口述筆記の形でなった作品であるが、執筆中から多くの賛辞が寄せられた幻視文学の傑作である。

霊的な経験の記述は、しかしながら歴史家がこれを検討し分析の対象とするには、必ずしもふさわしいものではない。それらは理性と情熱とが綯《な》い交《ま》ぜになり、一種の沸騰状態として出現した産物だからである。その複雑きわまりない多層的な意味の森を読み解くのは簡単な作業ではない。それは確かにそうであるが、一四世紀の女性幻視者たちが作品として後世に残したもののなかには、しばしば繰り返し現れるライトモティーフとも呼べる主題がある。それは「結婚の神秘」と呼ばれるテーマである。

ベギン女性の「結婚の神秘」

フランスの歴史家フランシス・ラップによれば「結婚の神秘」のモティーフは、この時代に新しく誕生したものではない。このテーマは旧約聖書の『雅歌《がか》』において、しっかりとキリスト教徒の感性と調和し、その表現とイメージを定着させた。さらに聖ベルナールが『雅歌講解』を著し、この主題に関わる語彙《ごい》を豊かにした。その代表格は一三世紀前半のフランドル、アントウェルペン出身のハデウェイヒ（Hadewijch）であろう。彼女は姓も素性も定かではないが、支配層出身で高い教養を身につけたベギン女性であった。

彼女が著した文字どおり『幻視』は、キリストとの神秘的合一にいたる魂の軌跡を記述した作品で、ヨーロッパ文学史上の神秘的恋愛詩の傑作と評価されている。全体が一四の幻視の描写からなるこの作品は、その多くが聖霊降臨祭や公現の祝日、降誕祭などキリスト教の重要な祝日、つまり敬神の意識が著しく昂揚《こうよう》したときに、ハデウェイヒが脱魂状態で視《み》た幻視の記述である。そしてまさしくそのなかで繰り返し表れるのが、「キリストの花嫁」ベギン女性である彼女の神との合一であった。その一部を引用する。

私が主を受け入れると、主との合一の享受以外、私がいかなる雑念ももたないように、主は私を受け入れた。そして私は「完徳の平原」という名の、草原のような広々とした平地に導かれた。そこには木々が立ち、私が近づくと、木々の名と意味が示された。第一の木は根が腐り、ひどく脆《もろ》いのに、幹は特別堅かった。木の上には愛らしく美しい花があったが、とても不安定だった。もしも嵐が起きたら、花は落ちて枯れただろう。私を導いたのは、識別の任務を託された座天使のひとりだった。まさにその日、私は彼の高さまで成長し、彼が私の全行程の同行者であり、守護者であることを知った。そして天使は言った。「人よ、この木が何であるか理解し、知れ」。これが私たち自身の知識であることを彼が示したとき、私は理解した。腐った根は私たちの脆い本性、堅い幹は永遠の魂、美しい花は、すばやく一瞬のうちに滅びる人間の美しい姿だった。（鳥井裕美子訳）

神との合一は、繰り返し登場するアレゴリー表現である。「幻視一一」では聖アウグスティヌスとの「合一」まで登場する。そのことから、ハデウェイヒにとり「合一」は理解の達成を意味したのであり、知的高みへの願望がそれを支えていた。そのことは前掲の「私を導いたのは、識別の任務を託された座天使のひとりだった」という箇所からも推察される。あるいは「神とともに神になるまで成長する、それが最も完全な満足なのだから」（幻視七）という一文を引用してもよいであろう。

だが一方でハデウェイヒのキリストとの「合一」の欲求は、官能的な含意をともなっていたことも見逃すことはできない。「幻視七」では、

もしも私が最愛の人を満足させず、最愛の人が私の欲望を満たさなかったなら、私は死ぬほど狂い、当惑のあまり死ぬだろうと思った。

と肉欲の愛を歌い上げる作法すら用いている。

『神性の流れる光』

ハデウェイヒとならんで幻視文学の傑作を著したのは、ベギン女性、マクデブルクのメヒティルトである。彼女はハデウェイヒとほとんど同時代人で、ブランデンブルクに近いミッテルマルク西部の貴族の家に生まれ、俗語を交えた宮廷文学にも通暁していた。二〇歳を過ぎたころにマクデブルクのベギン館に入ったようである。

彼女が著した『神性の流れる光』もまた、ハデウェイヒとは若干スタイルを異にしているが、その主題は「結婚の神秘」であり、神との法悦的な合一経験の記述であった。次に引用するのは、その第一巻第四章「魂の宮居への旅について、神は魂に示現される」の一部である。

　魂は言葉もなく、神を讃美したい思いにひたすら駆られる。すると神は烈《はげ》しい希求を込めて、神の心を魂に示される。その心は、大きな炭火の中で灼熱《しゃくねつ》し燦然《さんぜん》と輝く黄金のよう。こうして神は魂を、神の燃える心のうちに溶かし入れる。このようにいと高き王侯ととるに足りない婢《はしため》とが抱擁し合い、水と葡萄酒のごとく一つにまじり合うと、魂は無に帰し、己を失う。もはや魂が力を失い果てようと、神は以前と変わりなく、魂を焦がれ、求められてやまない。（小竹澄栄訳）

メヒティルトは晩年にシトー派のヘルフタ女子修道院に入るのであるが、全七巻からなる

図９－４　神秘主義者メヒティルト

『神性の流れる光』をはじめとする彼女の著作は、ベギン時代に友誼《ゆうぎ》をかわしたドミニコ会士たちの手を通じてシトー派、北ドイツのベギン派、シュヴァーベン地方や、ライン地方のドミニコ修道会などで、たちまち知られるようになった。北部方言で書かれた『神性の流れる光』は、「神の友」サークルのノルトリンゲンのハインリヒの手で高地ドイツ語に翻訳されさらに広汎な読者を獲得したのである。多くの研究者が指摘しているのは、「結婚の神秘」の主題が、南ドイツで盛んであった宮廷騎士たちの恋愛抒情詩《じょじょうし》ミンネザング（Minnesang）の影響を受けていることである。

幻視という宗教経験の極致に押し上げられた魂にとって、その経験を表現するには愛の言語を用いて語ること、そしてアナロジーを豊かに含んだ二人のペルソナの合一の寓喩が最もふさわしい手段と映った。「結婚の神秘」というモティーフが、幻視という霊的文学の恒常的基盤をなした理由もこれである。そしてこの主題が、二人のベギン女性ハデウェイヒやメヒティルトほどの才能と生命力をもって展開されたことはなかったのである。

＊

プロテスタンティズムの水脈

一二、三世紀の霊性は聖フランチェスコの行動に典型的に表れているように、「真に使徒的生活」を実践し、その思想を世に行き渡らせるのが目的であった。だが中世末期の改革者たちは、イエスの生と苦しみや、エルサレムの初期キリスト教時代の信徒共同体に思いをこらし、自分たちの生活のなかで、自分たちの言葉で自分たちが紡ぎ出した知恵を実践しようと努めた。それを実践するために、修道士たちは霊的思索の新しい形式を模索した。それは個人としての祈りである。各人が宗教的テーマを深める必要があった。それには福音書を読み、教父の著作を研究し、とりわけイエスの生涯に生じたさまざまの事件を自らの手本とし、とくにその十字架上の受難を我が身体のうちに感じ、それを霊的に生き直すことが求められた。自らにとってのキリストの生涯を見つめ直し、その意味を問い、思索を深めるというきわめて個人的な営為としての信仰実践が求められることになる。すでにここにはプロテスタンティズムへの思想的水脈が見てとれるのである。

ベギン女性であったハデウェイヒやメヒティルトの幻視体験や、マイスター・エックハルトらの神秘思想は、いわばそうした個人の宗教的生の発露として、その先駆であったともいえる。さらにいえば聖フランチェスコのあの清新な感覚に満ちた『兄弟たる太陽の賛歌』もまたある種の神秘体験の表明といえなくはなかろう。そしてその神秘を感得し、それを言葉によって表明する実践の背後には、同時に感性の革新ともいうべき文化的地平が広々とした姿を現していた。それがベギン女性メヒティルトにとって宮廷騎士たちの恋愛抒情詩ミンネザングであったように、フランチェスコにとって武勲詩やトゥルバドゥール詩人たちの恋愛詩であったとしても、私は驚かないであろう。

おわりに

修道生活の弛緩と頽廃

一般的に一四、五世紀には、もはや中世初期の頃のような修道生活の厳しさは影を潜めていたといってよい。冬の暖房や重ね着などの衣服の調整は許容されていたし、かつては贅沢とみなされた寝具や、さまざまの種類の繊維で織った布製品、多数の食器などの生活用具が必要とみなされるようになった。修道士それぞれに割り当てられる空間も広がった。共同の大寝室で、ベッドをならべて眠りについていたのが、一人ひとりの修道士個人の独立房があてがわれ、共用の部屋にも板材やカーテンで間仕切りが行われ、私的空間が確保された。

修道士が個人財産を所有しないのが、多くの戒律に共通した原理であったが、この面でも規則の緩和が見られた。修道士は自分の身体の養生に必要な品物を所有し、十字架、祈禱用の図像や書物、通信用の筆記用具などをもつことが許された。修道士はもはや修道院図書室だけで読書にいそしむのではなく、自らの必要と関心に応じて写本を購入した。したがって、修道士や修道女が金銭をもつことが黙認されるようになった。

こうした緩和された修道院での生活は、多くの過度な逸脱行動をも誘発することになる。修道士のなかには衣服や髭《ひげ》などを俗人風に真似たり、修道院のなかでお祭り騒ぎに興じたり、あ

図終－1　関連修道院会の所在地

ろうことか夫婦生活まで営む者が出る始末であった。こうした同棲《どうせい》状態が見られるのは、大部分が人里離れた小規模の修道院やシトー派の「グランギア（納屋）」で生活する俗人身分の助修士たちであったが。

自発的な改革の努力

こうした事態の進行を前にして、しばらく前から修道規律の引き締めという改革の動きが、いくつかの修道院のなかから発されていた。カスティーリャではバリャドリードのサン・ベニト修道院が、イタリアではスビアコ、ファルファ、パドヴァのサンタ・ジュスティーナ修道院が、ドイツではトリーアのザンクト・マティアス修道院が、修道規律遵守のための運動の中心となった。律修参事会に関しては、オランダのヴィンデスハイムにあるアウグスティノ修道会が改革の引き金になった。

こうした改革修道院は基本的に戒律ごとに、そしてしばしば地域、国単位で、それまでの修道会とは組織原理を異にする新しい修道院会（congregation）を組織し、個々の修道院長の上に、組織全体を統括する総院長をすえて、これが修道院会の傘下にある各修道院の改革を指導した。

スペインのベネディクト戒律を奉ずる修道院は、大部分はバリャドリードのサン・ベニト修道院を盟主と仰いだ。イタリアではパドヴァのサンタ・ジュスティーナ修道院が、神聖ローマ帝国ではニーダー・ザクセン地方のブルスフェルデ修道院が九〇の修道院をその傘下に収めた。ドナウ地方はメルク修道院が、南ドイツのベネディクト戒律修道院改革の主役となった。律修参事会については、オランダのヴィンデスハイム参事会が、八四を数えた修道院会の頂点に立って、改革を指導した。弛緩《しかん》した修道生活、あるいは参事会員生活を改めない者は、強制的に駆逐され、新しいメンバーを補充した。

こうした懸命な努力にもかかわらず、旧アウグスティノ修道会士マルティン・ルターによる宗教改革の狼煙が上がるときは間近に迫っていた。

あとがき

本書はタイトルからわかるように、主題は西洋修道制の特異な側面を取り上げた一冊である。定められた厳格な規律に従って生活する修道士たちの歴史の中で、一二世紀から戦士身分の騎士が、ベネディクト戒律あるいはアウグスティヌス戒律を自らの生活規範として、イスラーム教徒、あるいは異教徒との戦いに明け暮れる姿が、歴史に登場してくる。

もともと修道生活の目的は、ひたすら祈りの生活を送ることで、神との交感を果たし、自らの徳の完成、すなわち「完徳 perfectio」を目指すことであった。そのための障害となるさまざまの雑念を、禁欲生活を実践することによりできるだけ除去し、その目的を達成しようとする生き方である。それゆえたとえ異教徒相手であろうと、戦闘と流血を前提とした騎士修道士、そしてその集団である騎士修道会という現象は、元来修道制の精神から遠く離れた存在と言わねばならないであろう。

だが中世修道制刷新の代表的な担い手のひとりであった聖ベルナールが、キリスト教に敵対するものは悪であり、「悪をなすものを殺しても、それは殺人ではなく、いわば悪の誅殺をなすのである」と説くところに表れているように、「悪の誅殺」、すなわち異教徒の抹殺であるならば許されるどころか、神への奉仕であるという認識と論理が定着した。異教徒へのこのような対応と認識は、ヨーロッパの歴史のなかで初めて登場したものである。古代エジプトに登場した一神教の研究者であるヤン・アスマンが述べているように、一神教とは本質的に異教徒との戦いは正当な戦いであり、異教徒の側からの応戦は「裏切り」であるという、非対称性を特徴とする宗教イデオロギーである。そしてこの論理が現在まで生き永らえ、一部過激なイスラーム思想を標榜《ひょうぼう》する者たちによる、血みどろの無残なテロルを生みだしていることはあえて喋々《ちょうちょう》すべきことでもなかろう。

こうした構造の原型を生みだした一二世紀は、その意味でもヨーロッパ史のひとつの転換期なのである。

同様の変化は一二世紀中頃以降に、本来の意味での修道制の分野でも萌《きざ》していた。それは托鉢修道会というきわめてラジカルに伝統的な修道団と袂《たもと》を分かった生き方で特徴づけられる組織の誕生である。十字軍運動という異教徒との抜き差しならぬ関係性に足を踏み入れたキリスト教社会は、宗教思想の面でもラジカルな思考を培う大状況を準備したのである。聖フランチェスコ、聖ドミニクスが実践した托鉢実践、すなわち自らの「生」を、完全に神の摂理に委ねるというその徹底さは、その本質においてきわめて「攻撃的な」挙措であり、それは何がしか異教徒との戦いというヨーロッパを取り巻く大状況の谺《こだま》と言えなくもない。

聖フランチェスコが文字通り忠実に実践しようとした「キリストのまねび imitatio Christi」は、累代の神学的信仰解釈をすべて振り払い、ただひたすら新約聖書のキリストの生き方に近づかんとする実践であり営為である。フランチェスコのロマネスク的とも言える葛藤は、やがて信仰実践の個性化、個人化への回路を見いだすことになる。とりわけベギン女性たちに見られる神秘思想の豊穣《ほうじょう》な発酵は、聖フランチェスコという酵母なしにはありえなかったのではないか、そのように思えるのである。その行き着く末は、宗教の内面化への志向、そして宗教改革である。

ヨーロッパのキリスト教修道制の歴史をたどる試みは、本書においてその中世史としての時代枠の終端にたどり着いた。しかし修道制、あるいはより正確には修道士という生き方は、むろん中世で終焉を迎えたわけではなく、海外布教という新たな地平にその活路を見いだす。その先兵となったのは、新たに組織されたイエズス会であり、また本書で扱ったドミニコ会やフランチェスコ会であった。たとえば一六世紀後半、日本のキリスト教布教において、これら三修道会は互いにその主導権を握るべく鎬《しのぎ》を削ることになる。

＊

本書を執筆するにあたり、文献の入手にいつものように日本学術振興会特別研究員の村田光司氏に大変お世話になった。記して感謝の気持ちを表したい。ここ数年のあいだ、名古屋大学高等研究院のアカデミー・グラントの支援に浴するという幸運に恵まれており、高等研究院長篠原久典教授および事務担当の方々には諸事お世話になるばかりである。厚くお礼を申し上げる。

このたびもまた中央公論新社新書編集部の酒井孝博氏にお世話になった。いつもながらの行き届いた心配りにより、余分なストレスゼロ状態で執筆に専念することができた。深く感謝申し上げる。また措辞の乱れや誤りを指摘していただいた校閲担当の方々の努力に厚く御礼を申し上げる次第である。

本書をこの夏から秋にかけて相次いで逝去された中川久定《なかがわひさやす》先生、岩崎英二郎先生、村上淳一先生の思い出に捧げる。

平成二九年一〇月

宗教改革五〇〇周年に錦繍《きんしゅう》の軽井沢にて　著者

André Vauchez, "Saint François d'Assisie"（アッシジの聖フランチェスコ）, *Moines et religieux au Moyen Âge*, présenté par Jacques Berlioz, Éditions du Seuil, 1994.
André Vauchez, "Saint Dominique, 《le mal-aimé》"（愛されざる男聖ドミニクス）, *Moines et religieux au Moyen Âge*, présenté par Jacques Berlioz, Éditions du Seuil, 1994.
André Vauchez, *François d'Assisie. entre histoire et mémoire*（歴史と記憶の狭間にあるアッシジのフランチェスコ）, Fayard, 2009.
Marie-Humbert Vicaire, *Histoire de saint Dominique*（聖ドミニクスの歴史）, Les Éditions de CERF, 2004.
Chris Wickham, *Framing the Early Middle Ages. Europe and the Mediterranean, 400-800*（中世初期の枠組を作る。ヨーロッパと地中海 , 400年から800年）, Oxford University Press, 2005.

図版出典一覧

Jon Arnold Images/アフロ　口絵表
SIME/アフロ　図７－３
Kristina Krüger, *Ordres et monastères*, Ullmann, 2012　口絵裏, 図１－３, 図２－３, 図６－１, 図７－２, 図８－３, 図８－５, 図９－１
Jean-Claude Schmitt, *Mort d'une hérésie. L'Église et les clercs face aux béguines et aux béghards du Rhin supérieur du XIVe au XVe siècle*, Mouton Éditeur, Paris, 1978　図９－２
R・ペルヌー著、池上俊一監修、南條郁子訳『テンプル騎士団の謎』「知の再発見」双書、創元社、2002年　図２－１, 図２－４
Les Rois de France, HATIER, 1986　図３－９

地図制作・関根美有

Madrid, 2004.
Kristina Krüger, *Ordres et monastères. Christianisme. 2000 ans d'art et de culture*（修道会と修道院。キリスト教信仰の芸術と文化の2000年）, H. F. Ullmann, 2012.
E. Lévi-Provençal, *Histoire de l'Éspagne musulmane*（イスラーム支配期のスペイン史）, 3 vols, nouvelle édition revue et augmentée, G.-P. Maisonneuve, Paris-E. J. Brille, Leiden, 1950-1967.
Michael McCormick, *Origins of the European Economy. Communications and Commerce AD 300-900*（ヨーロッパ経済の起源。コミュニケーションと商業, 300年から900年まで）, Cambridge University Press, 2001.
Jules Michelet, *Le Moyen Âge. Histoire de France*（中世フランス史）, Robert Laffont, 1981.
Werner Paravicini, *Die Preußenreisen des europäischen Adels*（ヨーロッパ貴族のプロイセン遍歴）, 2 vols,《Beihefte der Francia Bd. 17/1, 2》, Thorbecke, 1989-1995.
Francis Rapp, *L'Église et la vie religieuse en Occident à la fin du Moyen Âge*（中世末期西洋の教会と宗教生活）,《Nouvelle Clio 25》, Presse Universitaire de France, 1971.
Jean-Claude Schmitt, *Mort d'une hérésie. L'Église et les clercs face aux béguines et aux béghards du Rhin supérieur du XIVe au XVe siècle*（或る異端の死。14世紀から15世紀のライン川上流地方におけるベギンとベガールに対する教会と聖職者）, Mouton Éditeur, Paris, 1978.
Sumi Shimahara, *Haymon d'Auxerre, exégète carolingien*（エモン・ドセール。カロリング朝期の聖書釈義論者）,《Collection Haut Moyen Âge 16》, Brepols, 2013.
Peter Spufford, *Money and Its Use in Medieval Europe*（中世ヨーロッパにおける貨幣とその利用）, Cambridge University Press, 1988.
J. M. Upton-Ward, *The Rule of the Templars*（テンプル騎士修道会の会則）, The Boydell Press, 2002.
André Vauchez, *La sainteté en Occident aux derniers siècles du Moyen Âge* (*1198-1431*). *Recherches sur les mentalités religieuses médiévales*（中世後期西洋の聖性〔1198年から1431年まで〕。中世の宗教心性研究）, École Française de Rome, Rome, 1214 (1981).

Philippe Buc, *Holy War, Martyrdom, and Terror. Christianity, Violence, and the West, ca. 70 C.E. to the Iraq War*（西暦70年頃からイラク戦争までの聖戦、殉教、テロル。キリスト教、暴力そして西洋）, University of Pennsylvania Press, Philadelphia, 2015.

Jacques Dalarun, *La Vie retrouvée de François d'Assisie*（再発見されたアッシジのフランチェスコ伝）, Éditions franciscaines, 2015.

Jacques Dalarun, *François d'Assisie en questions*（アッシジのフランチェスコ問題）, CNRS, 2016.

Alain Demurger, *Les templiers. Une chevalerie chrétienne au Moyen Âge*（テンプル騎士修道士。中世のキリスト教徒騎士身分）, Seuil, 1985.

Alain Demurger, *Moines et guerriers. Les ordres religieux-militaires au Moyen Âge*（修道士と戦士。中世の騎士修道会）, Coll. L'Univers historique, Seuil, 2010.

Alain Demurger, *Les Hospitaliers. De Jérusalem à Rhodes, 1050-1317*（ホスピタル騎士修道士。エルサレムからロードス島まで, 1050年から1317年まで）, Tallandier, 2013.

Luis G. De Valdeavellano, *Curso de Historia de las Instituciones Españolas. De los orígenes al final de la Edad Media*（スペイン制度史講義。起源から中世の終焉まで）, Ediciones de la Revista de Occidente, Madrid, 1968.

Georges Duby, *Les trois ordres ou l'imaginaire du féodalisme*（三身分あるいは封建制の想像力）,《Bibliothèque des Histoires》, Éditions Gallimard, 1978.

Robert Fossier, "Les Hospitaliers et les Templiers au nord de la Seine et en Bourgogne（XII e-XIV e siècles）"（セーヌ川以北とブルゴーニュ地方のホスピタル騎士修道士とテンプル騎士修道士〔12—14世紀〕）, *Flaran 6（1984）. Les Ordres militaires, la vie rurale et le peuplement en Europe occidentale（XIIe-XVIIe siècles）*, Auch, 1986.

Sylvain Gouguenheim, *Les chevaliers teutoniques*（ドイツ騎士修道士）, Tallandier, 2007.

Philippe Josserand, *Église et pouvoir dans la péninsule ibérique. Les ordres militaires dans le royaume de Castille（1252-1369）*（イベリア半島における教会と権力。カスティーリャ王国の騎士修道会〔1252年から1369年〕）, Bibliothèque de la Casa de Velázquez, vol. n. 31,

A・フルヒュルスト著、森本芳樹他訳『中世都市の形成——北西ヨーロッパ』岩波書店、2001年
M・ブロック著、森本芳樹訳『西欧中世の自然経済と貨幣経済』「創文社歴史学叢書」創文社、1982年
聖ベネディクト著、古田暁訳『聖ベネディクトの戒律』すえもりブックス、2000年
R・ペルヌー著、池上俊一監修、南條郁子訳『テンプル騎士団の謎』「知の再発見」双書、創元社、2002年
マクデブルクのメヒティルト著、小竹澄栄訳「神性の流れる光」『中世思想原典集成　15　女性の神秘家』冨原眞弓監修、平凡社、2002年
ピエール・リシェ著、稲垣良典・秋山知子訳『聖ベルナール小伝』創文社、1994年
J・ル＝ゴフ著、江川溫訳「中世フランスにおける托鉢修道会と都市化」『都市空間の解剖〈新版〉』「叢書・歴史を拓く『アナール』論文選４」藤原書店、2011年
J・ル＝ゴフ著、池上俊一・梶原洋一訳『アッシジの聖フランチェスコ』岩波書店、2010年
D・W・ローマックス著、林邦夫訳『レコンキスタ——中世スペインの国土回復運動』「刀水歴史全書」刀水書房、1996年

［外国語文献］
Jan Assmann, *Die Mosaische Unterscheidung oder der Preis des Monotheismus*（モーゼの弁別あるいは一神教の対価）, Carl Hanser Verlag, München, 2003.
Michel Balard, *Croisades et Orient latin. XIe-XIVe siècle*（十字軍とラテン東方。11世紀から14世紀まで）, Armand Colin, 2001.
Dominique Barthélemy, *La chevalerie. De la Germanie antique à la France du XIIe siècle*（騎士身分。古ゲルマニアから12世紀のフランスまで）, Fayard, 2007.
Waltraut Bleiber, *Naturalwirtschaft und Ware-Geld-Beziehungen zwischen Somme und Loire während des 7. Jahrhunderts*（７世紀におけるソンム・ロワール川間地域の自然経済と商品・貨幣関係）, Akademie Verlag, Berlin, 1981.

参考文献

［日本語文献］
阿部謹也『ドイツ中世後期の世界――ドイツ騎士修道会史の研究』未来社、1974年
阿部俊大『レコンキスタと国家形成――アラゴン連合王国における王権と教会』九州大学出版会、2016年
J・ヴェルジェ著、大高順雄訳『中世の大学』みすず書房、1979年
小田内隆『異端者たちの中世ヨーロッパ』NHKブックス、日本放送出版協会、2010年
上條敏子『ベギン運動の展開とベギンホフの形成――単身女性の西欧中世』刀水書房、2001年
H・グルントマン著、今野国雄訳『中世異端史』「創文社歴史学叢書」創文社、1974年
G・コンスタブル著、高山博監訳、小澤実・図師宣忠・橋川裕之・村上司樹訳『十二世紀宗教改革――修道制の刷新と西洋中世社会』慶應義塾大学出版会、2014年
R・W・サザーン著、上條敏子訳『西欧中世の社会と教会――教会史から中世を読む』八坂書房、2007年
A・ジョティシュキー著、森田安一訳『十字軍の歴史』「刀水歴史全書86」刀水書房、2013年
R・スターク著、櫻井康人訳『十字軍とイスラーム世界――神の名のもとに戦った人々』新教出版社、2016年
Y・ストヤノフ著、三浦清美訳『ヨーロッパ異端の源流――カタリ派とボゴミール派』平凡社、2001年
Ph・ドランジェ著、高橋理監訳『ハンザ――一二―一七世紀』みすず書房、2016年
ハデウェイヒ著、鳥井裕美子訳「幻視」『中世思想原典集成　15　女性の神秘家』冨原眞弓監修、平凡社、2002年
H・ピレンヌ著、佐々木克巳訳『中世都市――社会経済史的試論』「創文社歴史学叢書」創文社、1970年
アッシジのフランチェスコ著、坂口昂吉訳「公認された会則・信者宛書簡一・二・遺言」『中世思想原典集成　12　フランシスコ会学派』坂口昂吉編、平凡社、2001年

ラ・シェーズ・ディユ 2
ラス・ナバス・デ・トロサ 119, 121, 122
ラタキア 66
ラティウム 6
ラテン語 15, 24, 25, 167, 205, 230
ラテン諸国家 126
ラテン世界 2, 4, 5
ラテン帆 155
ラトヴィア（人） 81
ラニー 67, 157
ラ・フォルビでの戦い 51
ラ・マンチャ 133
ララ 124
ラン 13
ラングドック（地方） 151, 152, 212, 215, 216
ランス（地方） 62, 158, 226
ランデヴェネック修道院 iii
リヴォニア（人） 1, 27, 28, 81, 89, 96, 97, 103, 106
リエージュ 230
リエティ 86, 87, 182
律修参事会 22, 23, 93, 153, 208, 243, 252, 253
リッチフィールド 197
リトアニア（人、大公国） 27, 81, 90, 106, 108-111, 143
リバート 115-117
リマソール 68
リマリック 197
リミニ金印勅書 87, 88, 102
リモージュ（地方） 48, 226
リュキア 64
リューベック 10
リヨン 153, 158, 226
リル 158
リンカーン 197
ルアン 61, 158
ルーゴ 135
ルッカ 166
ル・ピュイ 2, 3, 226
ルーブル城 71
ルーマニア（ダキア） 56, 229
ルーム・セルジューク朝 5
ルント 217
レオン 12, 114, 120-122, 127, 130, 131, 135
レコンキスタ（再征服運動） 1, 113, 114, 124, 125, 138, 144, 206
レジョン・ドヌール騎士団 iv
レスポンシオネス 63, 67, 106
レデスマ 135
レーデン 98
レバノン 124
ロイス川 157
ロカトール → 保護主 99
ロシア人 90, 108, 110
ロチェスター 197
ロックスバラ 198
ロードス（島） 27, 52, 56
ローマ 52, 56, 65, 104, 107, 166, 179, 209, 215, 226
——・カトリック 108
——教会 81, 195
——教皇 46, 109, 172
ローマ帝国 15, 16, 158, 162, 203, 227
ローマ典礼 207
ローマ道 157, 203
『ローランの歌』 172
ロンドン 69, 197
ロンバルディア（人、地方） 11, 55, 56, 76, 96, 220

「ポートラン」海図　155
ボヘミア　56, 83, 85, 96, 166
ポポロ　171, 173
ポーランド（王国、人）
11, 52, 56, 81, 83, 85, 87, 90, 97, 98, 102, 105, 106, 108-112, 167, 229
——＝リトアニア軍　110
ポルティウンクラ
170, 179, 192, 216
ボルドー　158
ポルトガル（王国）　13, 55, 56, 113, 120, 123, 141, 142, 144, 202, 225, 226
ボローニャ
166, 172, 216-218, 220, 221, 224-226
ボローニャ大学　185, 217
ポワティエ　226
ポワトゥ　55
本陣　53, 55
ポンメルン　1, 86

【マ　行】

マイセン辺境伯　164
マインツ　10, 149, 233
マクデブルク　247
マコン　2
マサラブサク　126
マゾフシェ（大公）　11, 85-87
マデーラ諸島　142, 144
マドリード　139, 216, 226
マニ教　151
マラティヤ（メリテネ）　5
マリエンヴェルダー　98
マリエンブルク（マルボルク）
52, 94, 95, 97, 98, 102-105, 108, 110
マルケ地方　179
マルセイユ　140
マルタ騎士団　iv, 52
マルタ島　27, 52
マントヴァ　166
ミサ（典礼）
21, 152, 182, 223, 236, 239, 240
ミッテルマルク　247
ミニステリアーレス　91, 92
ミラノ（大公）　107, 166, 172, 226
ミーレス　16, 17
ミンネザング　248, 250
ムラービト朝　2
ムワッヒド朝　118, 119
メス　158, 226
メセタ　137, 138
メッシナ　56
メリニド朝　122
メルク修道院　253
メロヴィング朝　163, 230
モデナ　172
モリグエロス　143
モリモン修道院　31
モロッコ　2, 122, 193
モンゴル（人）　90, 110, 198
モンソネス　61
モンソン城　61
モンタスゴ　138
モンテカッシーノ修道院　167
モンテサ騎士修道会　30, 31, 140
モンテフォルテ　150
モンフォール城　95
モンプリエ　158, 210-212, 224, 226

【ヤ　行】

ヤッファ　66, 79
『遺言』　175, 180, 194
ユダヤ人　i, 76
幼児献納　37
傭兵　5, 89, 90, 107, 110, 173
ヨーク　197
ヨッパ　→　ヤッファ　66

【ラ　行】

ライオン狩り　29
ライン（宮中伯、地方）
10, 167, 243, 248
ライン川　157, 227, 229, 233
ラヴェンナ　166
ラゴス　142

フランク人 5
フランケン 197
フランス（王国、語、人） iii, iv, 2, 13, 14, 17, 18, 23, 25, 29, 32, 48, 55-57, 59-63, 65, 70, 71, 73-77, 96, 98, 107, 108, 115, 118, 127, 128, 130, 145, 151, 157, 158, 161, 162, 166, 167, 171-173, 185, 190-193, 197, 205, 207, 209, 214, 224-226, 229, 231, 244
フランチェスコ（会、修道会） ii, 81, 108, 109, 153, 167, 175, 185, 186, 195-198, 201, 216, 219, 222, 225, 232, 238-240, 242, 243
『フランチェスコ』 169
ブランデンブルク 106, 247
フランドル（地方、伯） 5, 103, 104, 157-159, 161, 167, 229, 232, 244
プーリア 55, 96, 173
ブリティン島 156
ブリュイ 150
ブリュカフェル 60
ブリュッセル 243
ブリュッヘ（ブリュージュ） 156, 158, 161
ブリンディシ 172
プルイユ 213, 226
ブルガリア帝国 151
ブルゴス 124
ブルゴーニュ（大公国） iv, 148, 210
ブルスフェルデ修道院 253
ブルターニュ半島 iii, 156
プレスティモニオ 134
ブレッシァ 150, 166, 226
ブレーメン 10
プレモントレ修道会 222
プロイセン（人） 1, 11, 27, 28, 52, 81-83, 85, 87-89, 95-101, 103, 104, 106, 107, 110-112, 138, 143, 144, 210
『プロイセン地方年代記』 82
プロイセン遍歴 107
プロヴァン 61, 157
プロヴァンス 55, 57, 153, 158, 210
プロテスタント 112
ブロワ伯 59
ヘアフォード 197
ベアルン副伯 107
ベイルート 66
ベギン（派） ii, 227, 229-241, 243, 245, 247-250
ベギン館 227, 232-238, 247
ベギン・ホーフ → ベギン館 227
ベジエ 212
ベジエ＝カルカッソンヌ副伯 212
ペスト 105
ペチェネグ人 3
ペチョ 139
ペニャフィエル 202
（聖）ベネディクト戒律 iii, 9, 21-24, 30, 35-37, 120, 152, 167, 180, 183, 194, 195, 253
ベヨンヌ 226
ベリック 198
ベルガモ 226, 243
ベルギー 227
ペルージア 172, 173, 176
ベルナールの十字軍（第2回十字軍） 20
ヘルフタ女子修道院 247
ペレイロ 13, 120
ペロポネソス半島 80
ヘント（ガン） 158, 232
ボーヴェ地方 5
ホーエンシュタウフェン朝 172
ポー川 157
保護主 99
ボゴミール派 151
ホスピタル騎士修道会 iv, 10, 12, 23, 26-28, 45, 48, 51-53, 55, 57, 62, 64, 70, 72, 73, 75, 76, 80, 93, 130, 135, 137, 139, 140, 144, 145
ホスピタル兄弟団 9
ホスピタル修道会 10
北海 103, 156

ノヴゴロド 103
ノーマンズ・ランド（無人地帯） 114, 138
ノリッジ 197
ノルウェー 103
ノルトリンゲン 242, 248
ノルマン人 4, 66
ノルマンディ（地方） iii, 57, 58, 71, 75
ノワイヨン 59

【ハ　行】

バイイ 74, 96
バイエルン 197
パヴィーア 166
バエサ 136
バース 197
バーゼル 233, 234
「働く者」 13
バッカス賛歌 9
パッサウ 10
パドヴァ 252, 253
破門 17, 37, 47
バーリ 64
パリ 58, 61, 62, 67-69, 71, 75, 158, 215, 216, 221, 223, 224, 226
パリ大学 185, 186
バリャドリード 202, 205, 252, 253
バール 157
バル・シュル・オーブ 59
バルセロナ 56, 58, 224
バルト海 1, 11, 28, 82, 103, 106, 108, 109, 143, 144
バルト系 81
バルト三国 81
バル伯 59
ハルバーシュタット 10
パルマ 226
パレスティナ 6, 10, 20, 170
バレッタ 56, 80
パレルモ 80
バレンシア 205, 206, 226
ハンガリー（人） 56, 193, 217
ハンザ同盟 103-105
ピアチェンツァ 166, 226
ピエモンテ 153
ピカルディ地方 63
ピサ 56, 172, 197
ビザンティン（帝国） 2-5, 9, 52, 64-66, 144, 155, 163
秘蹟 21, 25, 74
ヒッポ 22, 35
ビトニア地方 5
百年戦争 107
ピャスト王朝 85
ヒルデスハイム 10
ピレネー（山脈） 114, 138, 205, 209
ビンゲン女子修道院 244
ファエンツァ 226
ファーティマ朝 65
ファルファ 252
ファンジョウ 213, 214
フィテロ修道院 118
フィレンツェ 127, 158, 224, 226
フィン・ウゴール系 81
フィンランド湾 81
プウォク 85
フェニキア人 156
フェラーラ 166
フォリーニョ 176
フォンフロワド 211, 214
武勲詩 172, 173, 190, 250
『フーコーの振り子』 71
フスタート（古カイロ） 65
フス派 110
フミリアーティ（謙遜派） 153
フライベルク銀鉱山 164, 166
ブラウンシュヴァイク大公 10
ブラガ 203
『ブラザー・サン　シスター・ムーン』 169
ブラソワフ 85
ブラバント地方 62
フランク国家 15, 16, 114

の戦い 90, 105, 108, 110
地域管区 53, 55-57, 96, 97, 140, 197, 198, 221-223
小さき兄弟団 175, 180, 185, 192, 193, 199, 216
チェコ 110
チェラーノ 171, 174, 182, 198
チチェスター 197
地中海 64, 67, 69, 72, 140, 144, 156, 157, 162, 163, 203, 227, 241
中国 198
「地理上の発見」 123
チロル地方 166
ツム・トゥルム 233
帝国集会 10
ティレニア海 65
テブニン 124
デュイスブルク 82
「テュートン」騎士修道会 → ドイツ騎士修道会 10
テュートン語（ドイツ語） 1
テューリンゲン 89
テュロス 66, 79
テンプル（神殿）騎士修道会 iv, 8, 9, 12, 18-20, 23-28, 33, 35-38, 40, 42-44, 48, 51-53, 55, 57-61, 63, 64, 66-77, 80, 96, 98, 104, 117-119, 129, 135, 144, 145
『テンプル騎士修道会戒律集』 27
テンプル事件 71
デンマーク 208-210
ドイツ（語、人） 1, 10, 11, 23, 27, 55, 56, 80, 87, 89, 90, 96, 97, 99, 104-106, 111, 138, 145, 149, 157, 162, 164, 166, 172, 193, 197, 225, 230, 243, 248, 252, 253
ドイツ騎士修道会 1, 10, 27-29, 51-53, 79-82, 86-93, 95-98, 100-107, 109-111, 138, 143, 144, 164, 210, 242
『ドイツ騎士修道会創設物語』 10
『ドイツ騎士修道会の書』 29
ドイツ騎士団 iv
ドゥエ 161
ドゥエロ川 114, 202, 203
ドゥザン 60
トゥール 158
トゥルーズ（地方、伯） 2, 3, 56, 158, 209, 210, 214, 224, 226
トゥルネ 161
トゥルバドゥール 190, 250
都市貴族（パトリツィアート） 159, 160, 233
都市国家 67, 191
「都市の復活」 154, 155
トスカーナ 96
ドナウ地方 253
ドブリン 110
ドブリン騎士修道会 28
ドミニコ（会、修道会、派） ii, 28, 48, 81, 131, 153, 167, 186, 201, 211, 214, 216-219, 221-226, 231, 232, 238, 240, 242, 243, 248
トリーア 252
トリポリ 51, 79
トルコ（系、人） 3, 7, 41, 124
トルトサ 48, 140
トルヒーヨ 121
トルン 103, 104, 111
トレド 117, 126, 137, 203, 207
ドロイダ 197
トロワ（地方） 18, 62, 157
トロン城 124
『ドン・キホーテ』 202

【ナ　行】

ナバーラ（王国、人） 56, 114, 117, 118, 124, 209
ナポリ王国 72, 140
ナルボンヌ 158, 209, 211, 212
南宋 164
西ゴート王国 113
西ゴート書体 207
ニーダー・ザクセン地方 253
ニュルンベルク 80

100, 102, 105, 132, 133, 135, 136, 142
『神性の流れる光』 247, 248
神聖ローマ（皇帝、帝権、帝国） 10, 11, 28, 51, 80, 87, 89, 92, 104, 107, 111, 150, 172, 191, 229, 253
スイス 229
スウェーデン（人） 217
スカーフ騎士団 iv
スカンディナヴィア 103, 167
『スキヴィアス』 244
スコットランド 103, 198
「ストゥディア・ゲネラリス」 223
「ストゥディア・ソレムニア」 223
ストライキ 161
ストラスブール 158, 233, 235, 237, 238, 242, 243
スバシオ山 169
スビアコ 252
スペイン（人） 11, 12, 29, 30, 48, 70, 96, 113, 115, 116, 128, 167, 202, 206-208, 225, 253
『スペイン制度史講義』 115
スペイン典礼 207
スペインのヨーロッパへの開放 207
『全ての完璧なる賜物』 25, 42
スポレート（大公） 172, 173, 176
スラヴ系 27, 81
星辰騎士修道会 122, 123
聖戦 7, 115-117, 124, 143, 144
『政体論』 17
聖堂参事会 22, 24, 30, 122, 207, 208, 211
星斗騎士団 iv
聖墳墓教会 24, 53
聖母マリア修道教会 118
聖務停止 47, 48
聖務停止命令（インテルディクティオ） 47
聖ヨハネ騎士修道会 → ホスピタル騎士修道会 9
聖ヨハネ施療院 9
セウタ 141
セゴビア（地方） 114, 205, 216, 226
説教者兄弟団 215, 216, 218
セーヌ川 61
セネシャル 74
セビーリャ 122
セルヴィアン 213
戦士 iv, 14-16, 21
総参事会 25, 26, 29, 31, 40, 55, 94-96, 135, 136, 196, 197, 217, 218, 220-222, 225
総長 18, 19, 25-27, 30, 31, 37, 41, 42, 44, 53, 55, 68, 71-73, 75, 106, 119, 120, 122, 124, 136, 140, 141, 143, 186, 196
　プロイセン—— 97-99
造幣高権 102
ソールズベリ 17, 197
ゾルベン人 27, 81
ゾロアスター教 151
ソロモン神殿 8
ソワソン地方 63

【タ　行】

『第一伝』 174, 175, 198
大総長 27, 53, 55, 79, 80, 87, 90-95, 97, 98, 100, 102, 104, 108, 110, 111
第二会 180
『第二伝』 174, 175
『ダヴィンチ・コード』 71
托鉢修道会 ii, 22, 28, 55, 81, 108, 131, 147, 162, 166-168, 201, 225, 227, 229, 236, 238-241
「戦う者」 13-16
ダブリン 197
タホ川 138, 203
ダミエッタ 79, 193
タラゴナ 203
ダラム 197
断食 39, 92, 195, 223
ダンツィヒ 98, 103
タンネンベルク（グルンヴァルド）

252, 253
サンタ・マリア・デスパーニャ → 星辰騎士修道会 123
サンタ・マリア・デッリ・アンジェリ教会 → ポルティウンクラ 179
サン・ダミアーノ教会 176, 180
サンタレン 226
サンチャゴ騎士修道会 12, 30, 116, 118, 121-123, 126, 131, 133, 136, 138, 139, 141-143, 145
サンチャゴ・デ・コンポステラ 12, 30, 121
サンチャゴ・デ・コンポステラ巡礼 30, 121
サント・ヴォブール 61
サン・ドニ修道院 70
サン・フリアン兄弟団 → アルカンタラ騎士修道会 120, 121
サン・フリアン・デル・ペレイロ 13
サン・ベニト修道院 252, 253
『三身分あるいは封建制の想像力か』 13
サン・ワンドリーユ修道院 iii
シエナ 226
ジェノヴァ 65, 140, 156, 166, 172
ジェマティヤ人 81
シチリア（ナポリ）王 72
シチリア島 72, 80, 96, 140, 173
シトー（会、会派、派） iii, 9, 12, 22, 23, 30, 31, 37, 48, 62, 80, 118-120, 167, 179, 207, 210, 211, 214, 247, 248, 252
『使徒行伝』 152, 181
『シトー派年代記』 120
シドン 66
ジハード ii, 143
ジブラルタル海峡 123, 141, 156
シモニア（金銭売買） 42, 43
下ロレーヌ大公 6
シャルトル 17
シャンパーニュ（地方、伯） 8, 31, 56, 59, 61, 63, 69, 157
——大市 67, 157, 171
シュヴァーベン（大公、地方） 11, 80, 197, 248
シュヴァルツ銀山 166
従軍司祭 41, 42
13年戦争 111
十字軍 i, ii, 6, 7, 9, 10, 12, 19, 23, 32, 51, 64-66, 72, 85, 90, 107, 124, 127, 141, 143, 144, 155, 193
第1回—— 3, 6
第2回—— 20, 71
第4回—— 155
第5回—— 79, 193
第6回—— 67
十字軍税 127, 128
自由七科 205, 223
修道院会 252, 253
修道女 153, 227, 228, 241, 243, 251
修道誓約 111
『十二世紀宗教改革』 152
自由農民（ベエトリア） 204
十分の一税 46-49, 85, 214
主キリスト騎士修道会 30, 141-144
シュタウフェン朝 80, 172
シュタルケンベルク村 100
シュネルヴァルデ村 99
シュレジエン 11
巡礼者 1, 8, 9, 64, 92, 95, 116, 121, 191
小アジア 4, 64
小アルメニア 96
贖罪 7, 28, 32, 59, 125, 168, 179, 212, 223, 234
叙任権闘争 150, 228
『諸身分の書』 131
シリア 5, 10, 66, 67, 96
——・パレスティナ 72, 89, 113, 116, 123
指令管区 56, 137
指令区 57, 59, 61-63, 76, 80, 96-98,

クリュニー（派）
iii, 2, 9, 13, 22, 38, 207
クルアーン（コーラン） 79
クール人 81
クルド人 51
クルニア 203
グルノーブル iii
クルマラント 87, 97
クルム（ヘウムノ） 102, 103
『クルム都市特許状』 102
グレゴリウス改革 208
グレッチョ 182
クレモーナ 166
クレルボー 9, 19, 23
クレルモン 2, 3, 7
軍旗 44, 45
『敬虔なる騎士誓願の意思をもつ者へ』 9
毛織物 103, 157, 159-161, 170, 176
『結婚』 243
「結婚の神秘」 244, 247, 248
ケーニヒスベルク 103
『ゲルマーニア』 15
ケルン 151, 197, 224, 231, 233, 238
『幻視』 245
剣友騎士修道会 28, 106
後ウマイヤ朝 203
公会議 2-4, 18, 144
トロワ―― 8, 24, 25, 32
ピアチェンツァ―― 2, 4, 144
ラテラノ―― 49, 215
講組織 168
『公認された会則』 186, 193
『声高らかに』 77
古カスティーリャ 202, 203
コーク 197
『告白』 174
胡椒 65, 103
コス（カルダメーナ島） 56
コスエロス 126
黒海 4, 108, 155
ゴトランド島 103
コマンジュ地方 61
コマンドリー → 指令区
56, 57, 59, 132
小麦 63, 105
コムトライ → 指令区 96, 100
コムーネ 172, 177
コルシカ島 140
コルドバ 114, 122
ゴルマス 226
コレージュ・ド・フランス 13
コレストラーダの戦い 173
コンスエグラ地方 139
コンスタンティノープル 5, 65, 155

【サ　行】

最後の審判 125, 148, 149
ザクセン 197
サグレス岬 142
ザッセン 98
サモギティア（ジェマティヤ）
106, 109, 110
サモラ 226
サラゴサ 138
サラセン人 44
北の―― 107
サラマンカ 114, 135
サルデーニャ島 140, 141
サルバティエラの要塞 119
サン・アウディト 126
参議管区 96, 97
「三機能体系論」 14
三機能論 14
ザンクト・ゴトハルト峠 157
ザンクト・マティアス修道院 252
サン・ジェルマン・ドセール修道院
13
サン・ジョルディ騎士修道会
29, 141
サン・ジル 2, 56
サンス大司教 75
サンタ・エウフェミア修道院 126
サンタ・ジュスティーナ修道院

ガーター騎士団 iv
カタリ（派） 150-152, 208-213, 230
反—— 211, 213, 214
カタルーニャ
72, 114, 140, 205, 209, 229
カディス 122
カネンス 61
カプア 56
「神の休戦」 17, 191
『神の御意向』 28
神の平和（運動） 17, 191, 192
カラアト・ラワ → カラトラーバ
117
カーライル 197
カラトラーバ騎士修道会
12, 13, 30-32,
116-120, 124, 126, 133, 134, 136, 137
カラトラーバ城塞 12
ガリア 163
カリアリ 141
カリッソ修道院 135
カリフ領 114
カルカッソンヌ 60, 213, 216
カルタヘナ 123
カルタヘナ騎士修道会 → 星辰騎士修道会 123
カルディア地方 5
カルトゥジオ会 218
カレルエガ 202-204, 207
カロリング小文字書体 207
カロリング朝 13, 32, 163, 208
管区司教 47, 48, 195
慣習法規（ユザンス） 26
慣習律（ルトレ）
25, 26, 40-42, 45, 55
カンタベリー 197
カンブレー 13
騎士イデオロギー 190, 192
キプロス（王国、島）
52, 55, 56, 67, 68, 72, 73, 96
喜望峰 142, 145
『95ヶ条の論題』 111
教皇庁 48, 49,
87, 88, 104, 109, 111, 175, 193, 241
『兄弟たる太陽の賛歌』
169, 187, 190, 192, 194, 249
兄弟団 12,
21, 27, 30, 37, 38, 42-44, 48, 68, 120,
121, 179, 180, 193, 198, 215, 216, 219
アッシジの悔悛者—— 179
騎士—— 8, 13
サン・フリアン—— 120, 121
説教者—— 215, 216, 218
小さき——
175, 180, 185, 192, 193, 199, 216
ドイツ—— 27
ホスピタル—— 9
ギリシア（語、人）
55, 65, 80, 96, 151, 156
ギリシア正教 108
『キリスト教徒の信仰心』 48
「キリストの花嫁」 227, 228, 245
ギルド 160, 168, 237
金印勅書 66
リミニ—— 87, 88, 102
金貨 67, 69, 159
銀貨 69, 70, 128, 164
吟遊詩人 172, 182, 190
金羊毛騎士団 iv
グアディアナ川 117
クエルフルト 85
クサンテン 222
クジャヴィ 86
クトゥナ・ホラ 166
クマン人 4
グミエル・デ・イサン教区 205
クラクフ 108, 112
クラック・デ・シュヴァリエ城 10
グラナダ 122
グランギア 252
「グランジュ」（納屋） 62, 63
グランド・シャルトルーズ修道院
iii
クリストブルク（ジェジゴン） 98

129, 132, 137, 138, 143-145, 203, 207
イーペル 158, 161
「イミタチオ・クリスティ」 ii
イングランド iii, 55-57, 59, 61, 103, 107, 108, 145, 160, 161, 166, 167, 193, 197, 198, 225, 243
インド副王 143
インド・ヨーロッパ語 14
インネンハイム 233
ヴァランス 2
ヴァルナ 194
ヴィヴァレ地方 60
ヴィスワ川 110
ヴィリニュス 109
ウィンチェスター 197
ヴィンデスハイム 252
ヴィンデスハイム参事会 253
ウエスカ 61
ヴェネツィア 52, 56, 65, 66, 94, 95, 97, 155, 158, 166
ヴェローナ 166, 172, 226
ヴェンド人 27, 81
ヴェンド地方十字軍 28
ウォーターフォード 197
ウォツァヴェク 85
ウクライナ人 108
ウクレス 122, 131
ウスター 197
ウンブリア(方言) 169, 172, 179, 189
『ウンブリア版伝記集』 198, 199
英国 iv, 6, 163, 231
エギュ=ヴィヴ 60
エクス 158
エクセター 197
エーゲ海 144
エジプト i, 65, 72, 79, 170, 193
エジプト・ホラズム連合軍 51
エストニア(人) 1, 27, 81, 210
エストレマドゥーラ地方 12, 121, 135
エデッサ(伯) 5, 79
エノー 232
エブロ川 114
エボラ 13
『エモン・ドセール。カロリング朝期の聖書釈義論者』 14
エリィ 197
エルサレム i, 1, 3, 4, 6-9, 18, 24, 51, 53, 55, 64, 79, 80, 97, 123, 124, 249
エルサレム王国 6, 8, 10, 51, 66, 79, 95
『エルサレム占領の物語』 i
エルビンク(エルブロンク) 98, 100, 102, 103
エルベ川 27, 81
エルムラント 98
『円卓の騎士』 172
オーヴェルニュ 55, 56, 60
『大いなる沈黙へ』 iii
オクスフォード 224
オーストリア大公 79
オスマ 207, 208, 210, 211, 213, 214
オスマン帝国 27
オッフェンブルク 233
オボドリト人 27, 81
オランダ(語) 227, 229, 231, 232, 252, 253
「オルド・カノニクス」 23
「オルド・モナスティクス」 23
オルレアン 149, 158, 215, 216, 224

【カ 行】

会館 56-58, 60, 61, 67, 69, 89, 97, 136
　総—— 94, 95
「戒律」 21, 24, 26, 41
『雅歌講解』 244
ガザ 51
ガスコーニュ 118
カスティーリャ(王国、人) iv, 55, 57, 118, 119, 121-128, 131, 137, 138, 201-205, 207-209, 226, 252
カスティーリャ=レオン 2, 56, 117, 131
カセレス 12, 13, 30, 121, 122

事項索引

【ア　行】

『嗚呼！　エルサレム』　124
『愛の憲章』　12
アイユーブ朝　193
アイリッシュ海　197
アイルランド　56, 197, 198, 229
アヴィス　13
アヴィス騎士修道会　13, 30, 31, 116, 118, 141
アヴィニョン　104, 127
(聖)アウグスティヌス戒律　12, 22-24, 26, 29, 30, 34, 35, 122, 180, 208, 215, 218, 222
アウグスティノ修道会　111, 242, 252, 253
アキテーヌ　56
アーサー王伝説　108
アスティ　166
アストゥリアス（王国）　114
アストルガ　130
アゾフ海　155
アゾレス諸島　142, 144
『新しい騎士を讃えて』　9, 19, 24
アッコ（アッカ，アッコン）　10, 27, 51, 66, 79, 94, 95, 97, 126
アッシジ　167, 169-174, 176-179, 180, 183, 184, 194, 216, 241
アッシジの悔悛者兄弟団　179
アトス山　65
アナトリア　5
アフリカ　22, 113, 123, 141, 142, 145
アーヘン　80
アマルフィ（商人）　9, 64, 65
『あらかじめの措置として』　76
アラゴン（王，王国，人）　55, 57, 61, 114, 119, 124, 130, 140
アラゴン＝カタルーニャ　57
アラゴン十字軍　2
アラゴン連合王国　59, 140
アラス　149, 158
アラビア語　205
アラブ人　4
アラルコスの戦い　119
アランダ・デ・ドゥエロ　202
アル・アクサ・モスク　8, 53
アル・アンダルス　114, 122
アルカンタラ騎士修道会　13, 30, 31, 116, 119-121, 136
アルカンタラ城塞　121
アルザス　197
アルビジョワ十字軍　214
アルビジョワ派　→　カタリ派　230
アルファマ　29, 141
アルプス　159, 193
アルブルケルケ　135
アルヘシラス沖の海戦　123
アルメニア（人）　5, 56, 80, 96
アルル　214
アレクサンドリア　65
アレッツォ　194
アンダルシア　136
アンティオキア　6, 51, 55, 65, 79
アントウェルペン　150, 245
アンポスタ　56, 140
異教信仰　28
イスラーム　ii, 1, 4, 11, 12, 73, 113-117, 122-124, 126, 132, 138, 141, 143, 144, 155, 163, 193, 203, 206, 207
イタリア（語，人）　2, 9, 11, 23, 64-68, 86, 104, 127, 153, 155, 157-159, 161, 166, 167, 169-173, 179, 180, 185, 189, 191, 192, 205, 210, 225, 226, 230, 252, 253
「祈る者」　13
イベリア半島　1, 2, 11, 12, 28, 31, 59, 76, 113-117, 124, 125, 127,

ルイ7世　70, 71
ルイ8世　71
ルイ9世　67, 69, 71
ルイス・ペレス　124
ルキウス3世　120, 153
ル＝ゴフ，ジャック　167, 168, 171, 184, 186
ルター，マルティン　111, 253
ルター・フォン・ブランシュヴィック　98
ルルマン・メルスウィン　242
レヴィ＝プロヴァンサル，エヴァリスト　115
レオポルト（オーストリア大公）　79
レモン4世サン・ジル　2, 3
レモン・ド・ピュイ　26
レモン・ユーグ　60
ロドリゴ・ゴンザレス　124
ロブレド・デ・モンタンシェス　136
ロベール1世（フランドル伯）　5
ロベール・ギスカール　4, 66
ロベール・ダルブリッセル　181
ロメウ・デ・コルベラ　140

201, 216, 217, 225, 229, 249, 250
フリードリヒ（ブラウンシュヴァイク大公） 11
フリードリヒ2世 51, 79, 80, 87, 88, 102
フリードリヒ・フォン・ザクセン 111
フルク 214, 215
フルク・ド・ヴィラレ 72, 73
ブルーノ（クエルフルトの） 85
ブルノン 106
フルヒュルスト，アドリアーン 154
ブロック，マルク 162
フワナ 205
ペーター（デュイスブルクの） 82
ベッガ 230
ペトルス（ブリュイの） 150
(聖)ペトロ 87, 88, 209
ペドロ1世 137
ペドロ4世 141
ペドロ・オバレス 130
ペドロ・フェルナンデス 121
ペドロ・ロペス 136
(聖)ベネディクト 9, 92, 166, 167
ベランジェ 211
ベルトラン・ド・ブランクフォール 25
(聖)ベルナール ii, 9, 18-20, 23, 24, 28, 33, 116, 166, 167, 244
ベルナルド・デ・ブリト 120
ヘルマン・フォン・ザルツァ 79, 80, 87, 102
ヘンリー2世 61
ヘンリー4世 107
ヘンリー8世 iii
ボードワン2世 8, 18
(聖)ボナヴェントゥラ 186
ホノリウス3世 186, 193, 194, 215
ボルドーネ家 171
ボレスワフ4世 85
ポンス・ダルサック 209

【マ　行】

マイスター・エックハルト 216, 243, 249
マインハルト・フォン・クエルフルト 98
マウロ＝パンタレオーネ家 65
マクドネル，E・W 230
マシュー・パリス 57
マッコーミック，マイクル 163
マヌエル家 131
(聖母)マリア 9, 97, 98, 118, 223
ミシュレ，J 201
ミンダウガス 108
メディチ家 104
メヒティルト 247-250
メンス，M 230
モラン家 130
モラン・ペレス 130

【ヤ　行】

ヤギェヴォ 108
ヤークブ・マンスール 119
(聖)ヤコブ 30, 121
ヤドヴィガ 108
ヤン・ジシュカ 110
ユーグ・ド・パイアン 8, 18, 19
(洗礼者)ヨハネ 9, 171
ヨハンナ 232
ヨハンネス22世 234
ヨハンネス・ルイスブレーク 243
ヨランダ 51
ヨランド 67, 68

【ラ　行】

ラウル・グラベール 148
ラウール師 211, 214
ラップ，フランシス 244
ラモン・アト・ダスペト 61
ラモン・セッラ 118, 119
ラモン・リュイ 72
ランベール 230

【タ　行】

大ピピン　230
タキトゥス　15
ダラン　172, 190, 192, 198, 199
タンケルムス（アントウェルペンの）　150
チェッリーニ，シモネッタ　23, 32
中ピピン　230
ディエゴ（アケボの）　207-211, 213, 214
ディートリヒ・フォン・アルテンブルク　91
デュビィ，ジョルジュ　13, 14, 17
デュメジル，ジョルジュ　14
テレサ・ヒル　127
ドゥミュルジェ，アラン　23, 46, 55, 57, 59, 67, 76, 120
トマ　214
トマス・アキナス　216
(聖)ドミニクス　147, 167, 201-211, 213-220, 222, 224-226, 229
ドミニクス・ゴンデサルビ　205
トンマーゾ（チェラーノの）　171, 174, 175, 182, 198, 199

【ナ　行】

ニコラ（ルントの）　217
(聖)ニコラス　64
ノルベルト（クサンテンの）　222

【ハ　行】

ハイメ１世　124
ハイメ２世　140
ハインリヒ（村長）　99
ハインリヒ（ノルトリンゲンの）　242, 248
ハインリヒ（ライン宮中伯）　10
ハインリヒ６世　10, 11
ハインリヒ・ヴァルポト　27
ハインリヒ・バルト　93
パウロ　217
パスカリス２世　9, 124
ハデウェイヒ　245-249
パラヴィッチーニ，ヴェルナー　106, 107
バラール，Ｍ　65, 66
バルデアベジャーノ，ルイス・Ｇ・デ　115, 116
ピエトロ・ボルドーネ　170, 173, 176, 177
ピエール・セイラン　214
ピエール・ド・カステルノー　211, 214
ピエール・ドビュッソン　27
ピカ　171, 190
ビュック，フィリップ　i
ヒルデガルド　244
ピレンヌ，アンリ　154, 155
ファヴァローネ・ディ・オッフレドゥチオ　173
フアン（フェルナンド３世の子）　131
フアン・アルフォンソ　135
フアン・マヌエル　131
フィリップ（シュヴァーベン大公）　11, 80
フィリップ２世　71
フィリップ４世美王　iv, 71, 73-76
フィリップ・オーギュスト　209
フィリプス，Ｄ　230
フェリクス（ドミニクスの父）　205
フェルナンド（アルフォンソ８世の子）　208
フェルナンド２世（レオン国王）　12, 120, 121
フェルナンド３世　131
フェルナン・ペレス・ポンス　124
フォシエ，ロベール　62
ブシコー元帥　107
ブライバー，ヴァルトラウト　162
ブラウン，ダン　71
(聖)フランチェスコ　ii, 147, 167-187, 189-196, 198, 199,

【カ　行】

カエサル　150, 203, 228
カジミール正義公　85
ガストン・フェブス　107
ガブリエル（ビザンティン帝国将軍）　5
カール5世　111
カール大帝　16
カルロ2世　72
キアーラ　173, 180, 241
ギベール・ド・ノジャン　5, 6
ギヨーム（テンプル騎士修道会総長）　68
グイド　177, 178
グーゲネム，シルヴァン　29, 88, 89, 103
グスマン一門　204
グリエルモ（サント・ステファノの）　27
クルチ・アルスラー1世　5
グルントマン，ヘルベルト　149, 230
グレゴリウス7世　181, 228
グレゴリウス9世　85-87, 174, 194, 198, 220
クレメンス5世　73, 76, 77
クレランボー　59
ゲラルドゥス　13
ゴチエ・ド・ブリアンヌ　173
ゴドフロワ・ド・ブイヨン　6
ゴメス　120
コロンブス　142
コンスタブル，G　152
コンスタンティヌス大帝　162
コンデ，ホセ・アントニオ　115
コンラート（テューリンゲンの）　89
コンラート（マインツ大司教）　10
コンラート（マゾフシェ大公）　87
コンラート・フォン・ティエールベルク　98

【サ　行】

サザーン，R・W　230, 231
サポリ，アルマンド　159
サムソノヴィッツ　105
サラーフ・アッディーン（サラディン）　51
ザルノウスキー，J　105
サンチョ3世　118
サンチョ・ガルシア　203
ジークハルト・フォン・シュヴァルツェンブルク　99
シマハラ，スミ　14
シモン（スウェーデンの）　217
ジャック・ド・ヴィトリィ　193
ジャック・ド・モレー　71-74
ジャン善良王　iv
ジャン・ド・ジョワンヴィル　69
シャンパーニュ伯家　69
シュジェール（サン・ドニ修道院長）　70
シュニュラー，グスタフ　23
シュミット，ジャン＝クロード　231, 233, 235
ジョアン（ジョアン1世の子）　141, 142
ジョアン1世　141
ジョスラン，フィリップ　128, 130
ジョスラン3世（エデッサ伯）　79
ジョット　177, 194
ジョティシュキー，A　6
ジョフロワ・ド・シャルネー　71
ジョン（ソールズベリの）　17, 18
ジョン・ド・ガーランド　160
シルヴェステル2世（ジェルベール・ドーリヤック）　83
スティーヴン2世　59
ストヤノフ，ユーリー　151
スパッフォード，ピーター　164
セルバンテス，ミゲル・デ　202

人名索引

【ア　行】

アイマール・ド・モンテイユ　2
アヴィケンナ　205
(聖)アウグスティヌス　22, 34, 35, 174, 246
アサ家　204
アスマン，ヤン　i
(聖)アダルベルト　83
アダルベロン　13, 14
アナスタシウス4世　10
アル＝カーミル　79
アルクイヌス　16
アルシャンボー9世（ブルボン伯）　67
アルノー・アモリ　211
アルノルドゥス（ブレシアの）　150
アル・ファラビ　205
アルフォンソ（アラゴン王子）　140
アルフォンソ1世　114
アルフォンソ2世　13
アルフォンソ6世　2
アルフォンソ7世　117, 118
アルフォンソ8世　121, 122, 137, 208
アルフォンソ10世賢王　123, 127
アルベルティ家　104
アルベルト（ピサの）　197
アルベルト・フォン・ブランデンブルク　111
アルベルト・マグヌス　216
アルマリク・アル＝カーミル　193
アル・マンスール　203
アレクサンデル3世　30, 120, 122
アレクシオス1世コムネノス　2-5, 66, 144
アンノ・フォン・ザンガースハウゼン　100
アンリ2世（キプロス王）　72
インノケンティウス2世　25
インノケンティウス3世　11, 27, 92, 153, 179, 192, 209, 210, 215
ヴァスコ・ダ・ガマ　142, 145
ヴィスコンティ，ガレアッツォ　107
ウィッカム，クリス　163
ヴィトルド　109
ヴェルジェ，ジャック　224
ヴェルナー・フォン・オルセルン　98
ヴェントゥラ　220
ヴェントゥリーノ（ベルガモの）　243
ヴォシェ，アンドレ　32, 175, 178, 192, 215, 240, 241
ウゴリーノ　→　グレゴリウス9世　220
ウルバヌス2世　2, 3, 7
ウルバヌス6世　109
ウルリヒ・フォン・ユンギンゲン　110
ヴワディスワフ2世　90, 108-110
エウゲニウス3世　28
エーコ，ウンベルト　71
エティエンヌ・ド・セルヴィアン　212, 213
エモン　13, 14
エリア　198
エリオノール　208
エルビラ・アリアス　130
エレオノール・ダキテーヌ　208
エンリケ航海王子　141, 142, 144
小澤実　152
オットー・フォン・ケルスペン　93
オド　13
オトー　164

佐藤彰一（さとう・しょういち）

1945年山形県生まれ．1968年，中央大学法学部卒，1976年，早稲田大学大学院博士課程満期退学．名古屋大学教授等を経て，同大学名誉教授．日本学士院会員．『修道院と農民――会計文書から見た中世形成期ロワール地方』により日本学士院賞受賞．専攻・西洋中世史．博士（文学）．

著書『禁欲のヨーロッパ』（中公新書，2014），『贖罪のヨーロッパ』（中公新書，2016），『世界の歴史（10）西ヨーロッパ世界の形成』（中央公論社，1997／中公文庫，2008），『カール大帝――ヨーロッパの父』（世界史リブレット　人，山川出版社，2013），『中世世界とは何か　ヨーロッパの中世1』（岩波書店，2008），『歴史書を読む――「歴史十書」のテクスト科学』（山川出版社，2004），『中世初期フランス地域史の研究』（岩波書店，2004），『ポスト・ローマ期フランク史の研究』（岩波書店，2000），『修道院と農民――会計文書から見た中世形成期ロワール地方』（名古屋大学出版会，1997），『地域からの世界史（13）西ヨーロッパ（上）』（朝日新聞社，1992）

訳書『西洋写本学』（ベルンハルト・ビショッフ著，瀬戸直彦と共訳，岩波書店，2015）ほか

剣《けん》と清貧《せいひん》のヨーロッパ
中公新書 *2467*

2017年12月25日発行

著　者　佐藤彰一
発行者　大橋善光

本文印刷　三晃印刷
カバー印刷　大熊整美堂
製　本　小泉製本

発行所　中央公論新社
〒100-8152
東京都千代田区大手町 1-7-1
電話　販売 03-5299-1730
　　　編集 03-5299-1830
URL http://www.chuko.co.jp/

Published by CHUOKORON-SHINSHA, INC.
Printed in Japan　ISBN978-4-12-102467-1 C1222

R 中公新書 世界史

番号	タイトル	著者
2050	新・現代歴史学の名著	樺山紘一編著
2223	世界史の叡智	本村凌二
2267	世界史の叡智 悪役・名脇役篇	本村凌二
2253	禁欲のヨーロッパ	佐藤彰一
2409	贖罪のヨーロッパ	佐藤彰一
1045	物語 イタリアの歴史	藤沢道郎
1771	物語 イタリアの歴史 II	藤沢道郎
1100	皇帝たちの都ローマ	青柳正規
2413	ガリバルディ	藤澤房俊
2152	物語 近現代ギリシャの歴史	村田奈々子
2440	バルカン―「ヨーロッパの火薬庫」の歴史	M・マゾワー 井上廣美訳
1635	物語 スペインの歴史	岩根圀和
1750	物語 スペインの歴史 人物篇	岩根圀和
1564	物語 カタルーニャの歴史	田澤耕
1963	物語 フランス革命	安達正勝

番号	タイトル	著者
	マリー・アントワネット	安達正勝
2286	物語 ストラスブールの歴史	内田日出海
2027	物語 イギリスの歴史(上下)	君塚直隆
2318/2319		
2167	イギリス帝国の歴史	秋田茂
1916	ヴィクトリア女王	君塚直隆
1215	物語 アイルランドの歴史	波多野裕造
1546	物語 スイスの歴史	森田安一
1420	物語 ドイツの歴史	阿部謹也
2304	ビスマルク	飯田洋介
2434	物語 オランダの歴史	桜田美津夫
2279	物語 ベルギーの歴史	松尾秀哉
1838	物語 チェコの歴史	薩摩秀登
2445	物語 ポーランドの歴史	渡辺克義
1131	物語 北欧の歴史	武田龍夫
2456	物語 フィンランドの歴史	石野裕子
1758	物語 バルト三国の歴史	志摩園子
1655	物語 ウクライナの歴史	黒川祐次

番号	タイトル	著者
1042	物語 アメリカの歴史	猿谷要
2209	アメリカ黒人の歴史	上杉忍
1437	物語 ラテン・アメリカの歴史	増田義郎
1935	物語 メキシコの歴史	大垣貴志郎
1547	物語 オーストラリアの歴史	竹田いさみ
1644	ハワイの歴史と文化	矢口祐人
2442	海賊の世界史	桃井治郎
518	刑吏の社会史	阿部謹也
2451	トラクターの世界史	藤原辰史
2368	第一次世界大戦史	飯倉章

剣と清貧のヨーロッパ

中公新書 2467